陈明星／主编 大表解系列丛书

# 生产经理日常工作细节

PRODUCTION MANAGER DETAILS OF DAILY WORK

聂超军／编著

中国经济出版社
CHINA ECONOMIC PUBLISHING HOUSE
北 京

**图书在版编目（CIP）数据**

生产经理日常工作细节 / 聂超军编著.
—北京：中国经济出版社，2018.7
ISBN 978-7-5136-5204-9

Ⅰ.①生… Ⅱ.①聂… Ⅲ.①企业管理—生产管理 Ⅳ.①F273

**中国版本图书馆 CIP 数据核字（2018）第 102822 号**

策划编辑　伏建全
责任编辑　孙䓕浩　赵立颖
责任印制　马小宾
封面设计　华子图文工作室

**出版发行**　中国经济出版社
**印 刷 者**　北京金明盛印刷有限公司
**经 销 者**　各地新华书店
**开　　本**　710mm×1000mm　1/16
**印　　张**　23.5
**字　　数**　304 千字
**版　　次**　2018 年 7 月第 1 版
**印　　次**　2018 年 7 月第 1 次
**定　　价**　58.00 元
**广告经营许可证**　京西工商广字第 8179 号

**中国经济出版社**　**网址** www.economyph.com　**社址** 北京市西城区百万庄北街 3 号　**邮编** 100037
本版图书如存在印装质量问题，请与本社发行中心联系调换（联系电话：010-68330607）

# 编辑委员会

# 前言

现代企业生产部门告别了过去的固有模式：常年生产单一的产品，机械重复。由于产品迭代周期缩短，仿佛生产部门每天都在挑灯夜战，为企业提供源源不断的新产品，生产经理也成为各企业中重要的核心管理者。因为不断有新上线的产品，使得生产工作越发繁忙，不容生产经理有一丝疏忽。

工作中，最令人头疼的是出现工作失误，一旦出现失误，就会产生严重的后果与影响。而出现工作失误的实质问题，是对某项工作细节点的疏漏，也就是做事不到位。而对细节点的忽略，主要是对某项工作的模糊、不确定，或者经验不足，正是这些因素决定了一个经理人工作水平的高与低。

本书以“经理人日常工作细节”为主题展开，全方面定义每一项工作的关键要点，并进行了详细的描述。这必将有效改善目标读者的工作质量，减少工作失误。同时，也为广大部门经理人全面提升工作水平提供了可借鉴的学习读本。

本书以“生产经理日常工作细节”为主题，对每项工作，每个工作细节，都进行了较为详细的介绍。

本书在写作过程中，参阅了大量的资料，并得到工作伙伴们的大力支持和帮助，在此对编委会老师常永楠、刘中洋、孙红丹、唐海燕、田苗、郑宇、朱慧俐、罗礼华、施中狱、郭汉尧、刘贤华、梅凤华、范敦海、朱刚、何泽明、温彩风、袁公明、聂超军、宋劝其、杜启龙、杨莎莎、徐小花、颜阳、农梅珍，一并表示感谢。

# 目 录

# 第1章
# 生产工作职责划分说明

# 1.1 生产总监职位描述（表1－1）

**表1－1　生产总监职位描述**

| | |
|---|---|
| 直接上级：总经理<br>直接下级：生产部经理 | |
| 岗位职责 | 1. 根据企业的经营计划，主持制定生产战略规划，制定年度、季度、月度生产计划。<br>2. 组织制定生产、质量、安全、设备与技术改进等年度工作计划、目标及任务。<br>3. 组织制定和完善生产管理、车间管理等各项管理制度描述，并进行监督实施。<br>4. 参与审核新产品开发方案，并组织试生产工作。<br>5. 负责生产系统的空间和时间的组织、计划、控制与管理。<br>6. 负责生产部门的人员配置、组织管理、设备配备及工作进度安排。<br>7. 进行生产调度、管理的控制，负责生产能力与营销需求能力平衡控制。<br>8. 组织拟订生产部门内部机构设置，制定内部管理方案，提高管理效率。<br>9. 组织实施生产成本控制工作，做好成本统计工作，配合财务总监实施成本考核。<br>10. 每月听取月度质量工作报告，指导产品质量控制工作，及时处理产品质量方面存在的重大问题，组织生产部参与全面质量管理体系、ISO 管理体系的建立。<br>11. 协调生产部内部的关系、协调生产部与企业其他部门的关系，保证生产流程的顺畅。<br>12. 指导制定生产系统内部的工作绩效考核方案。<br>13. 完成总经理交办的其他工作任务 |
| 任职资格 | 1. 企业管理、理工类或相关专业本科以上学历。<br>2. 8 年以上制造企业管理工作经验，受过企业管理、生产管理、管理能力开发、市场营销、财务管理等方面的培训。<br>3. 精通整个生产环节的作业流程与工艺要求。丰富的生产管理、现场管理、质量管理、计划管理、成本管理工作能力。<br>4. 具备较强的团队激励能力、统筹安排能力、组织协调沟通能力。<br>5. 精通生产工具的使用和管理，熟练使用办公软件 |

# 1.2 生产部经理职位描述（表1－2）

**表1－2 生产部经理职位描述**

| | |
|---|---|
| 直接上级：生产总监<br>直接下级：生产计划主管、生产技术主管、产品研发主管、生产设备主管、车间主管、安全主管 | |
| 岗位职责 | 1. 协助生产总监制定生产系统的各类管理制度描述，并监督实施。<br>2. 根据月度生产计划制订生产的周计划和日计划，进行合理的生产日程安排，并监督生产作业计划的实施。<br>3. 按照已制定的工艺流程组织生产，经批准组织工艺流程的改进工作。<br>4. 负责安排生产物资的调度，负责安排各生产班组的总体人员数量，调配人员比例。<br>5. 了解各车间人员配置情况、人员流动动向，提前安排人员进行上岗培训。<br>6. 监督、检查各车间生产计划的执行情况，生产过程中有关异动问题的解决、汇报。<br>7. 组织进行生产过程中各参数的统计及生产跟踪，收集、整理、分析与生产有关的各项基础数据，为生产决策提供依据。<br>8. 生产过程各环节的质量控制，质量问题处理及品质改善，分析、解决工艺问题。<br>9. 负责控制生产原料、生产物资的质量和消耗，针对存在的问题制定改进措施。<br>10. 合理设计设备负荷，合理调配生产，提高设备的利用率。<br>11. 负责检查日常生产的现场状况，“5S”管理和其他生产标准的推行。<br>12. 负责处理生产异常情况，制定一般事故的处理细节描述，具体处理重大生产事故。<br>13. 汇总、整理、汇报事故处理的全过程，处理重大人为事故的责任人。<br>14. 组织安全生产的教育与培训，减少生产事故的发生。<br>15. 制订生产考核计划，依照计划对生产班组的产量、质量、消耗进行考核和指导。<br>16. 组织各车间人员及管理人员的效绩考核工作，协助人力资源管理部门开展车间职工的岗前培训工作，车间管理人员的培养、选拔、使用、考核和任免。<br>17. 完成生产总监交办的其他工作任务 |

续表

| | |
|---|---|
| 直接上级：生产总监<br>直接下级：生产计划主管、生产技术主管、产品研发主管、生产设备主管、车间主管、安全主管 | |
| 任职资格 | 1. 企业管理、理工类或相关专业本科以上学历。<br>2. 有5年以上中、大型企业生产管理工作经验，受过生产管理、管理学、管理技能开发、财务管理等方面的培训。<br>3. 对生产计划、物控、生产行政管理、设备的维护、生产现场管理等非常熟悉和了解；有较强的组织和管理能力，并有很强的统筹规划能力，沟通协调能力较强，执行力强，应急处理能力强。<br>4. 正直、坦诚、成熟、豁达、自信，高度敬业，有良好的团队合作精神，较强的观察力和应变能力和较高超的领导艺术。<br>5. 熟练使用生产工作和办公软件 |

# 1.3 生产计划主管职位描述（表1-3）

**表1-3 生产计划主管职位描述**

| | |
|---|---|
| 直接上级：生产部经理<br>直接下级：生产计划专员、生产调度专员 | |
| 岗位职责 | 1. 及时了解本部门大中修、技改情况和新产品情况，并根据产品需求计划制订年度及月度生产计划。<br>2. 负责制订生产物资的需求计划。<br>3. 下达生产指令，进行跟踪和指导，根据需求计划的变更及时调整生产计划。<br>4. 受理订单，进行生产安排，并加以跟踪和指导。<br>5. 紧急订单的安排和调度。<br>6. 采购、生产、销售等环节的协调，保证生产所需物料的供应。<br>7. 协调各车间的生产能力，以保证均衡生产。<br>8. 分析、报告生产计划的执行结果，不断提高生产计划的合理性和准确性。<br>9. 完成生产部经理交办的其他任务 |

续表

| 直接上级：生产部经理<br>直接下级：生产计划专员、生产调度专员 | |
|---|---|
| 任职资格 | 1. 本科及以上学历，机械相关专业或计算机相关专业。<br>2. 5年以上生产计划相关工作经验，学习过工业生产相关统计技术。<br>3. 熟悉生产计划的各个程序；具有制造企业多品种、小批量生产计划3年以上经验。<br>4. 具备较强的沟通协调能力和学习能力；认真负责，专业高效。<br>5. 熟练使用办公软件 |

# 1.4 生产计划专员职位描述（表1－4）

**表1－4 生产计划专员职位描述**

| 直接上级：生产计划主管<br>直接下级： | |
|---|---|
| 岗位职责 | 1. 负责企业生产计划、物料计划的编制与汇总。<br>2. 负责生产任务的编制与下达。<br>3. 负责产品零件生产计划、下料计划和工作协调，确保生产顺利进行。<br>4. 负责生产所需物料的跟催工作，确保生产顺利进行。<br>5. 协调、督促生产车间零部件的流转及转工序工作。<br>6. 协调解决生产过程中出现的问题。<br>7. 负责各车间生产计划执行情况的检查及落实工作。<br>8. 负责周、月生产数据的统计、分析工作，改进生产计划 |
| 任职资格 | 1. 财务类或相关管理类专科及以上学历。<br>2. 2年以上生产计划工作经验。<br>3. 熟悉生产计划的各个程序；具有制造企业多品种、小批量生产计划1年以上经验。<br>4. 头脑清晰，数字概念强，有逻辑思维；有责任心，做事积极、热情。<br>5. 熟练使用办公软件 |

# 1.5 生产调度专员职位描述（表1－5）

表1－5　生产调度专员职位描述

| | |
|---|---|
| 直接上级：生产计划主管<br>直接下级： | |
| 岗位职责 | 1. 按主进度计划安排流水线的工作进度。<br>2. 按程序变化或其他因素的变化调整生产计划。<br>3. 协助生产计划主管解决产品线冲突。<br>4. 协助制定操作细节描述 |
| 任职资格 | 1. 工业工程或相关专业专科以上学历。<br>2. 2年以上工艺流程、生产协调相关工作经验，受过生产作业管理、产品知识等方面的培训。<br>3. 熟悉所在产业、行业的生产过程；熟悉生产细节描述以及质量标准；熟悉主进度设计及图表。<br>4. 具有敬业精神和拼搏精神，较好的团队合作精神；良好的沟通能力、协调能力，能够承受高强度的工作压力。<br>5. 熟练使用办公软件 |

# 1.6 生产技术主管职位描述（表1-6）

**表1-6　生产技术主管职位描述**

| 直接上级：生产部经理<br>直接下级：生产技术专员 | |
|---|---|
| 岗位职责 | 1. 组织制订工艺技术工作近期和长远发展规划，并制定技术组织措施方案。<br>2. 组织编制产品的工艺文件，制定材料消耗工艺定额。<br>3. 根据工艺需要，设计工艺装备并负责工艺工装的验证和改进工作，设计工厂、车间工艺平面布置图。<br>4. 组织指导、督促车间工艺员及时解决生产中出现的技术问题。<br>5. 负责会签新产品图纸和新产品批量试制的工艺工装设计，完善试制报告和有关工艺资料，参与新品鉴定工作。<br>6. 负责技术管理制度描述的起草和修订工作，做好技术资料的立卷、归档工作。<br>7. 组织技术专员搞好工艺管理，监督执行工艺纪律。<br>8. 组织领导新工艺、新技术和试验研究工作，抓好工艺试验课题的总结与成果鉴定并组织推广应用。<br>9. 开展技术攻关和技术改进工作，不断提高工艺技术水平。<br>10. 协助人力资源部和生产车间做好生产一线工人的技术培训工作。<br>11. 本部门人员的管理工作和全厂各单位工艺人员的业务领导和考绩工作。<br>12. 完成生产部经理布置的其他临时性工作 |
| 任职资格 | 1. 机电、自动化、工程或相关专业本科以上学历。<br>2. 有5年以上同等职位工作经验，受过生产作业管理、管理学、管理技能开发等方面的培训。<br>3. 具有丰富的相关产品技术知识及相关实践工作经验；能独立地编写施工组织方案和施工计划；具有独立组织、管理大型施工项目的能力。<br>4. 组织、表达、沟通、洽商与协调能力强；知识面广，能在较大的压力下工作；有较强的应变能力，有责任心。<br>5. 能够熟练地操作Word、Excel等文字处理软件 |

# 1.7 生产技术专员职位描述（表1-7）

**表1-7 生产技术专员职位描述**

| | |
|---|---|
| 直接上级：生产技术主管<br>直接下级： | |
| 岗位职责 | 1. 负责企业内生产技术资料、工艺细节描述资料、工艺方案编制、整理及保管。<br>2. 根据需要，编制产品合格标准、原材料及辅助材料的入库标准。<br>3. 负责车间现场工人工艺技术方面的培训。<br>4. 对车间的生产过程进行指导，处理生产过程涉及的相关技术问题。<br>5. 对现场生产的质量进行巡检，避免发生工艺质量事故。<br>6. 参与新工艺技术攻关、新技术开发、旧技术改进工作。<br>7. 跟踪国内外本行业先进的生产技术及工艺，对技术改进提合理化建议。<br>8. 完成技术主管及其他领导交代的工作 |
| 任职资格 | 1. 机电、自动化、工程或相关专业专科及以上学历。<br>2. 有3年以上同等职位工作经验，受过生产作业管理、管理学、管理技能开发等方面的培训。<br>3. 熟悉公司的工序、工艺流程设计及工作原理；熟练掌握生产流程以及计划编制过程；具备生产作业管理知识。<br>4. 沟通及协调能力强，良好的职业操守，具备一定的抗压能力。<br>5. 能够熟练地操作 Word、Excel 等文字处理软件 |

# 1.8 产品研发主管职位描述（表1-8）

**表1-8 产品研发主管职位描述**

| | |
|---|---|
| 直接上级：生产部经理<br>直接下级：产品研发专员 | |
| 岗位职责 | 1. 行业信息的收集、整理与研究，做好新产品的可行性论证、立项。<br>2. 根据企业的业务规划、市场需求、资源情况，制订产品研发计划。<br>3. 组织成立新产品开发小组，监督新产品的日常管理工作，发现问题及时解决。<br>4. 协调市场部、销售部与各开发小组之间的信息沟通，不断地改进新产品。<br>5. 协调各开发小组的关系，增加彼此的配合与协作，不定期召开协调会。<br>6. 组织新技术改造项目小组，监督检查新技术改造工作。<br>7. 参与各开发小组工作难点技术攻关，协调各攻关小组的技术攻关工作。<br>8. 拟订企业科技攻关项目，组织编制省、市科技攻关计划申请书。<br>9. 编制、修订新产品、新技术改造管理制度描述。<br>10. 组织实施新产品、新技术管理制度描述。<br>11. 总结、考核攻关小组工作成果。<br>12. 参与新产品的市场开发工作，协助进行新技术的推广。<br>13. 完成领导交代的其他工作 |
| 任职资格 | 1. 企业管理、理工类或相关专业本科以上学历。<br>2. 3年以上制造企业管理工作经验，受过企业管理、生产管理、管理能力开发、市场营销、财务管理等方面的培训。<br>3. 有2年以上产品开发、项目经理等工作经验；对市场及新产品有敏锐的把握度、感知力和创新意识；高效率的内外沟通和协调能力。<br>4. 正直、坦诚、成熟、豁达、自信，高度敬业，具有良好的团队合作精神。<br>5. 熟练使用 Microsoft Office 软件 |

# 1.9 产品研发专员职位描述（表1-9）

**表1-9 产品研发专员职位描述**

| 直接上级：产品研发主管<br>直接下级： | |
|---|---|
| 岗位职责 | 1. 根据研发部主管下达的工作任务制订工作计划，定期汇报工作和研究成果。<br>2. 了解国内外产品发展趋势，提供趋势分析报告，对新产品的创新提出建议。<br>3. 根据新产品开发计划，实施新产品的设计、试制和性能测试。<br>4. 定期向主管提供新产品开发报告和完整的新产品技术资料。<br>5. 协助工艺工程师完成新工艺项目的攻关。<br>6. 从销售部获取产品信息，提出产品革新的建议。<br>7. 和生产部协商，提出产品革新的方案，参加老产品革新的评审会。<br>8. 撰写新产品研发和老产品革新报告。<br>9. 负责技术资料的更新、技术资料及试制样品资料的保存与管理。<br>10. 具体编制新产品、新技术管理制度描述。<br>11. 完成领导交办的其他事项 |
| 任职资格 | 1. 企业管理、理工类或相关专业专科及以上学历。<br>2. 1年以上制造企业管理工作经验，受过企业管理、生产管理、管理能力开发、市场营销、财务管理等方面的培训。<br>3. 具有通权达变的业务判断能力、出色的分析能力和极强的业务管理能力。<br>4. 品行端正、责任心强、工作耐心、仔细、具有良好的职业道德。<br>5. 熟练使用 Microsoft Office 软件 |

# 1.10 生产设备主管职位描述（表1－10）

**表1－10 生产设备主管职位描述**

<table>
<tr><td colspan="2">直接上级：生产部经理<br>直接下级：生产设备专员</td></tr>
<tr><td>岗位职责</td><td>1. 结合企业实际，制定符合企业特点的设备管理、设备考核制度并贯彻执行，同时根据企业发展的实际要求不断对其进行修改和完善。<br>2. 组织拟定设备更新改造、大修、扩容等的中长期规划，审查设备更新、大修、扩容计划并协调实施。<br>3. 组织制定提高生产设备管理水平的规划和措施，编写、审核有关技术细节描述、技术标准。<br>4. 了解、掌握企业设备运转状况，熟悉现场生产装置和设备及生产全过程的变化情况，分析各种设备运行的经济性能，做好设备更新改造工作。<br>5. 制定设备的维修保养制度，监督检查设备维修维护情况，发现管理漏洞，及时查漏补缺。<br>6. 领导下属参与各项设备管理工作，制订部门工作计划并落实；协调与设备有关联的各部门间的关系，完成设备管理目标。<br>7. 计划、组织、实施大修、技改、扩容等各项工作，包括方案的制定审核、费用预算与控制、组织验收等。<br>8. 配合生产统筹安排工艺停车，组织编制大修停车检修计划并付诸实施，检查和监督检修进度及质量，组织验收交接。<br>9. 协调安排、组织事故抢修工作，尽快组织生产的恢复，减少事故损失；调查事故原因，参与或组织事故分析会，加强事故经验教育。<br>10. 综合历年经验和下一年度生产需要提出下一年度的各项设备管理目标，并监督、检查目标的实现和落实情况。<br>11. 负责拟订设备维修、技改、大修等费用的付款计划，交本部门经理审核，按财务程序进行付款。<br>12. 完成上级交办的其他工作事项</td></tr>
<tr><td>任职资格</td><td>1. 工程或理工类相关专业本科以上学历。<br>2. 3年以上设备管理相关工作经验，受过生产作业管理、生产维护、产品知识等方面的培训。<br>3. 熟悉公司的工艺、工序、工作原理；熟练掌握公司设备结构、构造、运行特性；熟悉国际质量体系专业知识。<br>4. 认真负责、敬业，学习能力强；有较强的责任心，能吃苦耐劳。<br>5. 熟练操作办公软件</td></tr>
</table>

# 1.11 生产设备专员职位描述（表1-11）

**表1-11 生产设备专员职位描述**

| 直接上级：生产设备主管<br>直接下级： | |
|---|---|
| 岗位职责 | 1. 协助生产设备主管制定设备管理的各项制度，为制度的科学性提供数据支持。<br>2. 认真贯彻执行企业的各项设备管理制度描述，保证生产设备的正常运行。<br>3. 收集国内外相关生产设备资料信息并存档，为设备引进、改造提供决策依据。<br>4. 负责企业所有设备的档案资料整理及保管工作，建立设备台账。<br>5. 负责设备运行的日常检查，发现问题及时处理，防患于未然。<br>6. 负责设备维护的检查，协调处理维修工作，主持和推动各类维修任务的实现。<br>7. 组织生产事故的抢修，尽快恢复生产，尽量减少损失。<br>8. 协助制定设备大修、技改、扩容等项工作方案，并组织实施。<br>9. 按照各类设备的情况按时组织设备的保养工作。<br>10. 完成生产设备主管及其他上级交办的工作事项 |
| 任职资格 | 1. 工程或理工类相关专业专科以上学历。<br>2. 1年以上设备管理相关工作经验，受过生产作业管理、生产维护、产品知识等方面的培训。<br>3. 熟悉公司的工艺、工序、工作原理；熟练掌握公司设备结构、构造、运行特性；熟悉国际质量体系专业知识。<br>4. 认真负责、敬业，学习能力强；有较强的责任心，能吃苦耐劳。<br>5. 熟练操作办公软件 |

# 1.12 车间主管职位描述（表1-12）

**表1-12 车间主管职位描述**

| 直接上级：生产部经理<br>直接下级：车间班组长 | |
|---|---|
| 岗位职责 | 1. 根据作业计划，开展生产工作、监控产品质量，确保产品按时、按质、按量交货。<br>2. 合理调配人力资源，调整生产布局，安排、调整生产能力，提高生产效率。<br>3. 车间各班组的生产管理，监督、检查各班组、各工序的生产进度和计划完成情况。<br>4. 生产工人的管理、教育、培训，配合人力资源部进行考核、奖惩。<br>5. 实施标准生产作业方法，填报标准生产能力表。<br>6. 改善生产制造的方法，研究提高生产效率的对策。<br>7. 生产质量管理及异常的预防、纠正、改善。<br>8. 做好生产成本控制工作，做好每个月的成本核算分析工作。<br>9. 建立车间、班组责任制，按月考核并兑现，调动车间职工工作的积极性。<br>10. 车间的固定资产，劳动保护用品，水、电、气的管理。<br>11. 车间的安全生产管理，生产现场的环境卫生管理。<br>12. 其他相关职责 |
| 任职资格 | 1. 工业工程或相关专业大专以上学历。<br>2. 3年以上车间工作管理经验，受过生产作业管理、管理技能、产品知识等方面的培训。<br>3. 熟悉车间各项工作流程及操作；掌握生产作业管理知识技能。<br>4. 责任感强、工作自主，有较强的人际沟通能力；有较强的管理能力，富有团队合作精神。<br>5. 熟练操作办公软件 |

# 1.13 车间班组长职位描述（表1－13）

**表1－13　车间班组长职位描述**

<table>
<tr><td colspan="2">直接上级：车间主管<br>直接下级：</td></tr>
<tr><td>岗位职责</td><td>1. 主持班前会和班后会，布置每日生产任务。<br>2. 写好交班记录，上报生产统计报表。<br>3. 按生产指标对班组的生产进行现场指挥。<br>4. 协调与相关部门的工作联系。<br>5. 巡视、监督、检查班组各项工作。<br>6. 检查班组内安全技术操作细节描述。<br>7. 进行操作示范和实地解决生产、工艺、技术、质量问题。<br>8. 推行“5S”实现目标管理。<br>9. 对员工进行有关生产方面的培训。<br>10. 做好每个工作日考勤、工作量及质量考核工作。<br>11. 班组人员的日常管理。<br>12. 完成车间主任临时交办的其他工作</td></tr>
<tr><td>任职资格</td><td>1. 工业工程或相关专业大专及以上学历。<br>2. 1年以上车间工作管理经验，受过生产作业管理、管理技能、产品知识等方面的培训。<br>3. 熟悉本公司产品工艺流程，了解和掌握生产管理基本内容。<br>4. 热爱公司，有较强的综合协调能力和组织管理能力；虚心学习，积极进取，有较强的工作责任感和事业心。<br>5. 熟练操作办公软件</td></tr>
</table>

# 1.14 安全主管职位描述（表1-14）

表1-14 安全主管职位描述

| | |
|---|---|
| 直接上级：生产部经理<br>直接下级：安全专员 | |
| 岗位职责 | 1. 制定车间安全生产管理制度描述并监督执行。<br>2. 制订车间安全管理工作年度计划。<br>3. 每月进行车间消防安全检查。<br>4. 对车间机动车辆的安全进行管理。<br>5. 每季度组织开展安全生产评比，总结安全工作，制定安全工作措施。<br>6. 每季度组织召开安全员会议，听取安全员工作汇报，布置下季度工作重点。<br>7. 建立车间主任、专职安全员、班组三级安全生产管理网络，确保安全生产。<br>8. 组织车间安全生产技术考试、知识竞赛和技术培训工作。<br>9. 组织车间重大事故的现场调查、处理工作。<br>10. 定期对安全管理人员进行考核培训。<br>11. 完成厂长、车间主任交办的其他任务 |
| 任职资格 | 1. 安全管理等相关专业，专科以上学历。<br>2. 从事安全管理5年以上，在大型企业中担任过安全主管。<br>3. 接受过安全专业培训，健康安全管理体系内审员培训，或持有安全工程师的职称。<br>4. 熟悉安全管理内容，能根据公司安全实际状况制定、实施相应的安全措施。<br>5. 熟练掌握安全检查工作流程；熟练操作办公软件以及检验设备 |

# 1.15 安全专员职位描述（表1-15）

表1-15　安全专员职位描述

| 直接上级：安全主管<br>直接下级： | |
|---|---|
| 岗位职责 | 1. 编写安全生产管理制度描述。<br>2. 对新招员工和变换岗位员工进行传授安全生产知识。<br>3. 定期宣传相应的安全法规。<br>4. 进行安全隐患检查，落实防范措施。<br>5. 检查和维护所辖区域的消防设施。<br>6. 协助安全主管进行事故调查，撰写事故调查报告。<br>7. 负责各项安全设施的询价、采购、运输及安装。<br>8. 完成安全主管交办的其他任务 |
| 任职资格 | 1. 安全管理等相关专业，大专及以上学历。<br>2. 从事安全管理工作经验3年以上，有国家安全职业资格相关证件。<br>3. 熟悉安全生产的政策及规章制度。<br>4. 具有良好的团队精神和较强的沟通、协调能力和组组管理能力。<br>5. 能熟练使用办公软件 |

# 第2章
# 生产管理日常工作细节描述

# 2.1 生产车间管理细节描述（表2－1）

表2－1 生产车间管理细节描述

| 项目 | 内容 |
|---|---|
| 1 | 车间可据公司制度，具体制定管理细则，报主管领导批准后实施 |
| 2 | 车间做到奖罚分明，账目齐全，分配公开、公正 |
| 3 | 严格现场管理，要做到生产任务过硬、技术质量过硬、管理工作过硬、劳动纪律过硬、思想工作过硬 |
| 4 | 经常不定期开展内部工艺、纪律产品质量自检自纠工作 |
| 5 | 积极参加技术培训，大力开展岗位练兵，努力达到岗位技能要求 |
| 6 | 认真填写各项记录、工票、台账，做到及时、准确、清晰、完整、细节描述 |

# 2.2 生产设备管理细节描述（表2－2）

表2－2 生产设备管理细节描述

| 项目 | 内容 |
|---|---|
| 1 | 车间设备指定专人管理 |
| 2 | 严格执行生产设备使用、维护、保养、管理制度，严格遵守操作细节 |
| 3 | 做到设备管理“三步法”，坚持日清扫、周维护、月保养，每天上班后检查设备的操纵控制系统、安全装置、润滑油路畅通油线、油毡清洁、油压油位标准、并按润滑图表注油，油质合格，待检查无问题方可正式工作 |
| 4 | 设备台账卡片、交接班记录、运转记录齐全、完整、账卡相符、填写及时、准确、整洁 |
| 5 | 实行重点设备凭证上岗操作，做到证机相符 |
| 6 | 严格设备事故报告制度，一般事故3天内，重大事故24小时内报设备主管或主管领导 |

续表

| 项目 | 内容 |
| --- | --- |
| 7 | （1）坚持八字要求，即整齐、清洁、安全、润滑，做到“三好”“四会”“五项纪律”。<br>（2）三好：即管好、用好、保养好。<br>（3）四会：即会使用、会保养、会检查、会排除一般故障。<br>（4）五项纪律：即遵守安全操作规定、经常保持设备整洁，并按规定加油；遵守交接班制度；管好工具、附件、不得丢失；发现故障立即停车、通知维修人员检查、处理 |
| 8 | 设备运行中，要做到勤检查、勤调整、勤维修，不离岗（设备运行过程中），对设备响声、温度、压力有异常时应及时处理并报告 |
| 9 | 操作人员离岗位要停机，严禁设备空车运转 |
| 10 | （1）保持设备清洁，严禁泡、冒、滴、漏。<br>（2）应保持设备操作控制系统安全、装置齐全可靠 |

# 2.3 生产工具管理细节描述（表2－3）

**表2－3　生产工具管理细节描述**

| 项目 | 内容 |
| --- | --- |
| 1 | 卡物相符，个人长期使用的工具做到领用卡与实物相符，丢失赔偿，使用量具时轻拿轻放，不敲刀刃具，不乱拆工装模具 |
| 2 | 各种工具、量具、刃具应按规定使用，严禁违章使用或挪作他用 |
| 3 | 精密、贵重工具、量具应严格按规定保管和使用 |
| 4 | 严禁磕、碰、划伤、锈蚀、受压变形 |
| 5 | 车间不得使用不合格的或已损坏的工具、量具、刃具 |

# 2.4 生产计量管理细节描述（表2－4）

表2－4　生产计量管理细节描述

| 项目 | 内容 |
| --- | --- |
| 1 | 使用人员要努力做到计量完好、准确、清洁并及时送检。<br>（1）量具必须保持完好无损，零件、附件无丢失，出现上述情况之一者，必须及时送质量部门以便检查、修理、鉴定。<br>（2）禁止使用过期或不合格量具，做到正确使用、轻拿轻放、严禁碰撞，使用后擦拭干净，较长时间不使用时要涂油，正确放置。<br>（3）所有在用计量器具必须按合格证书填写的有效期或质量部检测中心的通知自觉及时送检 |
| 2 | 凡自制或新购计量器具均送质量部检测中心检查，合格后办理入库、领出手续 |
| 3 | 严禁用精密度较高的计量工具测量粗糙工件，更不准作为他用，不得使用非法计量单位的量具。文件、报表、记录等不得采用非计量单位 |
| 4 | 凡须报废的计量器具，应提出申请报质量部 |
| 5 | 各单位应按需要合理配备计量器具 |
| 6 | 对不按规定使用计量器具或造成损坏、丢失者，应视情节进行批评教育或予以罚款 |

# 2.5 生产计划制定工作细节描述（表2－5）

表2－5　生产计划制定工作细节描述

| 项目 | 内容 |
| --- | --- |
| 调查研究、收集资料 | 通过调查研究，整理与生产计划相关的各种信息资料。包括对国内外市场预测的产品需求量和经济技术情报资料、企业长期发展规划或长期经济协议、上期生产计划完成情况、合同执行情况及成品库存量、企业生产能力计划执行情况、劳动力调配及物资供应等各方面的资料 |

续表

| 项目 | 内容 |
| --- | --- |
| 统筹安排生产计划 | （1）在掌握了必要的信息资料的基础上，从满足社会需要和提高企业生产效益这个总目标出发，对全年的生产任务进行统筹安排。<br>（2）这项工作的主要目的是初步确定各项生产计划指标，包括产量指标的优选和确定、质量指标的确定、产品品种的合理搭配、产品生产进度的合理安排 |
| 综合平衡计划指标 | （1）确定生产计划指标应该在国家宏观调控下，充分发挥企业的主动性和积极性，使企业生产计划既符合社会需要又符合客观实际，把需要同可能有机地结合起来。<br>（2）这就要求做好生产计划的平衡工作，包括生产指标与生产能力的平衡，测算企业主要生产设备和生产面积对生产任务的保证程度；生产任务与劳动力、物资供应、能源、生产技术准备能力之间的平衡；生产指标与资金、成本、利润等指标之间的平衡。<br>（3）通过综合平衡，对计划做适当的调整，正确地制定各项生产指标，正式编制计划文件，开始组织生产计划的实施 |
| 考核总结完成情况 | （1）为了保证生产计划的实施和完成，有必要采取措施逐级落实，并组织和检查生产计划的完成情况，进行必要的监督和考核。<br>（2）最后根据完成生产计划的实际情况，总结经验教训，为下一期生产计划的实施做好准备 |

## 2.6 车间产品质量监控管理细节描述（表2－6）

**表2－6　车间产品质量监控管理细节描述**

| 项目 | 内容 |
| --- | --- |
| 1 | 各车间应严格执行程序文件中关于“各级各类人员的质量职责”的规定，履行自己的职责、协调工作 |
| 2 | 对关键过程按程序文件的规定严格控制，对出现的异常情况，要查明原因，及时排除，使质量始终处于稳定的受控状态 |

续表

| 项目 | 内容 |
| --- | --- |
| 3 | （1）认真执行“三检”制度，操作人员对自己生产的产品要做到自检，检查合格后，方能转入下道工序，下道工序对上道工序的产品进行检查，不合格产品有权拒绝接收。<br>（2）发现质量事故时做到责任者查不清不放过、事故原因不排除不放过，预防措施不制定不放过 |
| 4 | 车间要对所生产的产品质量负责，做到不合格的材料不投产、不合格的产品不转序 |
| 5 | 严格划分“三品（合格品、返修品、废品）”隔离区，做到标识明显、数量准确、处理及时 |

## 2.7 生产工艺管理细节描述（表2-7）

表2-7　生产工艺管理细节描述

| 项目 | 内容 |
| --- | --- |
| 1 | 严格贯彻执行工艺细节描述 |
| 2 | 对新工人和工种变动人员进行岗位技能培训，经考试合格并有师傅指导方可上岗操作，生产技术部不定期检查工艺纪律执行情况 |
| 3 | 严格贯彻执行按标准、按工艺、按图纸生产，对图纸和工艺文件规定的工艺参数、技术要求应严格遵守、认真执行，按规定进行检查，做好记录 |
| 4 | 对原材料、半成品、零配件、进入车间后要进行自检，符合标准或有让步接收手续方可投产，否则不得投入生产 |
| 5 | 严格执行标准、图纸、工艺配方，如需修改或变更，应提出申请，并经试验鉴定，报请生产技术部审批后才可用于生产 |
| 6 | 合理化建议、技术改进、新材料应用必须进行试验、鉴定、审批后纳入有关技术、工艺文件方可用于生产 |
| 7 | 新制作的工装应进行检查和试验，判定无异常且首件产品合格方可投入生产 |

续表

| 项目 | 内容 |
| --- | --- |
| 8 | 在用工装应保持完好 |
| 9 | 生产部门应建立库存工装台账，按规定办理领出、维修、报废手续，做好各项记录 |
| 10 | 合理使用设备、量具、工位器具，保持精度和良好的技术状态 |

## 2.8 车间物品管理工作细节描述（表2-8）

表2-8 车间物品管理工作细节描述

| 项目 | 内容 |
| --- | --- |
| 1 | 安置摆放、工件按区域按类放置，合理使用工位器具 |
| 2 | 及时运转、勤检查、勤转序、勤清理、标志变化，应立即转序，不拖不积，稳吊轻放，保证产品外观完好 |
| 3 | 做到单物相符，工序小票，传递记录与工件数量相符，手续齐全 |
| 4 | 加强不合格品管理，有记录，标识明显，处理及时 |
| 5 | 安全通道内不得摆放任何物品，不得阻碍通道 |
| 6 | 消防器材定置摆放，不得随意挪作他用，保持清洁卫生，周围不得有障碍物 |

## 2.9 车间节能管理工作细节描述（表2-9）

表2-9 车间节能管理工作细节描述

| 项目 | 内容 |
| --- | --- |
| 1 | 积极履行节能职责，认真考核 |
| 2 | 开展能源消耗统计核算工作 |

续表

| 项目 | 内容 |
| --- | --- |
| 3 | 认真执行公司下达的能源消耗定额 |
| 4 | 随时检查耗能设备运行情况，杜绝跑、冒、滴、漏，消除长流水现象，严格掌握控制设备预热时间，杜绝空车运行 |
| 5 | 未经允许不得私接耗能设备、设施、器具 |

## 2.10 车间员工管理细节描述（表2－10）

**表2－10　车间员工管理细节描述**

| 项目 | 内容 |
| --- | --- |
| 1 | 车间清洁整齐，各图表美观大方，设计合理，填写及时，准确清晰，原始记录、台账、生产小票齐全、完整、按规定填写 |
| 2 | 应准确填写交接班记录、交接内容包括设备、工装、工具、卫生、安全等 |
| 3 | 室内外经常保持清洁，不准堆放垃圾 |
| 4 | 生产区域严禁吸烟、烟头不得随地乱扔 |
| 5 | 车间地面不得有积水、积油 |
| 6 | 车间内管路线路设置合理、安装整齐、严禁跑、冒、滴、漏 |
| 7 | 车间内管沟、盖板完整无缺，沟内无杂物，及时清理，严禁堵塞 |
| 8 | 车间内工位器具、设备附件、更衣柜、工作台、工具箱、产品架各种搬运小车等均应指定摆放，做到清洁有序 |
| 9 | 车间合理照明，严禁长明灯，长流水 |
| 10 | 坚持现场管理文明生产、文明运转、文明操作、根治磕碰、划伤、锈蚀等现象，每天下班要做到设备不擦洗保养好不走，工件不按规定放好不走，工具不清点摆放好不走，原始记录不记好不走，工作场地不打扫干净不走 |
| 11 | 边角料及废料等分类放到指定地点保管 |

# 2.11 车间生产安全管理细节描述（表2－11）

**表2－11　车间生产安全管理细节描述**

| 项目 | 内容 |
| --- | --- |
| 1 | 严格执行各项安全操作细节描述 |
| 2 | 经常开展安全活动，开好班前会，不定期进行认真整改、清除隐患 |
| 3 | 贯彻“安全第一、预防为主” |
| 4 | 按规定穿戴好劳保用品，认真执行安全生产 |
| 5 | 特殊工种作业应持特殊作业操作证上岗 |
| 6 | 学徒工、实习生及其他学员上岗操作应有师傅带领指导，不得独立操作 |
| 7 | 交接班记录，班后认真检查，清理现场，关好门窗，对重要材料要严加管理以免丢失 |
| 8 | 非本工种人员或非本机人员不准操作设备 |
| 9 | 重点设备，要专人管理，卫生清洁、严禁损坏 |
| 10 | 消防器材要确保灵敏可靠，定期检查更换（器材、药品），有效期限标志明显 |
| 11 | 加强事故管理，坚持对重大未遂事故不放过，要有事故原始记录及时处理报告，记录要准确，上报要及时 |
| 12 | 发生事故按有关规定及程序及时上报 |

# 2.12 召开生产调度例会工作细节描述（表2－12）

**表2－12　召开生产调度例会工作细节描述**

| 项目 | 内容 |
| --- | --- |
| 会议时间 | 公司生产调度例会安排在每月3日，节假日顺延。当因故改期时，生产管理部应提前通知到会人员，并另行通知开会时间 |

续表

| 项目 | 内容 |
|---|---|
| 会议地点 | 办公楼会议室 |
| 会议主持人 | 生产副总裁 |
| 到会人员 | 生产副总裁、总工程师、生产管理部经理、技术研发部经理、各生产厂长、下属公司经理、营销中心经理等 |
| 会议要求 | （1）到期准时参加，不每次通知。<br>（2）不得无故缺席、迟到、早退、随意进出和接听电话。<br>（3）发言人员会前要做好准备，言语要简练、要有统计、分析，用数据说话。<br>（4）到会人员认真听讲，做好笔记 |
| 会议内容 | （1）生产管理部汇报上次调度会议布置工作的完成情况，通报未完成事项。<br>（2）生产副总经理询问责任单位未完成事项的原因、协调解决存在的问题，限期完成。<br>（3）生产管理部通报公司本月生产运作各方面情况，提出存在的问题和改进的建议。<br>（4）各部门和生产单位汇报本单位主要任务指标完成情况，提出存在问题、改进的方案或需要协调的事项。<br>（5）生产副总裁点评本月的主要工作成绩和存在问题，协调各单位提出的问题，布置各项工作和下月生产任务，明确责任人、进度要求 |
| 会议纪要 | （1）生产管理部整理会议记录，形成生产调度例会纪要，经主管副总审核，发送相关人员。<br>（2）会议纪要的内容包括：时间、地点、主持人、到会人员、会议主要议程、上月未完成工作、本月主要工作、进度要求、责任人 |
| 跟踪落实 | （1）到会人员根据生产调度例会纪要的要求，组织落实各项任务。<br>（2）生产管理部根据各项工作的进度要求，检查各项工作的进展，督促完成，发现问题及时协调，必要时向生产副总裁反馈 |

# 2.13 生产现场5S管理程序细节描述（表2-13）

**表2-13 生产现场5S管理程序细节描述**

| 项目 | 内容 |
|---|---|
| 目的 | （1）采用“5S”和目视管理的方法进行现场管理，以改善工作环境，提高工作效率，提升工厂形象。<br>（2）本程序适用于集团各个工厂的现场管理，包括办公现场和生产现场 |
| 定义 | （1）现场管理包括人员管理、设备管理、材料管理、作业方法管理、环境管理五个基本要素。<br>（2）“5S”指整理、整顿、清扫、清洁、素养。<br>整理：区分要与不要的物品，将不要物处理，是提高生产效率的开始。<br>整顿：将必要物按方便使用的原则进行定置管理，并标识，方便寻找。<br>清扫：对环境、设备进行彻底的清扫。<br>清洁：保持环境、仪容干净整洁。<br>素养：养成遵章守纪、整洁有序的工作习惯。<br>（3）目视管理：利用视觉化工具，使各项要求和现状一目了然，方便操作人员和管理人员作出判断 |
| 职责 | （1）生产管理部负责各工厂生产管理现场的督导考评。<br>（2）公司行政部负责各工厂办公管理现场和集团整体环境的督导考评。<br>（3）各工厂负责本厂办公现场、生产现场的管理 |
| 工作过程和方法 | （1）员工考勤、行为细节描述。<br>①办公楼大门保安负责检查进出员工进厂、离厂时的行为，对不良现状进行纠正、报告。<br>②公司行政部每周至少抽查两次。<br>（2）设备。<br>各工厂应明确仪器、设备和工具等的维护保养的责任人、保养时间和保养内容，实行包机到人并督导执行。公司生产管理部至少每周抽查一次。<br>（3）材料。<br>各工厂应对现场物料采用定置管理方法，标识清楚品称、位置、数量、状态、责任人等，并随时督导执行。集团生产管理部至少每周抽查一次。<br>（4）作业方法。<br>各工厂应将各种仪器、设备的操作方法和各项工作的作业指导书等文件放置在工作现场，方便员工查阅，并随时督导执行。集团生产管理部至少每周抽查一次。 |

续表

| 项目 | 内容 |
| --- | --- |
| 工作过程和方法 | （5）环境。<br>①公司行政部负责集团整体外观环境的监控，并至少每周抽查一次。<br>②各工厂行政人事科划分各车间的清洁卫生责任区，制定检查标准和检查方法，并督导执行。<br>③各车间制订本车间责任区的清洁卫生计划，明确责任人、清洁时间和清洁范围，并督导执行。<br>（6）目视管理。<br>①公司行政部负责公司公共场所使用挂板、标识、图表的管理。<br>②各工厂行政人事科负责本厂各公共场所使用的挂板、标识、图表的管理。<br>（7）各工厂要做好进度、物料、设备、人员、工具等计划，合理安排，保证工作顺利进行。<br>（8）每月，生产副总裁组织行政部、生产管理部、技术研发部、各工厂等负责人一起对办公楼和工厂进行全面现场检查，每位检验人员根据检查结果结合平时发现的问题，填写年月现场检查表，交生产管理部整理汇总，形成年月现场检查报告。<br>（9）年月现场检查报告经生产副总裁批准后，由生产管理部公布，并督导存在问题的整改。<br>（10）生产管理部在集团每月的生产调度例会上报告现场管理情况 |

## 2.14 现场检验工作程序细节描述（表2-14）

**表2-14　现场检验工作程序细节描述**

| 项目 | 内容 |
| --- | --- |
| 目的 | （1）本程序规定了为保证现场检验工作顺利进行，检验数据准确、可靠的工作程序。<br>（2）本程序适用于被检对象（样品）无法或不便于送达实验室检验、必须由检验人员携带仪器设备在现场检验的工作 |

续表

| 项目 | 内容 |
| --- | --- |
| 职责 | （1）现场检验人员负责按标准、细节描述和检验实施细则准备仪器设备及有关资料，并进行现场检验。<br>（2）业务室负责接受委托与下达现场检验任务。<br>（3）检验室负责人负责安排现场检验人员及指派现场检验监督员。<br>（4）监督员负责现场检验工作的全过程监督并做好记录 |
| 程序 | （1）由委托方将需现场检验的项目内容及要求填写好委托单交给业务室（或以电话、电传方式）。检验室接到工程测试项目，签订合同后，交业务室备案。<br>（2）业务室负责与检验实验室联系，根据委托方所提出的要求，与检验室负责人一起商量决定现场检验的时间、所须携带的仪器设备及参加现场检验的检验人员和监督员名单。<br>（3）业务室或检验室根据协商结果将现场检验时间通知委托单位，并协助安排车辆。<br>（4）检验室应在规定的时间内准备好相应的技术资料及仪器设备等。<br>（5）在规定的时间内检验人员上门对委托方提出检验样品（项目）按检验实施细则进行现场检验，并按质量记录的控制程序做好各项记录。<br>（6）现场检验的环境条件和有关设施。<br>①根据检验项目及有关标准、细节描述要求，提出现场必需的温度、湿度等环境条件要求，由委托方提供相应的环境条件及有关设施，如空调、去湿机、通风、采光等。<br>②对有环境要求的现场检验，必须携带温湿度计。经现场测定，确定温、湿度满足检验工作要求后，方可开展检验工作，所携带的温湿度计应具有有效期内的计量检定合格证书。<br>（7）现场检验。<br>①现场检验必须二人以上，其中至少应有一名监督员。检验人员必须熟悉检验标准、细节描述、检验实施细则，熟练掌握仪器、工具的使用方法，并经考核获得该项目的上岗证。<br>②检验所用的仪器、工具的测量范围、准确度等应符合检验对象的要求，并应有有效期内的计量检定合格证书。外携仪器、工具均应放置在专用工具箱的固定部位，有可靠的定位和防护措施，以防止其在携带过程中损坏或使其精度下降。专用工具箱内应有清单及使用记录本，使用后应做好清点工作，防止仪器工具的散失，并做好使用记录。<br>③凡外携仪器，应作备案记录，见外携仪器设备使用登记表。<br>④应检查现场检验环境设施，确保被检样品在检验过程中不致损坏（破坏性试验例外），并确保检验结果的保密和结果异议的有效处理。 |

续表

| 项目 | 内容 |
|---|---|
| 程序 | ⑤现场检验期间，检验人员应督促委托方提供与检验相适应的各种条件，避免各类无关人员对检验人员工作的干扰。<br>（8）现场仪器设备的借用。<br>①现场检验时，确需使用磅秤等不易携带的仪器设备时，可借用现场已有的仪器设备。<br>②现场借用的仪器设备须有有效期内的计量检定合格证书，其测量范围、准确度应符合被检样品的要求。<br>③必要时应携带必要的计量器具，检查现场借用仪器设备的工作状况，如携带砝码对借用的天平、磅秤进行检查，核验其读数值是否超差，当超差值小于或等于被测件计量学性能或技术指标允差绝对值，则该借用仪器设备可作检验使用。<br>④现场借用仪器设备应做好详尽的记录，包括借用仪器设备的名称、型号、编号、计量检定证书号、工作状况及检查结果等。记录表格见借用仪器设备登记表。<br>（9）赴现场检验前应指派现场检验监督员（可由经验丰富的检验人员兼任），监督员应熟悉相关项目的检验方法，了解目的，能评定其结果是否正确，并做好监督情况记录。监督记录应与检验原始记录一并存档。<br>（10）检验报告按检验报告的编写、审核和批准程序执行 |

## 2.15 环境保护管理程序细节描述（表2－15）

表2－15　环境保护管理程序细节描述

| 项目 | 内容 |
|---|---|
| 目的 | 加强环境保护管理，履行治理环境和减少污染排放的义务和责任，实现企业可持续发展 |
| 依据 | （1）《中华人民共和国环境保护法》及其相关法律法规、地方性条例。<br>（2）环境保护的指导方针：以防为主，防治结合，综合治理 |
| 范围 | 本程序适用于集团内部的环境管理工作 |

续表

| 项目 | 内容 |
| --- | --- |
| 职责 | （1）公司成立环境保护工作领导小组，由总裁担任组长，生产副总裁担任副组长。<br>（2）技术研发部制定环境保护技术细节描述。<br>（3）生产管理部负责集团环境保护的日常管理、监督、考核和评价。<br>（4）各工厂负责本单位的环境保护管理工作 |
| 工作过程和方法 | （1）环境管理组织。<br>①公司成立环境保护工作领导小组，由总裁担任组长，生产副总裁担任副组长。<br>②各工厂成立各自的管理机构。<br>（2）环境管理规划。<br>①生产副总裁组织制定集团环境保护和改善的系统规划，建立健全环境管理体系。<br>②集团要处理发展生产与保护环境的关系，在发展生产的过程中防止环境污染及污染事故的发生。<br>③建设工业生态，加强厂区环境绿化改造和小区合理布局，完善和提高区域性环境质量。<br>（3）标准制定。<br>技术研发部根据环境污染因子科目、量值以及对环境的危害程度，组织好环境保护技术的研究，制定公司环境保护技术细节描述。<br>（4）教育宣传。<br>生产管理部组织开展全员性环境教育和环境宣传，提高员工对环境的价值和环境污染的认识，激发员工保护环境的自觉性。<br>（5）环境监控。<br>①生产管理部坚持项目管理“三同时”的制度，组织采用“三新”技术，采用无污染生产工艺，结合综合技术改造，控制和减少工业污染物的排放。<br>②生产管理部组织开展资源综合利用，提高工业生产过程中的资源转化率与利用率，减少废弃物对环境造成的二次污染。<br>③集团各工厂污染治理设施必须确保完好和随机运行，以达到设计目标和治理效果。<br>④集团各工厂要杜绝超标粉尘排放和危险化学品泄漏等污染事故地发生。<br>⑤具备污染源检测能力的工厂要对本厂的污染源进行动态监测和数据分析，并对数据的真实性负责。<br>⑥生产管理部要巩固和完善环境治理成果，确保集团整体环境指标达到当地环境规划的要求。 |

续表

| 项目 | 内容 |
| --- | --- |
| 工作过程和方法 | （6）环境监督考核。<br>①生产管理部每月组织对各工厂的环境管理工作进行评价，填写环境保护检查报告。<br>②监督和考评的结果与各工厂经济责任制挂钩，对重大环境事故责任人追究责任。<br>（7）集团环境保护工作接受上级政府环保部门的统一管理和监督，生产管理部负责联络事宜。<br>（8）各工厂依据本程序制定各自的管理制度描述和具体实施办法 |

# 2.16 安全管理与紧急救护程序细节描述（表2-16）

表2-16　安全管理与紧急救护程序细节描述

| 项目 | 内容 |
| --- | --- |
| 目的 | 预防安全事故的发生，掌握紧急情况的应急措施，及时有效地应对紧急事故的发生，最大限度地减少事故的不良后果 |
| 范围 | 本程序适用于本公司区域内的自然灾害、火灾爆炸、岗位操作、危险品、劳动保护等的危害预防和紧急处理，包括生产、办公管理过程 |
| 职责 | （1）总裁负责确保安全管理组织、安全管理制度描述和所需资源的落实。<br>（2）总裁负责遭受重大自然灾害和重大事故现场的统一指挥和调度工作。<br>（3）生产管理部组织制订安全工作计划、劳动保护计划，监督检查计划的落实情况，组织各部门和工厂安全管理、紧急救护的培训和演习，以及安全检查考评。<br>（4）生产管理部在重大灾害发生时负责与消防、医疗等单位紧急联系，并现场组织救护工作。<br>（5）各工厂负责本单位员工岗位操作、劳动保护的培训和实施。<br>（6）各部门和工厂负责紧急状况的鉴定，一般紧急状况的处理和事后报告，以及重大事故的及时报告和处理。<br>（7）生产副总裁负责对紧急情况发生后所采取的纠正措施进行验证，并完善本程序 |

续表

| 项目 | 内容 |
| --- | --- |
| 安全管理组织 | 总经理负责建立和健全安全管理组织、安全管理制度描述，并提供必要的资源 |
| 安全培训 | （1）新入公司员工（包括新员工、合同工、临时工、外包工和培训、实习、外单位调入本厂人员等），均须经过公司、生产单位、车间的三级安全教育，并保存记录。<br>（2）公司教育（一级），由人力资源部组织，教育内容包括：党和国家有关安全生产的方针、政策、法规、制度及安全生产重要意义，一般安全知识，并经考试合格后分配到部门或生产单位。<br>（3）生产单位教育（二级），由各生产单位组织，教育内容包括：本厂生产特点、重大事故案例、厂规厂纪以及入厂后的安全注意事项、工业卫生和职业病预防等知识，并经考试合格后分配到科室或车间。<br>（4）车间级教育（三级），由车间主任负责，教育内容包括：车间生产特点、工艺及流程、主要设备的性能、设备安全操作细节描述、安全生产的规章制度、重点安全管制点、事故教训及预防措施、安全装置和工（器）具、个人防护用品、防护器具和消防器材的使用方法等，并经考试合格后分配到班组。<br>（5）集团内调动（包括车间内调动）及脱岗半年以上的员工，必须对其再进行二级或三级安全教育，其后进行岗位培训，考试合格后方允许上岗。<br>（6）凡从事特殊危险操作的员工，如电气、焊接、压力容器、高空作业、危险品运输、易燃、易爆、剧毒、起重、驾驶等操作，经政府有关部门进行各项专业安全技术教育，考核合格后方可上岗。<br>（7）新技术、新工艺、新产品、新设备投产前必须按新的安全操作细节描述进行培训，并经考试合格后方可上岗。<br>（8）各生产单位进行生产或检修前，要利用班前、班后会等多种形式进行安全教育，讲述安全注意事项，确保安全检修和顺利生产。<br>（9）进入公司和生产单位参观、学习的人员，接待部门负责对其进行安全注意事项教育，并指派专人负责带队。<br>（10）对重大危险性作业，各生产单位在作业前必须对施工人员进行安全教育，提出具体要求和安全技术措施，否则不得作业。<br>（11）生产管理部要组织有关人员针对公司所发生的重大事故和恶性事故，进行事故教育，吸取经验教训，防止类似事故发生。<br>（12）技术研发部应编制设备安全操作细节描述、安全管制表，并在安全管制点处告知危险情况和急救方法。<br>（13）生产管理部制订安全工作计划，每年组织一次各部门和生产单位进行安全知识、紧急救护知识培训和演习 |

续表

| 项目 | 内容 |
| --- | --- |
| 安全装置与危险品管理 | （1）凡生产中使用的安全装置和附件、安全疏散设施、防尘防毒防暑降温设施等，必须加强维护，保证齐全、灵敏、有效，处于完好状态。<br>（2）凡在作业中佩带和使用的保护人体安全的器具，如防毒面罩、安全带等，必须妥善保管、经常检验、正确使用。<br>（3）设备上的安全装置：如压力容器上的安全阀、压力表等，料面超限报警装置、各种继电保护装置和避雷装置等，均由各生产车间负责管理。<br>（4）各种机动车辆的安全装置，如声笛、喇叭和制动装置等，均由使用单位负责管理。<br>（5）办公和生产场所应配备足够的灭火器、消防栓等消防器材，并加强维护，保证有效。<br>（6）各生产单位应配备必要急救物品，如灭火器、急救箱、防毒面罩、手套等，并经常维护。<br>（7）有毒、有害化学品、高压容器或重要环保设施等，由使用单位进行管理 |
| 职业安全 | （1）新员工入厂，由公司办公室组织健康检查。不适宜从事有毒有害作业的，不得分配到有毒有害岗位。<br>（2）公司办公室每年对接触有毒有害物质的在册员工组织一次健康检查，建立健康档案。<br>（3）人力资源部对从事有毒有害作业的员工，应实行轮换岗位或短期脱离，进行预防性治疗。<br>（4）对已确诊的职业病患者，应及时调离，妥善安排，积极治疗 |
| 安全检查 | （1）安全检查，包括日常检查、月度检查、季节性检查、监督检查、专业检查等，每次检查必须有明确的目的要求和具体计划。<br>（2）日常检查是指各部门和生产单位的作业人员在日常工作中进行的涉及安全等方面的常规性自我检查，此项检查应做到随查随改，无法整改的问题立即上报。<br>（3）监督检查是指各部门和生产单位的安全员或主管领导在组织日常工作和工程项目的过程中进行的定期和不定期检查。各生产单位安全员每周至少进行一次全面检查，生产管理部每月至少一次对公司内安全管制点进行全面检查。<br>（4）各生产单位每年对锅炉和压力容器、危险物品、电气装置、厂房建筑、运输车辆以及防火、防爆和防尘防毒工作分别进行专业检查，生产管理部检查落实情况。<br>（5）公司和各部门视气候特点及季节变化，对防暑降温、防雨防洪、防雷电、防风、防冻、保温等工作，进行预防性季节检查。 |

续表

| 项目 | 内容 |
|---|---|
| 安全检查 | (6) 监督检查、月度检查和专业检查可以结合进行。<br>(7) 生产管理部要针对重大安全隐患下达整改通知书，内容包括：隐患项目，整改意见和整改期限。经生产副总裁签署发出，由相关各部门经理和厂长签收并组织整改，生产管理部监督检查整改结果。整改通知书要存入档案备查 |
| 紧急救护的准备 | (1) 公司行政部每天通过电视、报纸、电话查询等方式了解自然灾害的预报。当有灾害预报时，应及时向总裁报告，以便相应对策。<br>(2) 公司行政部负责健全必要的对外相关部门（如急救中心、医院、消防队、公安局、附邻等）以及公司各相关部门、管理人员、关键技术人员的联络方法（包括日间和夜间），发送相关人员 |
| 紧急救护的实施 | (1) 发生事故时，发现人员应迅速将此信息传递给受灾单位现场的最高领导。<br>(2) 受灾单位现场最高领导必须积极抢救，妥善处理，以防止事故的蔓延扩大。同时，第一时间向上级领导报告、再由上级领导视灾害的严重程度，逐级报告，直到生产管理部、生产副总经理甚至总经理。在抢救时，应注意保护现场，因抢救伤员和防止事故扩大，需要移动现场物件时，必须做好标志。<br>(3) 对有害物大量外泄的事故或火灾事故现场，必须设警戒线，抢救人员应佩戴好防护器具，对中毒、烧伤、烫伤等人员应及时进行抢救处理。<br>(4) 若遭受火灾且火势不能控制，受灾单位立即通知市消防队，报警时必须讲明起火地点、火势大小、起火物资、联系电话等详细情况，并派人到路口接警。<br>(5) 若有人员受伤，现场最高级别的指挥人员负责组织对受伤人员的紧急救护、转送医院或通知医院赶来现场进行紧急救护。请医院救援时，必须讲明所在地点、受伤人数，受伤程度、联系电话等详细情况，并派人到路口迎接。<br>(6) 其他人员参与协助现场的指挥、救护、通讯、车辆的使用调度等工作。<br>(7) 当遭受台风袭击或发生洪涝灾害时，生产管理部应紧急通知各部门和生产单位对人员及办公财产采取保护措施。同时，组织对设备及化学物品妥善保管或处置，以尽可能减少因设备发生异常事故、化学物品泄漏等带来的事故后果 |
| 纠正与完善 | (1) 重大事故发生后，生产管理部应组织受灾单位进行原因分析，填写事故调查表，针对导致事故的原因，制定纠正措施，经生产副总裁确认后，交事故发生单位和责任单位实施，生产管理部对其实施效果进行监督检查。<br>(2) 由生产副总裁组织对本程序进行评审与修订，使其不断完善 |

# 2.17 测量与监控装置管理程序细节描述（表2－17）

表2－17 测量与监控装置管理程序细节描述

| 项目 | 内容 |
| --- | --- |
| 目的 | 确保测量和监控装置的准确度，确保计量的准确和产品质量。<br>本程序适用于检验室和生产过程使用的测量与监控装置 |
| 职责 | （1）技术研发部组织编制《内校作业指导书》，并督导执行。<br>（2）生产管理部督导各工厂测量和监控装置的管理按本程序要求实施。<br>（3）各工厂负责本厂测量和监控装置的检定和管理。<br>（4）使用者负责测量和监控装置的日常维护 |
| 工作过程和方法 | （1）请购。<br>①测量和监控装置的请购由各工厂提出，填写采购申请单，生产副厂长审核，厂长批准。<br>②技改项目用测量和监控装置由技术研发部提出，填写采购申请单，总工程师批准。<br>（2）采购。<br>请购单位将已批准的采购申请单，交供应中心实施采购。<br>（3）验收。<br>①测量和监控装置购进后，由工厂根据采购申请单和装箱清单逐项清点、验收。<br>②新项目和技改项目的测量和监控装置由技术研发部组织清点、验收。<br>③重大测量和监控装置需填写测量和监控装置设备验收记录，各工厂和供应中心留存。<br>④进厂验收不合格的测量和监控装置，由请购单位通知供应中心处理。<br>（4）入库、出库。<br>①验收合格后的测量和监控装置由供应中心采购人员凭批准的采购申请单、设备验收记录到供应中心材料库办理入库单。<br>②验收合格后的测量和监控装置由请购单位凭批准的采购申请单到供应中心材料库办理出库单。<br>③财务部门凭采购申请单、入库单、出库单等办理结算业务。<br>（5）台账。<br>各工厂需编制测量和监控装置台账，明确测量和监控装置的名称、规格、生产单位、类别、使用日期、用途、使用地点、使用人、检定单位、检定周期、状态等，并及时更新。测量和监控装置台账报生产管理部备案。 |

续表

| 项目 | 内容 |
| --- | --- |
| 工作过程和方法 | （6）校验。<br>①新购入的测量和监控装置，若附有检测合格证明者，可以自己校准，不必送外校验。<br>②封存、怀疑性能不良的测量和监控装置在使用前，由工厂内部校准或送计量所检定，合格后才能投入使用。<br>③对在用的测量和监控装置，各工厂应编制测量和监控装置检定计划，按计划组织检定，并做好记录。<br>④在对检验仪器进行内校时，工厂应将《内校作业指导书》放置在校验场所，方便员工查阅。<br>（7）使用。<br>①操作员在使用仪器之前，应确认自己使用的仪器已贴上“合格证”或“准用证”标签，并确保在校正期内使用该仪器。<br>②操作员使用前要检查仪器是否正常，再严格按要求操作，在使用过程中注意仪器是否异常。<br>③当计量检验仪器在使用过程中出现异常时，操作员应谨慎处置，不要随意乱调。自己无法处理时，报告上级主管。<br>④仪器使用完后，要及时做好清洁保养工作。<br>⑤各工厂应将《检验仪器操作细节描述》放置在各检验场所，方便员工查阅。<br>⑥各工厂应编制测量和监控装置检查表，并实施定期检查。<br>（8）校验不合格品的处理。<br>①校验判断为“不合格”的测量和监控装置应及时报废，或贴上“不合格”标签隔离封存。<br>②校验部分范围合格时应做以下处理：<br>A. 由工厂确认使用范围是否在合格范围内，若是，则贴上“准用证”，允许使用，但需加贴准用范围及补正值。若不是，则作不合格品处理。<br>B. 对用不合格的测量和监控装置检测过的产品应重新检测，以确定其质量状况。<br>③各工厂根据内校不合格的情况，及时更新《测量和监控装置台账》。<br>（9）生产管理部督导各工厂测量和监控装置管理按本程序要求实施，发现问题及时处理，必要时向生产副总裁报告 |

# 2.18 现场安全生产控制程序细节描述（表2-18）

**表2-18　现场安全生产控制程序细节描述**

| 项目 | 内容 |
| --- | --- |
| 目的 | 为加强公司生产工作的安全和现场人、物有序管理，保护劳动者在生产过程中的安全和健康，促进公司事业的发展。公司的现场安全生产工作必须贯彻“安全第一，预防为主”的方针，贯彻执行总经理负责制，各级领导要坚持“管生产必须管安全”的原则，生产要服从安全的需要，实现安全生产和文明生产 |
| 范围 | 本程序适用于本公司生产系统的现场安全管理 |
| 职责 | （1）总经理是生产安全的第一负责人，全面负责生产现场安全生产的管理工作。<br>（2）主管生产技术的副总经理具体对生产现场安全生产管理负责。<br>（3）技质办负责生产现场安全生产的日常管理工作。<br>（4）总经办负责消防和治安安全的管理工作。<br>（5）各车间负责本车间的安全生产管理工作 |
| 术语和定义 | （1）安全生产：既生产过程中的设备和人员安全。<br>（2）特殊设备：指在生产过程中使用的电梯、叉车、起重设备和装载机等 |
| 控制程序 | （1）安全生产管理控制。<br>职责落实：<br>①各部门主管是本部门安全生产的第一负责人，应将本部门的安全生产管理工作层层落实到人。<br>②安全管理人员的职责。<br>a）协助领导管理日常安全生产工作。<br>b）认真按《现场安全生产管理制度描述》的规定检查安全生产情况，并做好记录。<br>c）制定、修订本部门《现场安全生产管理制度描述》，并对这些制度的贯彻执行情况进行监督检查。<br>d）总结和推广安全生产的先进经验，协助有关部门搞好安全生产的宣传教育和专业培训。<br>e）参与技改项目的安全评审工作。 |

续表

| 项目 | 内容 |
| --- | --- |
| 控制程序 | f）参加伤亡事故的调查和处理，负责伤亡事故的分析和报告，协助有关部门提出防止事故的措施，并督促其按时实现。<br>g）对上级的指示和基层的情况上传下达，做好信息反馈工作。<br>安全教育：<br>①对新职工、临时工、民工、实习人员，必须按公司有关制度先进行安全生产的三级教育（即公司、车间和班组）才能准其进入操作岗位。对改变工种的工人，必须重新进行安全教育才能上岗。<br>②对从事锅炉、压力容器、电梯、电气、起重、焊接、车辆驾驶、杆线作业、易燃易爆等特殊工种人员，必须进行专业安全技术培训，经有关部门严格考核并取得合格操作证（执照）后，才能准其独立操作。对特殊工种的在岗人员，必须进行经常性的安全教育。<br>（2）生产安全控制。<br>①各部门在起草《操作细节描述》时，应同时考虑到安全操作的因素。<br>②各种设备和仪器不得超负荷和带病运行，并要做到正确使用，经常维护，定期检修，不符合安全要求的陈旧设备，应有计划地更新和改造。<br>③操作工人进入工作现场应按有关着装要求着装。工作时应严格按《操作细节描述》进行操作，严禁在工作现场打闹嬉戏。<br>④各部门应保证工作现场的消防设施完好并能正常使用。<br>⑤有毒有害化学用品应严格按《有毒有害化学用品管理制度描述》使用和存放。<br>⑥雇请外单位人员在公司的场地进行施工作业时，主管单位应加强管理，对违反作业规定并造成公司财产损失者，须索赔并严加处理。<br>⑦在车间内需明火作业者须按《消防安全管理规定》向总经办申请临时用火，办理相关手续。用火作业时应采取消防措施。<br>⑧生产用房、建筑物必须坚固、安全；通道平坦、畅顺，要有足够的光线；为生产所设的坑、壕、池、走台、升降口、钢平台等有危险的处所，必须有安全设施和明显的安全标志。<br>⑨有高温、低温、潮湿、雷电、静电等危险的劳动场所，必须采取相应的有效防护措施。<br>⑩凡新建、改建、扩建、迁建生产场地以及技术改造工程，都必须安排劳动保护设施的建设，并要与主体工程同时设计、同时施工、同时投产（简称“三同时”）。<br>⑪全公司员工在发现安全隐患时都应及时向总经办报告，公司将按有关规定执行奖励。<br>（3）设备安全控制。<br>①各部门在起草《设备检修细节描述》时，应同时考虑到安全操作的因素。 |

续表

| 项目 | 内容 |
| --- | --- |
| 控制程序 | ②所有设备的安全防护设施应保持完好，保全工在巡检维修设备时应同时维修安全设施，各车间应在设备检修验收和日常检查时同时检查安全设施。<br>③电气设备和线路应符合国家有关安全规定。电气设备应有可熔保险和漏电保护，绝缘必须良好，并有可靠的接地或接零保护措施；<br>④产生大量蒸气、腐蚀性气体或粉尘的工作场所，应使用密闭型电气设备；有易燃易爆危险的工作场所，应配备防爆型电气设备；潮湿场所和移动式的电气设备，应采用安全电压。电气设备必须符合相应防护等级的安全技术要求。<br>⑤高压变配电检修时应严格按《工作票规定》执行。<br>⑥设备检修时应有明显的检修标志，以防止检修未完成时的意外送电。<br>⑦特殊设备由技质办负责每年按有关劳动安全法规联系劳动安全监察管理部门进行检定。<br>（4）消防和治安安全控制。<br>消防和治安安全控制由总经办按《消防和治安安全管理制度描述》执行。<br>（5）现场管理控制。<br>现场环境管理：<br>全公司各部门和车间的工作场地要干净整齐，空中无飞絮，道路畅通，窗明壁净，现场无脏、乱、差现象，保持文明清洁的生产现场。<br>车间管理明确：<br>①各车间要绘制出清晰明确的定置管理图，生产现场要做到人定岗、物定位，有物必有区，有区必分类，分类必挂牌，对流动物品实行定置化，摆放有序，按及时转序入库；仓库物品摆放整齐，标志明显，账、物、卡相符。<br>② 对生产工艺进行研究，对生产现场进行分析，在人、物、场所结合上进行优化组合，使其科学、合理，清除无效劳动。<br>严格各项纪律：<br>以工艺细节描述、操作细节描述、安全细节描述为主要内容的岗位操作标准，交接班制度等齐全、合理，并严格执行；特殊工种实行持证上岗；劳动保护用品按规定配备齐全，使用得当；职工坚守工作岗位，纪律严明，消除违章违纪现象。<br>开展以点检制为中心的全员设备管理，建立车间→工段→班组三级管理制和生产工人→维护工人→设备专职管理人员三级点检网，保持设备整洁完好，无跑冒滴漏现象。<br>（6）检查管理。<br>①由技质办组织各车间每月进行一次现场安全生产检查，并做好记录，以供查阅和考核。<br>②各车间应在日常检查中安排安全生产的检查项目，并做好记录。<br>③总经办应每月检查一次全公司消防设施的完好性，发现问题及时处理并做好记录。 |

续表

| 项目 | 内容 |
| --- | --- |
| 控制程序 | ④每年的“五一”“十一”和“春节”前由总经办组织有关部门对全公司进行一次全面的现场安全大检查，发现隐患及时整改，并做好记录。<br>⑤安全现场检查内容：<br>A. 检查生产现场定制管理情况，主要是人、物流动是否流畅；<br>B. 检查质量记录是否按规定记录；<br>C. 检查各车间现场安全生产检查记录，看车间是否按规定进行检查；<br>D. 检查生产现场的劳动纪律和卫生情况；<br>E. 检查生产现场消防设施的完好情况；<br>F. 检查是否按有关程序、细节描述和制度进行工作和操作 |

## 2.19 测量和监视设备控制程序细节描述（表2－19）

表2－19 测量和监视设备控制程序细节描述

| 项目 | 内容 |
| --- | --- |
| 目的 | 对公司使用的测量和监视设备进行控制、校准和维修，以保证它们的测量能力满足规定要求。<br>适用于本公司全部测量和监视设备的控制与管理 |
| 职责 | （1）主管副总经理和总工程师负责领导测量和监视设备的控制与管理。<br>（2）技质办负责测量和监视设备的控制与管理，并负责特种设备的管理。<br>（3）各使用部门负责正确使用和维护测量和监视设备 |
| 术语与定义 | （1）测量和监视设备：指本公司使用的计量器具、检验、试验和测试设备。<br>（2）效验：指对计量和检测设备的校准。<br>（3）强检：指计量管理部门强制检测。<br>（4）特种设备：指本公司的高压10kV变配电设备、行车、电梯等特殊设备 |

续表

| 项目 | 内容 |
|---|---|
| 测量和监视设备的管理 | （1）测量和监视设备的选择和新增。<br>①根据本公司产品特点，结合产品标准的计量、测试、检验和试验任务及所要求的准确度和精度，选择适用的测量和监视设备，以满足生产过程中的检验、试验、测试和计量的各项要求。<br>②测量和监视设备的购置，由各使用单位填写设备固定资产申请单，由技质办审核，经主管副总经理批准后由供销办进行采购。<br>（2）测量和监视设备的到货和安装。<br>①供销办购买的测量和监视设备到货后，属强检的测量和监视设备，应提供计量管理部门的检测证明，非强检的测量和监视设备应提供出厂检测证明。<br>②设备的拆箱规定见《设备管理控制程序》中的有关规定。<br>③用作检测手段的试验软件或比较标准，在接收时要初始验证，验证其正确性，做好记录并予保存，并按规定周期加以复检，同时规定复检的内容和周期，做好记录作为控制的证据。<br>（3）在用测试设备由技质办建立台账，并保存在技质办。<br>（4）技质办应制定测量和监视设备的校准检定细节描述，由部门主管审核，主管副总经理批准后执行 |
| 人员控制 | （1）从事测量和监视设备的校准检定人员应经过专门业务培训并获得计量管理机构考核颁发的资格证书，方能从事校准、检定工作。<br>（2）计量检定员应按校准检定细节描述进行检定工作。<br>（3）计量室的工作环境应符合校准、检定工作的需要，计量检定员应保持计量室的环境卫生。<br>（4）测量和监视设备的使用人员必须掌握测试设备的技术性能和操作方法，防止测试设备因使用不当而使其校准失效，并在规定环境下使用。<br>（5）测量和监视设备的使用人员应爱护测试设备，保护好周期校准状态标识并有责任在校准有效期前向技质办提出周期校准即将到期的提示。<br>（6）无企业编号或超校准周期的测试设备一律不得使用 |

续表

| 项目 | 内容 |
| --- | --- |
| 测量和监视设备的校准、检定的控制 | （1）技质办每年12月底前根据设备检修计划编制下一年度测量和监视设备的年度周检计划，经总工程师审核，报主管副总经理批准后执行。<br>（2）计量员按周检计划，对在用测量和监视设备进行周期检定。<br>①本公司可自行校准、检定的在用测量和监视设备由计量室进行检定、校准。<br>②本公司不能自行校准、检定的在用测量和监视设备（包括标准计量器具），外送到国家认可的计量检定机构进行校准、检定。<br>③ 强检项目由技质办负责与国家指定的检定部门联系检定。<br>④本地区无法校准的测量和监视设备应由使用部门制定《自效验细节描述》，用对比的方式按计划进行校准，技质办配合校准工作，并填写校准记录和合格证。<br>⑤新购置的测量和监视设备，应确定检定周期，纳入周检计划。<br>⑥所有检测设备的校准、检定记录、合格证书由技质办归档保存。<br>⑦经过周期校准、检定的在用测量和监视设备，应附有周期校准、检定状态合格标识。周期校准状态标识上要注明有效期到××年××月××日 |
| 失准测量和监视设备的控制 | （1）在使用过程中，若发现测量和监视设备失准，使用人员应立即停止使用，同时向本部门管理人员报告，本部门管理人员应用同类测量和监视设备来检测产品以判断原设备是否失效，同时重新检定检验、试验、测试和监视结果的有效性。并做好记录并予以保存。<br>（2）对失准的测量和监视设备由技质办外协修理，做好记录并予以保存。<br>（3）修理后的测量和监视设备应重新校准，并重排校准周期，纳入年度周检计划 |
| 测量和监视设备的搬运、防护和贮存控制 | （1）所有测量和监视设备应按规定的方法搬运、防护和存放。<br>（2）外送校准检定的测试设备，为保证在运送过程中不影响测试精度，规定必须专派车辆送取。<br>（3）暂时不用的测试设备，就地封存，并妥善保管 |

续表

| 项目 | 内容 |
| --- | --- |
| 特殊设备的控制 | 本公司的特种设备较少，考虑到检修成本的因素决定采用外协检修的形式。<br>（1）特种设备的购买、安装、维护、操作管理、资产管理和事故管理程序执行《设备管理控制程序》中设备的相关条款。<br>（2）特殊设备的外协检修控制。<br>①外协检修单位选择：高压变配电器由市供电公司检修；行车、电梯等由劳动管理部门指定的检修单位检修。<br>② 技质办负责联系外协检修工作。<br>③各有关部门协助检修工作。<br>（3）技质办应每月进行一次测量和监视设备及特种设备的使用检查，发现问题及时处理，并做好记录。<br>（4）特种设备的操作管理。<br>本公司使用的特种设备的操作人员应按国家规定的要求进行培训，拿到国家规定的上岗证或执照方可进行操作。<br>（5）特种设备的安全管理。<br>①特种设备的操作应严格按细节描述进行，严禁违章操作。<br>②当发现特种设备有异常现象或事故征候时，应立即停止操作，及时向技质办汇报。技质办接到报告应及时采取有效措施（防护和联系修理等），防止事故发生。<br>③其他安全管理见《现场安全管理控制程序》 |

## 2.20 设备管理控制程序细节描述（表2-20）

**表2-20　设备管理控制程序细节描述**

| 项目 | 内容 |
| --- | --- |
| 目的 | （1）运用设备综合管理方法，加强设备维修保养和检查考核工作，以获得寿命周期费用最经济、设备综合效能最高的原则，使生产和产品质量得到可靠的保证。<br>（2）适用于本公司与涤纶生产有直接关系设备的管理与控制 |

续表

| 项目 | 内容 |
|---|---|
| 职责 | （1）技质办是设备控制的归口管理部门。在主管生产技术的副总经理和总工程师的领导下，组织编制设备大修和周检计划，监督检查维修保养质量和计划执行情况。<br>（2）各车间负责本部门设备的维修保养和正确使用，使之满足生产工艺和产品质量的要求。设置专职或兼职技术员，具体承担本单位的设备维修、保养的管理工作。<br>（3）各部门的保全维修工，负责对部门设备的维修和保养工作 |
| 术语和定义 | 设备：指用于生产的机械和电器设备 |
| 设备管理的原则 | 设备管理要贯彻执行依靠技术进步，促进生产发展，保全、保养并重，预防为主的方针，坚持“修理、改造和更新相结合”“维护保养和计划检修相结合”“专业管理和群众管理相结合”的原则，逐步推行先进的设备管理方法和维修技术水平，并在安排生产任务的同时，安排好各项维修工作，处理好维修和生产关系 |
| 设备的前期管理 | （1）大宗设备新购，由技质办根据本公司生产和发展的需要，提出设备更新改造计划，报总工程师和主管生产技术的副总经理审核后提交总经理办公会议，召集有关部门参加技术、经济论证，经总经理批准后，由供销办购置。<br>（2）设备的部分更新与零星购置，由使用部门根据生产工艺的需要以及设备选型的原则要求，填写新增设备申请单，由总工程师组织技质办、经营办、供销办审核同意后，经主管生产技术的副总经理批准，然后由供销办购买。<br>购设备到货后，由供销办负责提货。<br>（3）设备购进后，技质办组织有关部门做好开箱、验收、安装调试、投产使用，填写设备管理台账。<br>（4）技质办按装箱单所提供的装箱物资目录，收集开箱的所有技术资料并将原件交总经理办（资料室）存档。供销办将备件工具登记后交车间使用 |

续表

| 项目 | 内容 |
| --- | --- |
| 设备资产管理 | （1）技质办建立“设备管理台账”，做到账物相符。<br>（2）设备编号及分类管理。<br>①企业对全公司生产设备进行了统一编号，目的是便于统一有效地管理。如可以这样规定：A：长丝车间；B：动力车间；C：电气；D：其他。编号形式如：A1－0001，其中A1：长丝车间第一条生产线第一台设备；CA：安装在长丝车间的电气设备；CB：安装在动力车间的电气设备，编号的具体实施由技质办统一完成。<br>②企业应按设备的先进性及生产的重要性将设备分为A、B、C三类进行分类管理。分类原则为A类：关键设备、引进的主生产设备、价值昂贵的设备。B类：一般生产设备。C类：辅助生产设备。<br>③各类设备采用不同的维修方式。A类设备以预防维修为主，B类设备以生产维修为主，C类设备为事后维修为主。<br>（3）设备的转移管理。<br>①企业内部设备转移，由需求部门报告技质办，技质办进行协调，经主管生产的副总经理批准后，技质办会同有关部门办理转移手续。<br>②企业设备外部转移，由技质办会同有关部门审核，上报主管生产的副总经理批准后方可调出，技质办会同有关部门办理转移手续。<br>（4）设备应无法使用而报废，由使用部门向技质办提出申请报告，由技质办牵头组织有关专家进行鉴定，技质办汇总鉴定意见报总工程师审核主管生产的副总经理批准后，设备方可报废，由技质办会同有关部门办理报废手续。<br>（5）设备应技术落后维修成本过高需要报废时，由技质办组织使用部门、技质办、供应、财务共同参加召开鉴定会，对需报废的设备进行鉴定，技质办汇总鉴定意见报总工程师审核主管生产的副总经理批准后，设备方可报废，由技质办会同有关部门办理报废手续。<br>（6）报废设备的程序 |

续表

| 项目 | 内容 |
| --- | --- |
| 设备操作、维护细节描述的制订和修改控制 | （1）设备操作、维护细节描述是根据设备使用、维护说明书和生产工艺要求制定，用来指导正确操作使用和维护设备的法规。各车间都必须建立、健全设备操作细节描述和维护细节描述。<br>（2）细节描述制定与修改。<br>（3）凡是安装在用的设备，必须做到台台都有完整的操作、维护细节描述。<br>（4）对新投产的设备，各车间要负责在设备投产后30天内制定出操作、维护细节描述，报技质办审核，主管副总经理批准后下发执行。<br>（5）当生产准备采用新工艺、新技术时，在改变工艺前10天，各车间要根据设备新的操作、维护要求对原有细节描述进行修改，以保证细节描述的有效性。<br>（6）岗位在执行细节描述中，发现细节描述内容不完善时要及时向车间反映，车间技术员应立即到现场核实情况，对细节描述内容进行增补或修改。<br>（7）修改后的细节描述由各车间主管审批执行，并报技质办备案。<br>（8）设备操作细节描述的内容：<br>①设备技术性能和允许的极限参数，如最大负荷、压力、温度、电压、电流等；<br>②设备交接使用的规定，两班或三班连续运转的设备，岗位人员交接班时必须对设备运行状况进行交接，内容包括：设备运转的异常情况，原有缺陷变化，运行参数的变化，故障及处理情况等；<br>③操作设备的步骤，包括操作前的准备工作和操作顺序；<br>④紧急情况处理的规定；<br>⑤设备使用中的安全注意事项，非本岗位操作人员未经批准不得操作本机，任何人不得随意拆掉或放宽安全保护装置等；<br>⑥设备运行中故障的排除。<br>（9）设备维护细节描述的内容：<br>①设备传动示意图和电气原理图；<br>②设备润滑“五定”图表和要求；<br>③设备定期卫生的规定；<br>④设备使用过程中的各项检查要求，包括路线、部位、内容、标准状况参数、周期（时间）、检查人等；<br>⑤运行中常见故障的排除方法；<br>⑥设备主要易损件的报废标准；<br>⑦安全注意事项 |

续表

| 项目 | 内容 |
|---|---|
| 设备维护和操作人员的控制 | （1）新设备投入使用前，各车间要将设备使用、维护细节描述，细节描述要发放到有关专业、岗位操作人员以及维修巡检人员人手一册，并做到细节描述不离岗。<br>（2）各车间要组织设备操作人员认真学习细节描述，设备专业人员要向操作人员进行细节描述内容的讲解和学习辅导。<br>（3）加强设备维修队伍的管理工作，设备管理干部、各车间的保全技术工人，要保持相对稳定，不要随意调动或改变岗位，如确需调动时，必先经有关部门协商后，由生产副总经理批准方为有效。<br>（4）积极创造条件对各级设备管理、维修人员进行培训，不断提高他们的管理水平和技术素质。<br>（5）各车间应经常组织对设备操作、维修专业技术的学习活动，每季度应对设备操作、维修人员至少进行一次技术培训，技质办每年应至少进行一次该项目的考核 |
| 设备维修管理 | 设备维修必须严格执行管理制度描述和工作法，坚持质量第一，努力减少非计划停机和计划停机时间，降低维修成本，提高维修质量。设备检修方式以采用动态检修为主。同时，做好计划周期检修及大检修。<br>（1）设备的巡、点检管理。<br>①各车间应对其分管的设备，制定出详细、合理的点检内容，经车间主管领导审批后执行，并报技质办备案。<br>②各车间对点检表内容要做到三定（定人员、定时间、定部位），点检人员要仔细检查，认真记录，由车间设备技术员每天进行检查，每月收集一次。<br>③各部门点检人员在点检中如发现问题要及时处理，不能处理的，应及时向部门领导或有关人员进行反映，同时做好记录。<br>④各部门点检工作应以保全工为主，无保全工和运转修机工的部门中、夜班由当班操作工完成，内容可视具体情况删减。<br>⑤各车间每月召开一次由部门设备主管领导、设备技术员及设备检修人员参加的会议，对本月的点检情况进行分析总结，为设备计划检修提供可靠依据，并做好记录。<br>⑥技质办应每月至少一次下车间对设备维护情况进行检查，并做好记录。<br>（2）设备的周期检修管理。<br>①对周期检修的主要生产设备，由技质办编制出周期检修计划表，报主管生产的副总经理批准后执行。<br>②部门根据周期检修计划表，按质、按时的完成好检修工作，车间可根据生产实际对设备检修周期、检修内容做一定的修改变更，但应经车间主管领导审核，报技质办审批后执行。 |

续表

| 项目 | 内容 |
| --- | --- |
| 设备维修管理 | ③各车间在设备检修时，必须填写设备检修日记卡。<br>④对不能进行周期检修的连续生产型设备，采用状态维修，利用临时的停机时间进行维修，如需停机的，应事先编报临时停机的检修计划，由车间主管领导审查，报技质办审批后执行。<br>⑤设备大检修，由技质办编制大检修计划，经主管生产的副总经理批准后执行。<br>⑥各车间根据大检修计划，编制详细的检修进度和内容，报技质办审批，并认真执行。<br>（3）设备检修后的质量检查及交接验收管理。<br>①为了保证维修质量，各项设备维修工作必须按规定的标准进行严格的质量检查和交接验收。<br>②日常的维修质量由班长进行检查，发现问题及时处理。<br>③计划检修实行“二级检查”即保全班、车间二级检查。每级检查中发现的问题，应由检修人员进行修复，由原检查者进行复检，直到合格，隐蔽项目可在运行中检查，检查时必须填写设备质量检查表。<br>④对周期检修的验收，由车间设备技术员与工艺技术员主持进行设备交接验收，验收时须填写设备交接报告表。<br>⑤技质办每季度至少抽查一次。<br>⑥对大检修的验收，分为三个步骤进行交接：<br>a）初验：检修后的设备，由各车间申请经技质办批准后，试车（包括空试车、联动试车、实物试车）生产；<br>b）查看期：初验后的设备，在查看期内（72 小时）考查设备性能是否满足生产；<br>c）终验：在初验后十天内，由技质办牵头，主管副总经理、检修车间主管、设备技术员及工艺技术员参加的最终验收，并在交接验收报告表上签字。<br>⑦设备大修验收后，除交接验收报告表在技质办和车间各存一份外，其余资料均由部门收集归档 |

续表

| 项目 | 内容 |
| --- | --- |
| 设备的润滑管理 | 设备润滑是设备正常转动，延长设备使用寿命，节约能源的重要条件，是设备保养工作的重要内容。<br>（1）车间主管领导对本部门的润滑管理负全面责任，各车间的各类设备都要制定加油制度，明确加油部位，加油周期、油品、油量、加油责任者是否有其他代用品，加油方法和加油工具等，认真做到定人、定质、定时、定量、定点的“五定”要求，确保设备正常运行。<br>（2）各种油品购进时必须标有生产厂家商标、合格证，做到定点供应。<br>（3）加强油品的贮存和管理，不同种类牌号的油品要分别存放、存油处要阴凉干燥，盛油容器要保持完整清洁，并有明显标志、固定地点、集中存放。<br>（4）要经常检查润滑系统零部件是否齐全、是否滴漏油现象，如有问题应及时修复。<br>（5）在发现润滑脂（油）有问题时，使用部门应及时与供销办及技质办联系处理。<br>（6）各车间设备技术员应每周检查一次设备润滑情况，发现问题及时处理并做好记录。<br>（7）技质办每月至少检查一次设备润滑情况，并做好记录 |
| 设备事故管理 | （1）设备因非正常损坏，而造成停机或降低效能时，称为设备事故。<br>（2）设备事故的分类。<br>根据设备事故造成的经济损失，可将设备事故划分重大、中等和一般三类。<br>①重大事故：修复费达10000元以上。<br>②一般事故：修复费用在5000元以下的。<br>③中等事故：介于上述两类事故之间者。<br>④修复费用虽不足5000元，但情节恶劣或影响设备寿命及效能的应列为事故。<br>（3）设备事故性质的分类。<br>根据设备事故的性质，可分为责任事故，质量事故和自然事故。<br>①责任事故：因人为因素，如违犯操作细节描述，使用不当，维护保养差，润滑不良或检修安装不当等原因，致使设备损坏停产或效能降低而造成的设备事故。<br>②质量事故：因设备制造不良，机件质量差等原因，致使设备损坏停产或降低效能而造成的设备事故。<br>③自然事故：因遭受自然灾害，致使设备损坏或效能降低而造成的设备事故。<br>④凡属质量事故和自然事故的，仍作为设备事故处理，但不列为设备事故考核。 |

续表

| 项目 | 内容 |
| --- | --- |
| 设备事故管理 | （4）设备事故的处置。<br>①在设备事故发生后，应立即切断电源，除不及时抢救会扩大损失者外，必须保护现场，立即逐级上报，以便分析查明事故原因，明确责任，吸取教训，提出防范措施，做出鉴定结论。<br>②非事故责任者发现事故立即上报或当场制止并挽回一定经济损失者，由车间报公司有关部门核准，给予一定奖励。<br>③破坏事故现场，掩盖真相或拖延不报，态度恶劣者，将根据情节给予经济及行政处罚。<br>④发生事故的单位应认真填写设备事故报告单送技质办，事故报告单必须在事故发生三日内上报。<br>⑤一般设备事故由事故发生部门主管负责人组织有关人员，在技质办参加下，进行调查分析。其分析结果及处罚决定由主管副总经理批准后，应在全公司进行通报，各部门应根据事故分析报告进行举一反三，查找事故隐患。<br>⑥ 中等及重大设备事故，由主管副总经理在技质办配合下，组织有关部门和事故单位的有关人员进行调查分析，其分析结果及处罚决定由主管副总经理批准后，应在全公司进行通报，各部门应根据事故分析报告进行举一反三，查找事故隐患。<br>⑦对于事故责任者及事故单位除在经济上给予修复费用的10%～50%的罚款外，还将视其情节严重给予行政直至刑事处分。<br>⑧事故处理要坚持“三不放过”的原则，即事故原因分析不清不放过，事故责任者未经处理和干部群众未受教育不放过，没有防范措施不放过 |
| 设备完好率考核管理 | （1）各车间设备技术员，每月组织本部门有关人员对本部门设备完好情况进行自查，并于每月20日前将自查情况上报技质办。<br>（2）技质办每月20～25日，在车间自检的基础上进行复查、考核，最终确认各车间的完好率。<br>（3）扣分超过规定分值的设备，为“不完好设备”。<br>（4）非计划停机时间超过月运转时间的3%（22天）的运转设备，为“不完好设备”。<br>（5）各车间未办理检修计划变更手续时，不按时间停机，检查时均算“不完好设备”。<br>（6）停用、封存设备（不包括库存和基建未投产设备），按不缺、不损、不锈蚀为标准进行检查，同时列入完好率考核。<br>（7）设备完好率计算公式：<br>$$设备完好率=\frac{完好台数}{检查台数}\times 100\%$$ |

续表

| 项目 | 内容 |
| --- | --- |
| 设备备件管理 | （1）供销办负责对设备备件建账，控制库存，统一管理。<br>（2）各车间每月向供销办申报备件计划。<br>（3）供销部根据各使用部门的备件申报计划及库存情况，合理组织备件购置。<br>（4）贵重部件的购置和加工，需报请负责生产技术的副总经理批准后方可实施 |
| 外协加工管理 | （1）外协单位选择的审查方式：书面审查及实地调查由技质办负责。<br>①了解外协厂家的加工能力，包括设备、技术、加工能力、加工价格等；<br>②了解外协厂家的管理能力和信誉；<br>（2）外协单位选择的审批。<br>①一般应有三家以上的厂家供评审选择，评审由技质办会通有关车间进行，并填具外协资料调查表，由主管副总经理批准。<br>②若没有可选择的三家以上的厂商资料，则由主管副总经理决定是否评审。<br>③紧急少量的加工零件可由主管副总经理口头决定加工。<br>④所有评审合格的厂家有效期只有一年，每年的3月份应重新评审。<br>（3）签订合同。<br>①长期批量加工的备件应由技质办与加工厂家签订加工合同。<br>②零星加工的备件无须签订合同。<br>（4）外协加工程序。<br>①车间报外协加工计划及需加工备件的图纸或实物给技质办。<br>②技质办审核后交主管副总经理批准同意。<br>③技质办按评审批准的加工厂家名单进行联系加工。<br>④车间紧急加工件可不报计划，经主管副总经理口头同意，技质办即可联系加工。<br>⑤加工完成后，技质办负责取回加工备件。<br>（5）加工备件的质量验收。<br>①加工备件的质量由技质办根据合同或口头协议进行粗验，车间收到备件后进行细验。<br>②备件质量因材料等原因无法直接检验，可在运行一段时间后观察检验，但应在合同中说明。<br>（6）外协加工时，技质办应及时联系加工厂家，了解加工的进展情况，协调好外协加工与设备维修的关系 |

# 2.21 设备使用维护细节描述（表2-21）

**表2-21 设备使用维护细节描述**

| 项目 | 内容 |
| --- | --- |
| 设备使用细节描述 | （1）设备技术性能和允许的极限参数，如最大负荷、压力、温度、电压、电流等。<br>（2）设备交接使用的规定：两班或三班连续运转的设备，岗位人员交接班时必须对设备运行状况进行交接，内容包括设备运转的异常情况、原有缺陷变化、运行参数的变化、故障及处理情况等。<br>（3）操作设备的步骤分操作前的准备工作和操作顺序。<br>（4）紧急情况的处理。<br>（5）非本岗位操作人员未经批准不得操作本机，任何人不得随意拆掉或放宽安全保护装置等。<br>（6）设备运行中故障的排除 |
| 设备维护细节描述 | （1）设备示意图和原理图。<br>（2）设备维护图表和要求。<br>（3）定时清扫的规定。<br>（4）设备使用过程中的各项检查要求，包括路线、部位、内容、标准状况参数、周期（时间）、检查人等。<br>（5）运行中常见故障的排除方法。<br>（6）设备主要易损件的报废标准。<br>（7）安全注意事项 |

# 2.22 设备润滑管理工作细节描述（表2-22）

表2-22 设备润滑管理工作细节描述

| 项目 | 内容 |
| --- | --- |
| 设备润滑 | （1）设专职或兼职人员负责本单位润滑专业技术管理工作，修理车间（工段）设润滑班或润滑工负责设备润滑工作。<br>（2）每台设备都必须制定完善的设备润滑“五定”（定点、定质、定时、定量、定人）图表和要求，并认真执行。<br>（3）各厂矿要认真执行设备用油（油桶、油具、加油点）三清洁，保证润滑油（脂）的清洁和油路畅通，防止堵塞。<br>（4）对大型、特殊、专用设备专用润滑油脂要坚持定期分析化验制度。<br>（5）润滑专业人员要做好设备润滑新技术推广和油品更新换代工作。<br>（6）做好废油的回收管理工作 |
| 润滑“五定”图表 | （1）生产设备润滑“五定”图表必须逐台制定，该图表要和使用维护规格同时发至岗位。<br>（2）设备润滑“五定”图表的内容。<br>定点：规定润滑部位、名称及加油点数。<br>定质：规定每个加油点润滑油脂牌号。<br>定时：规定加、换油时间。<br>定量：规定每次加、换油数量。<br>定人：规定每个加、换油点的负责人。<br>（3）岗位操作及维护人员要认真执行设备润滑“五定”图表规定，并做好运行记录。<br>（4）润滑专业人员要定期检查和不定期抽查润滑“五定”图表的执行情况，发现问题及时处理。<br>（5）岗位操作和维护人员必须随时注意设备各部位润滑状况，发现问题及时报告和处理 |
| 润滑油品安全管理 | 为保证润滑油的质量，需定期进行过滤分析和化验工作，对不同设备规定不同的取样化验时间。经化验后的油品不符合使用要求时，要及时更换润滑油脂。<br>企业对生产设备润滑油跑、冒、滴、漏情况，要组织研究攻关，逐步解决。<br>油品的更新换代要列入企业的年度设备工作计划中，并经过试验，保证安全方可加以实施，油品更新前必须对油具、油箱、管路进行清洗 |

# 2.23 设备维修保养工作细节描述（表2－23）

**表2－23 设备维修保养工作细节描述**

| 项目 | 内容 |
|---|---|
| 机器保养分机保养（分区保养） | 各车间的机器，为了使在机器运转中容易失灵的机件保持良好状态，延长使用寿命，以保证机器正常生产，修机工对所分管的机台应进行巡回检修。在巡回检查中发现问题，及时修理，保持机器正常运转，促进生产计划的完成。机器保养要做到：<br>（1）每班巡回检查两次。<br>（2）上班时做好加油工作。<br>（3）保持机件齐全、螺丝拧紧。<br>（4）做好机台清洁卫生工作，做到漆见色、铁见光。<br>（5）机器保养采用分机保养，分工负责，定机、定人。<br>（6）认真做好保养机器的工作，保证台台完好 |
| 电器设备维护保养 | （1）对电器设备的开关、控制箱的完好情况，每3个月检查一次。<br>（2）对配电间的电器开关、电表的完好及清洁，每一个月检查一次。<br>（3）每6个月对电线、路灯检查一次。<br>（4）对车间的电动机，每半年检查一次。<br>（5）防暑降温的电动机（排风、吊扇、台扇），每年检修一次，每年“五一”节前检修完。<br>（6）油开关每年换油一次 |
| 机床维护保养 | （1）禁止机床运转时变速，以免损坏机器的齿轮。<br>（2）过重的工作物，不要夹在工具上过夜，否则在工作物下面垫上垫物。<br>（3）尺寸较大、形状复杂而装夹面积又小的工作物在校正时，应预先在机床床面上安放木垫，以防工件落下时损坏床面。<br>（4）禁止突然开倒顺车，以免损坏机床零件。<br>（5）工具、刀具及工作物不能直接放在机床的导轨上，以免把机床导轨碰坏、产生咬坏导轨的严重后果。<br>（6）每天下班前一刻钟，必须做好机床的清洁保养工作，严防碎屑和杂质进入机床导轨的滑动面，把导轨咬坏。机床使用后应把导轨上的冷却润滑油擦干净并加机油润滑保养。<br>（7）各油眼每班至少加油3次，以保持油眼的清洁与畅通。<br>（8）各类机器（机床）定机、定人，非规定操作人员，未经组长安排和机床保养人员的同意不准随便开动 |

# 2.24 设备维修处理工作细节描述（表2-24）

表2-24 设备维修处理工作细节描述

| 项目 | 内容 |
| --- | --- |
| 责任分工 | （1）确定公司设施的维修计划及维修手续。<br>（2）维修工作的责任人为制造部长、总务部长和技术部长。<br>（3）责任人负责制定所属设施等的维修计划，并根据规定的手续，依据维修计划和预算，组织实施维修业务。<br>（4）总务科负责协助责任人，组织、协调所属设施等的维修工作。<br>（5）财务科负责协助责任人，编制综合维修预算，检查执行预算情况 |
| 维修计划制定程序 | （1）责任人在进行维修前，应向技术部长提交维修计划。<br>（2）技术部长确认有必要，请示公司主管后，做出具体的指示。<br>（3）技术部长从技术的角度对维修计划的内容进行审查后，提出全公司的综合设备投资计划，交财务部长审查。<br>（4）财务部长依据该计划，编制资金计划。<br>（5）设备投资计划和资金计划均由总经理裁定，董事会审议。<br>（6）技术部长将决定的设备投资计划，通知责任人和相关部门 |
| 维修实施计划的编制与实施 | （1）责任人接到技术部长的通知后，组织讨论具体的维修工程方案，并制订出详细的实施计划，提交给技术部长和财务部长后，组织实施。<br>（2）紧急性的维修工程，不需要办理上列手续，直接由责任人与技术部长协商后，组织实施。<br>（3）当责任人制订的详细实施计划的内容、期限和预算，与设备投资计划有显著区别时，应按相关程序，修订设备投资计划 |
| 设备投资计划的变更 | （1）维修实施后，如维修内容、期限、预算等需要做重要变更，或需追加预算时，责任人与技术部长协商后，应提交工程变更或追加预算申请。<br>（2）技术部长应从技术角度对上述申请做出审查后，编制设备计划修正案，提交财务部长审查。<br>（3）设备计划和资金计划的修正案最终由总经理裁决，董事会审议 |
| 维修实施状况报告 | 责任人应及时向技术部长、财务部长和总务部长提交维修进展和预算执行情况报告 |

# 2.25 设备日常维修管理工作细节描述（表2－25）

表2－25 设备日常维修管理工作细节描述

| 项目 | 内容 |
|---|---|
| 1 | 电气使用部门的设备发生故障，须填写维修通知单，经部门主管签字交工程部 |
| 2 | 维修部门接到通知，随即从日常维修工作记录簿上登记接单时间，根据事故的轻重缓急及时安排有关人员处理，并在记录簿中登记派工时间 |
| 3 | 维修工作完毕，维修作业人员应在维修通知单中填写有关内容，经使用部门主管验收签字，并将通知单交回维修部门 |
| 4 | 维修部门在记录簿中登记维修完工时间，及时将维修内容登记人设备卡片，并审核维修中记载的用料数量、计算出用料金额填入单内 |
| 5 | 将处理完毕的维修通知单依次贴在登记簿的扉页上 |
| 6 | 紧急的设备维修，由使用部门的主管用电话通知工程部，由值班主管先派人员维修，同时由使用部门补交维修通知单，值班人员补各项记录，其他程序均同。 |
| 7 | 维修部门在接单后2日内不能修复的，由值班主管负责在登记簿上注明原因，采取特别措施，尽快修复 |
| 8 | 设备修理调度工作职责：<br>（1）调度员根据月份生产计划，编制维修及配件、零件加工计划，按照进度要求，组织好生产。<br>（2）调度员必须根据机台、设备状态和维修人员技术情况，编制计划和进度表并及时检查和处理配件备品生产加工过程中的问题。<br>（3）调度员要将每月投产的备品配件生产准备情况，及时向主管汇报。<br>（4）调度工作。应本着面向生产和先维修后生产的原则进行工作安排。<br>（5）没有列入计划，而生产急需的配件，经领导批准后，安排加工。<br>（6）开好定期设备会议，检查各车间设备维修任务完成情况和设备维修的质量，发现问题，及时调整 |

# 2.26 生产安全用电管理工作细节描述（表2－26）

表2－26 生产安全用电管理工作细节描述

| 项目 | 内容 |
|---|---|
| 1 | 认真执行操作细节描述表制度，停电检修制度 |
| 2 | 操作细节描述表内容：<br>（1）应拉合的开关和刀闸。<br>（2）检查开关和刀闸位置。<br>（3）检查接地线是否拆除，检查负荷分配。<br>（4）装拆接地线。<br>（5）安装或拆除控制回路或电压互感器回路的保险器，切换保护回路和检验是否确无电压等 |
| 3 | 清洁、维护发电机及其附属设备时，必须切断发电机的“功能选择”开关，工作完毕后恢复正常 |
| 4 | 在高压室内进行检修工作，至少有两人在一起工作，摇测或检修电容和电缆前后应充分放电 |
| 5 | 事故处理：<br>（1）变压器预告信号动作时，应及时查明原因，并马上报告上级。<br>（2）低压总开关跳闸时，应先把分开关拉开，检查无异常，试送总开关，再试送各分开关。<br>（3）油开关严重漏油时，应切断低压侧负荷，才可进行掉闸。<br>（4）重瓦斯保护动作时，变压器应退出运行。<br>（5）电容开关自动跳闸时，应退出运行，检查后，确认无异常情况方可试送 |
| 6 | 事故处理及拉合开关的单一操作应记入操作记录簿和运行日记上 |
| 7 | 停电拉闸操作必须按照由低压到高压，由分开关到总开关顺序进行。送合闸的顺序与此相反，严防带负荷拉刀闸 |
| 8 | 操作人员和监护人应根据模拟图板或结线图核对所填写的操作项目，并经值班负责人审核签名 |

续表

| 项目 | 内容 |
| --- | --- |
| 9 | 操作前应核对设备名称编号和位置，操作中应认真执行监护复诵制。必须按操作完一项做一个记录，全部操作完毕后进行复查，并校正结线图 |
| 10 | 电动合开关时，应注意电流表的变化 |
| 11 | 停用电压互感器时应考虑有关的失压保护和电度计量 |
| 12 | 当两路或多路同时使用转为一路负担时，要注意转换相应的硅整流操作电源 |

# 2.27 机械设备安全使用工作细节描述（表2－27）

表2－27　机械设备安全使用工作细节描述

| 项目 | 内容 |
| --- | --- |
| 1 | 使用机械工具前必须先检点有无异状，无异状时始可使用 |
| 2 | 初次用的机械或新装置使用的机械类，必须得所属主管的准许，并听取说明后始可操作 |
| 3 | 原动机或动力传动装置，开始发动时应先用口号（呼声）或适当的方法联络同事周知，确认周围安全状态再操作 |
| 4 | 机械清扫、注油时，应在转动停止后再行操作，但得特别准许时不在此限 |
| 5 | 如无必要避免机械的空运转 |
| 6 | 计器类要经常做正确的保养，尤其是密闭加压机械更要严加留意 |
| 7 | 对于压力计、温度计及其他计器类要特别小心操作，并在其规定的示度范围内使用 |
| 8 | 玻璃器具材料等的装卸、切断或其他使用均需留心，慎防破损，除非经特别允许作业外，一定要戴手套工作 |

# 2.28 有毒、有害作业安全工作细节描述（表2-28）

表2-28 有毒、有害作业安全工作细节描述

| 项目 | 内容 |
|---|---|
| 1 | 根据工作性质和劳动条例，为职工配备或发放个人防护用品，各单位必须教育职工正确使用防护用品，不懂得防护用品用途和性能的，不准上岗操作 |
| 2 | 努力做好防尘、防毒、防辐射、防暑降温工作和防噪声工程，进行经常性的卫生监测，对超过国家卫生标准的有毒有害作业点，应进行技术改造或采取卫生防护措施，不断改善劳动条件，按规定发放保健食品补贴，提高有毒有害作业人员的健康水平 |
| 3 | 对从事有毒有害作业人员，要实行每年一次定期职业体检制度。对确诊为职业病的患者，应立即上报公司人事部，由人事部或公司安委会视情况调整工作岗位，并及时做出治疗或疗养的决定 |
| 4 | 禁止中小学生和年龄不满18岁的青少年从事有毒有害生产劳动。禁止安排女职工在怀孕期、哺乳期从事影响胎儿、婴儿健康的有毒有害作业 |

# 2.29 生产安全事故处理工作细节描述（表2-29）

表2-29 生产安全事故处理工作细节描述

| 项目 | 内容 |
|---|---|
| 工伤事故及其分类 | （1）根据《企业职工伤亡事故报告和处理规定》，凡在劳动过程中发生的人身伤害和急性中毒称为伤亡事故。<br>（2）工伤事故按伤害情况分为重大事故、轻伤、重伤和死亡四类。具体划分按GB6411—86《企业职工伤亡事故分类标准》执行 |

续表

| 项目 | 内容 |
| --- | --- |
| 工伤事故的报告 | （1）工伤事故发生后，负伤者或现场有关人员应立即报告班组、施工队或公司有关负责人及安全科。<br>（2）施工队或公司负责人在接到重伤、死亡以上事故时，应立即报主管部门和其他相关职能部门。<br>（3）应尽可能保护现场，迅速采取必要措施抢救人员和财产，防止事故的扩大。<br>（4）如特殊情况需要对现场进行损坏时，应将现场作标记或记录 |
| 事故调查和分析 | （1）轻伤和重伤事故，由公司经理或主管安全的副经理组织安全、技术、生产等部门及工会成员组成调查组进行调查。<br>（2）凡由上级机关插手的事故，公司按要求尽最大努力积极协助调查。<br>（3）凡调查涉及的单位和个人，必须如实向有关人员回答有关的提问，提供有关的证据和证词。不准弄虚作假，隐瞒事故真相。<br>（4）由本公司处理的工伤事故的调查必须查清事故发生的时间、地点、经过、原因、人员伤亡、经济损失等。<br>（5）召开事故分析会，确定事故处理的意见防范措施的建议。<br>（6）写出事故调查报告 |
| 事故处理和结案归档 | （1）由本公司处理的工伤事故，必须在事故调查组写出事故调查报告后由公司召集专门会议研究处理。<br>（2）事故处理结果应向全公司干部职工公开宣布。并将整个事故处理情况写出书面材料，向有关部门报告。<br>（3）事故处理必须公正合理、不迁就、不避让、做到事故“三不放过”。<br>（4）对本公司处理不服的，可向上级有关部门提出异议和起诉。<br>（5）事故处理结案后，由公司安全科负责将各有关材料收集整理，存档建卡。<br>（6）必须要办理工伤审批手续的，由公司负责办理 |

# 2.30 生产事故急救工作细节描述（表2-30）

表2-30 生产事故急救工作细节描述

| 项目 | 内容 |
| --- | --- |
| 火伤急救 | 轻者用酒精涂抹灼伤处，重者须用油类，如蓖麻油、橄榄油与苏打水匀和，敷于其上外加软布包扎，如水泡过大，不要切开，已破水的皮肤也不可剥去 |
| 皮肤创伤急救 | （1）止血。<br>（2）清洁伤口，周围用温水或凉开水洗之，轻伤只要涂2%的红汞水。<br>（3）重伤用干净纱布盖上，用绷带绑起来 |
| 触电急救 | 救活前应以非导体木棒等将触电的人推离电线，切不可用手去拉，以免传电，然后解开他的衣钮，进行人工呼吸，并请医生诊治。局部触电，伤处应先用硼酸水洗净，贴上纱布 |
| 猝倒中暑急救 | 将猝倒者平卧，胸衣解开，用冷水刺激面部，或用阿摩尼亚去臭。中暑者亦先松解衣服，移至阴凉通风处平躺，头部垫高，用冷湿布敷额胸，服用凉开水，呼吸微弱的可进行人工呼吸，醒后多饮清凉饮料，并送医诊断 |
| 手足骨折急救 | （1）为避免受伤部分移动，可先自制夹板夹住，最好用软质布棉作夹，托住伤处下部，长度足够及于两端关节所在，然后两边卷住手或脚，用布条或绷带绑紧。<br>（2）如为骨碎破皮，可用消毒纱布盖住骨部伤处，用软质棉枕夹住，立即送医。<br>（3）如是怀疑手或脚折断，便不让他用手着力或用脚走路，夹板或绷带不可绑得太紧，使伤处有肿胀余地 |

## 2.31 原料班工作细节描述（表2－31）

**表2－31 原料班工作细节描述**

| 项目 | 内容 |
|---|---|
| 1 | 遵守公司的劳动纪律及各项规章制度 |
| 2 | 严格执行生产技术部下达的投料及配料计划 |
| 3 | 严格执行操作规格，以确保所投配的原料符合工艺要求 |
| 4 | 做好原料的拆装，清洁卫生工作，避免灰尘、杂质进入加料斗 |
| 5 | 做好原料包装袋、托盘的清理工作，做到安全、卫生、文明生产 |
| 6 | 对未用完的原料做好妥善的保管与储存工作，短期内不用的原料，应做退库处理，并做好明确标识 |
| 7 | 当车间生产不正常时，协助生产车间做好生产工作 |
| 8 | 做好交接班记录，并对当班所投，配料情况进行准确、详细的记录 |

## 2.32 在制品管理工作细节描述（表2－32）

**表2－32 在制品管理工作细节描述**

| 项目 | 内容 |
|---|---|
| 1 | 掌握在制品在生产过程中的情况，及时进行调整，使在制品的数量经常保持在定额水平 |
| 2 | 实行统一领导分级管理原则，全厂的由生产部负责，车间内部由各车间负责。根据生产定额由生产部下达各类产品的在制品存活量，由车间具体组织控制，生产部监督执行 |
| 3 | 凡在车间流转的制品，要建立在制品的管理台账，每批活结束后，分规格、品种填写报表报生产部 |
| 4 | 在制品流转必须有原始凭证（生产传工单），统计员要经常查账，防止验账混乱，手续不清，报表差错 |

续表

| 项目 | 内容 |
|---|---|
| 5 | 在制品流转到下一道工序时，必须按顺序摆放整齐，符合文明生产要求，防止不同产品、不同规格的在制品发生混乱的现象 |
| 6 | 在生产过程中的交接验收，必须当面交代清楚，如实物与传递单不相符合，拒绝验收。影响工作时，由交付方负责 |
| 7 | 在生产过程中出现的次品，操作者应签字。班组长、车间主任、统计员登账写清规格、品种、颜色、数量等项目报生产部安排补做 |
| 8 | 在制品每月定于月底盘点，不能修复的制品在清点清楚后及时做出处理 |

## 2.33 工艺检查工作细节描述（表2－33）

**表2－33　工艺检查工作细节描述**

| 项目 | 内容 |
|---|---|
| 1 | 各级工艺管理人员及操作工人，必须进行标准生产，确保产品工艺质量 |
| 2 | 技术部每星期对各车间生产产品抽查一次，每月对车间生产工艺执行情况和原始记录进行抽查，发现问题就及时纠正 |
| 3 | 技术部主管或工艺师每天对车间工艺执行情况巡回检查一次，发现问题及时纠正并提出整改措施 |
| 4 | 技术部每月对车间工艺执行情况进行考核，考核结果报主管厂长 |
| 5 | 技术部每月对部内技术人员当月各项工作进行内部检查考核，并按有关规定处理 |

## 2.34 技术工人考核工作细节描述（表2-34）

表2-34 技术工人考核工作细节描述

| 项目 | 内容 |
|---|---|
| 1 | 由生产部、技术部、办公室配合，有计划、有目的、有组织地对在岗技术工人进行技术考核，以鉴定技术工人的实际技术水平，调动工人学文化、学科学、学技术的积极性 |
| 2 | 技术工人考核的依据参照本行业国家相关技术等级标准 |
| 3 | 技术考核种类：新员工进厂考核；试工期满考核；培训期满考核；同工种考核；主要工序考核；技术工人改变工种考核 |
| 4 | 技术考核内容：各类各级工人技术等级标准的“应知”（即理论知识）和“应会”（即实际操作水平） |
| 5 | 技术工人改变工种，凡分配到技术难度较大岗位上的，3个月内应达到熟练掌握新岗同级技术要求。凡分配到一般岗位工种的，1个月内必须达到熟练掌握新岗同级技术要求 |
| 6 | 每年有计划地组织同工种、同工序技术练兵、比赛活动，分出名次，奖励先进 |

## 2.35 首件产品技术鉴定工作细节描述（表2-35）

表2-35 首件产品技术鉴定工作细节描述

| 项目 | 内容 |
|---|---|
| 1 | 每件产品投产前，技术部就召集生产部、质量总检及有关生产车间和班组长、检查员召开技术工艺统一会议 |
| 2 | 由技术部向与会人员讲解重点工艺要求、注意事项及操作要领，解答与会人员提出的各种技术问题，进行技术统一 |

续表

| 项目 | 内容 |
|---|---|
| 3 | 由技术部向生产部、有关车间、班组及质量总检发放工艺制单及车间所用的各种样板 |
| 4 | 技术部工艺人员应到车间对生产班组进行产前技术指导，讲解工艺要求，对关键工艺要操作示范 |
| 5 | 产品进入生产后，应由质量总检主持召集技术部、生产部及有关人员到班组进行首件产品技术鉴定并封存首件产品。生产车间及班组应及时按照首件技术鉴定的意见纠正生产中存在的工艺问题，保证批量生产的工艺技术质量 |

## 2.36 安全生产责任制编制细节描述（表2－36）

**表2－36　安全生产责任制编制细节描述**

| 项目 | 内容 |
|---|---|
| 目的 | 明确各级员工在生产经营活动中应负的安全责任 |
| 范围 | 适用于本公司各级员工在生产经营活动中的安全职责 |
| 职责 | （1）生产管理部负责本规章制定、修改、废止的起草。<br>（2）总裁负责本规章制定、修改、废止的批准 |
| 基本原则 | （1）预防为主，安全第一。<br>（2）安全生产，人人有责。<br>（3）谁主管，谁负责。<br>（4）管生产必须管安全 |
| 总裁安全职责 | （1）总裁是安全负责人，必须认真贯彻执行各项安全法规、制度和标准，对本公司安全工作负全面责任。<br>（2）重视员工的劳动条件和公司的安全、工业卫生状况，重视女工的劳动保护工作。<br>（3）建立、健全安全管理组织和机构，根据实际情况，按公司员工总数的千分之二至千分之五的比例，配备安全专业人员，提高安全人员的素质，稳定安全人员队伍。<br>（4）为安全管理工作提供足够的人、财、物等资源。<br>（5）批准、发布本公司的各项安全管理制度描述、安全技术细节描述、安全措施计划和长远规划 |

续表

| 项目 | 内容 |
| --- | --- |
| 党委书记安全职责 | （1）在签订施工合同时，要对承包施工的单位进行资格认定，并订立施工安全协议或有关条款。<br>（2）组织编制或审查基建项目的施工组织设计，使其符合安全、消防和环境卫生要求。<br>（3）组织对外来施工作业人员进行入厂安全教育和施工前的安全交底工作。<br>（4）按“三同时”原则，安全基础设施与主体工程同时竣工、验收和使用，保证安全生产。<br>（5）工业建筑物、构筑物的安全管理。<br>（6）员工职业卫生的安全管理。<br>（7）按季节特点组织开展防火、防洪、防冻、防暑等公共安全检查，落实公共安全措施。<br>（8）参加施工过程中发生的安全事故和生产经营中重大人身伤害事故的调查、分析、处理和整改 |
| 生产副总裁安全职责 | （1）在总裁的领导下，对安全生产工作全面负责。<br>（2）组织制定和完善各项安全生产管理制度描述，检查督促安全管理组织的落实。<br>（3）经常深入现场掌握安全生产情况，推广先进的安全管理方法，组织开展安全管理活动，审定重大灾害事故的预防和处理方案。<br>（4）定期召开安全生产专题会议，及时研究和解决有关安全生产的重大问题。<br>（5）组织制订、审批安全教育计划，组织部署全厂性安全教育与考核工作。<br>（6）坚持“五同时”原则，即在计划、布置、检查、总结、评比生产的时候，同时计划、布置、检查、总结、评比安全工作。<br>（7）企业内实行的各级承包以及与外单位的各项承包合同中，都必须有安全管理要求和安全职责等条款，并认真考核。<br>（8）组织重大安全事故的分析工作和纠正预防措施的实施。<br>（9）总裁不在时，代理总裁履行安全责任 |

续表

| 项目 | 内容 |
| --- | --- |
| 总工程师安全职责 | (1)在总裁的领导下，对本单位的安全技术工作全面负责。<br>(2)组织制定、修订和审定本公司各项安全技术管理制度描述、安全技术细节描述，组织编制安全技术措施计划、方案及安全技术长远规划。<br>(3)协助总裁组织安全技术研究工作，解决疑难或重大安全技术问题，推广和采用先进的安全技术和安全防护装置。<br>(4)审核新设备、新技术、新产品中的重要安全技术问题，审批重大技术改造、大中检修项目的安全措施计划。<br>(5)组织重大技术、设备事故的技术分析、处理、整改工作 |
| 生产管理部经理安全职责 | (1)组织编制或修订生产工艺细节描述、岗位作业指导书，参与安全技术细节描述的修订。<br>(2)在安排生产任务的同时，督导落实安全措施。<br>(3)遇到生产中的异常情况，应及时处理，危险紧急情况，先处理后报告，严禁违章指挥。<br>(4)负责生产(工艺)事故的调查、统计、上报，制定事故防范措施 |
| 技术研发部经理安全职责 | (1)组织编制或修订《设备安全操作细节描述》和《物资安全技术细节描述》。<br>(2)负责对设备动力装置和起重机械、锅炉、压力容器、高压管件、气瓶、热力管网和安全装置的定期检测、检验、校验工作。<br>(3)在计划和布置检修任务的同时计划和布置安全措施，解决安全隐患。<br>(4)开发新产品、引进新技术和新设备前，必须先审核技术和设备的安全可靠性，必须有保证安全生产和消除有毒有害物质危害的设施。<br>(5)负责安排安全技术的科研工作，组织研究解决安全生产中的重大疑难问题。<br>(6)制定新项目小试转中试，中试转工业生产的安全技术条件，在新项目竣工验收的同时进行安全验收。<br>(7)提供原辅料、产品(中间产品)、实验试剂的物化性质及安全防护方法。<br>(8)负责设备事故调查、统计、上报，参加有关重大事故的处理 |
| 品管科科长安全职责 | (1)督导检验人员执行《检验仪器操作细节描述》和《物资安全技术细节描述》。<br>(2)管制好有毒有害的化学药品、检验试剂、挥发物和残渣等物品。<br>(3)组织质量事故的调查处理，参加其他事故有关数据的分析和测定 |

续表

| 项目 | 内容 |
| --- | --- |
| 专职安全员安全职责 | （1）贯彻执行安全生产的法规、制度和标准，协助上级组织推动安全管理工作，研究和推广现代安全管理方法和技术。<br>（2）组织制订或完善安全技术细节描述、安全管理制度描述和员工劳动防护用品标准，并监督检查。<br>（3）组织制订安全工作计划，督促有关部门按期执行。<br>（4）组织员工的安全思想、安全管理和安全技术的教育和演习。<br>（5）组织本单位的安全大检查和考核，监督、检查隐患的整改工作。<br>（6）负责安全管制点的安全监察工作以及厂内交通、消防的管理工作。<br>（7）参加新建、改建、扩建工程及新产品的设计审核、竣工验收及试运转工作，验收安全装置和设施。<br>（8）协助有关部门做好职业病防治等工业卫生工作。<br>（9）经常进行现场检查，指导基层安全工作，发现违章有权制止，不听劝阻者，可令其停止工作，并立即通知有关领导。<br>（10）组织开展安全生产竞赛活动，总结和推广安全生产的先进经验。<br>（11）综合分析研究安全生产中的突出问题，及时向领导或有关部门提出改进意见。<br>（12）参加安全事故的调查、统计、上报和建档工作，参加各类安全事故的调查、处理、整改和工伤鉴定工作 |
| 行政人事科科长安全职责 | （1）贯彻和宣传国家有关劳动保护的政策、法规和制度，监督做好各项工业卫生工作。<br>（2）组织和健全劳动保护管理监督网络，协助开展安全教育。<br>（3）反映劳动保护工作中的问题，提出改进职业卫生、加强职业防护的建议。<br>（4）参加季节性的防火、防洪、防冻、防暑等安全检查，落实安全措施，督促事故隐患的整改。<br>（5）参加新建、改建、扩建和技术改造项目的设计审查和竣工验收。<br>（6）组织安全生产竞赛，评选安全先进集体和个人，总结和推广安全生产先进经验。<br>（7）组织新进员工和有关人员（实习、培训人员）的入厂安全教育和考核，特殊岗位必须有劳动部门颁发的上岗证才能上岗。<br>（8）执行化工有毒有害工种工时制度的规定和女工劳动保护的规定，并根据职业禁忌要求，做好新工人招收（包括临时工录用）和员工调配工作。<br>（9）执行劳逸结合的原则，控制加班、加点。<br>（10）保健食品、清凉饮料、劳保用品的供应发放。<br>（11）搞好办公楼、浴室、食堂的安全卫生和防火工作。<br>（12）管理好单位公务车和司机，督促车辆的年审和维护保养，处理交通事故。<br>（13）搞好员工体检、职业病防治和健康监护工作，对职业病患者妥善安置、及时医疗。<br>（14）参加伤亡事故的调查、工伤鉴定，提出鉴定依据，分析和善后处理工作 |

续表

| 项目 | 内容 |
|---|---|
| 供应中心经理安全职责 | （1）采购的物资必须有验收记录制度，并对数量、质量负责。<br>（2）对生产、试验、研发所需的新化学物品，采购时必须了解其物理化学性能，以及安全使用和储运要求，并索取书面资料。<br>（3）严格执行有关防火和危险物品管理规定，搞好仓库防火、防盗、危险物品、气瓶和贮运设施的管理工作。<br>（4）对驾驶人员进行安全教育、考核，做好车辆检审和维护保养工作 |
| 车间主任安全职责 | （1）车间主任是车间的安全负责人，对车间安全工作负全面责任。<br>（2）认真贯彻执行各项安全生产法规、制度和标准。<br>（3）拟订、修订车间安全技术细节描述和安全生产管理制度描述，编制车间安全技术措施计划和方案，经批准后，组织实施。<br>（4）建立、健全安全、防火组织，领导并支持车间和班组安全员的工作。<br>（5）组织落实车间级安全思想和安全技术教育，并督促检查班组级安全教育并进行考核。<br>（6）组织车间级定期、不定期安全检查，确保设备、安全装置、防护设施处于完好状态。发现隐患及时组织整改，车间无力整改的要采取临时安全措施，及时向厂部书面报告。<br>（7）组织开展各班组的安全生产竞赛等安全活动，总结交流安全生产经验。<br>（8）组织或参加车间各类事故调查和处理工作，并按规定及时上报 |
| 班组长安全职责 | （1）组织班组级员工安全教育和对新上岗人员的安全技术考核，贯彻执行厂和车间有关安全生产的规章制度。<br>（2）定期组织安全活动，认真执行交接班制度，做到班前讲安全，班中检查安全，班后总结安全。<br>（3）搞好本班组安全生产工作，检查岗位工艺指标及各项安全制度执行情况，做好设备和安全设施的巡回检查及维护保养工作，保证齐全完好。<br>（4）搞好本班组的安全生产竞赛，维护本班组的正常生产秩序。<br>（5）组织或参加一般事故的调查，落实安全防范和整改措施。<br>（6）发生安全事故时，应迅速参与事故的救护等善后工作 |

续表

| 项目 | 内容 |
| --- | --- |
| 车间安全员职责 | （1）贯彻有关安全生产法规、制度和标准，并检查执行情况，参与拟订、修订车间安全技术细节描述和有关安全生产管理制度描述，并监督检查执行情况。<br>（2）协助车间主任编制安全活动计划，并督促检查执行情况。<br>（3）班组安全员进行业务指导，协助车间主任搞好员工安全思想、安全技术教育和考核工作。<br>（4）参与车间新建、改建、扩建工程设计和设备改造以及工艺条件变动方案的审查工作。<br>（5）深入现场进行安全检查，制止违章指挥和违章作业，对不听劝阻者有权停止其工作，并报请领导处理。<br>（6）负责车间安全装置、防护器具、消防器材的管理工作。<br>（7）负责伤亡事故的统计上报，参与事故调查和分析 |
| 班组安全员职责 | （1）协助班组长开展各项安全活动，提出改进安全工作的建议。<br>（2）严格执行有关安全生产的各项规章制度，发现违章作业有权制止，并及时报告。<br>（3）监督检查班组人员正确使用劳动防护用品、器具和消防器材。<br>（4）发生安全事故时，应迅速参与事故的救护等善后工作 |
| 员工安全职责 | （1）参加安全活动、学习安全技术知识，严格遵守各项安全生产规章制度。<br>（2）认真执行交接班制度，接班前必须认真检查本岗位的设备和安全设施是否齐全完好。<br>（3）精心操作，严格执行工艺细节描述，遵守纪律，记录清晰、真实、整洁。<br>（4）按时巡回检查、准确分析、判断和处理生产过程中的异常情况。<br>（5）做好设备一级维护保养，保持作业场所清洁，发现设备缺陷及时报告，并做好记录。<br>（6）正确使用、妥善保管各种劳动防护用品、器具和防护器材、消防器材。<br>（7）不违章作业、并劝阻或制止他人违章作业，对违章指挥有权拒绝执行，同时及时向领导报告。<br>（8）发生安全事故时，应迅速参与事故的救护等善后工作 |

# 2.37 发电系统使用操作细节描述（表2－37）

表2－37　发电系统使用操作细节描述

| 项目 | 内容 |
|---|---|
| 启动前检查和启动操作 | （1）启动前电工检查。<br>①各附件连接必须可靠，各运动件转动灵活，皮带张紧度合适。<br>②加满冷却水，各接头无渗漏。<br>③加足机油，各接头无渗漏。<br>④足够燃油，各接头无渗漏。<br>⑤蓄电池正常，启动系统各线路接头不松动。<br>（2）上述检查完成后，需进行的操作。<br>①用手摇输送泵排除燃油系统空气（修后初启动）。<br>②用手摇泵（机油）涨油到油压大于$0.7kg/cm^2$，最少持续10秒。<br>③边手摇涨油边盘车，最少一转以上，要事先通知电工（应急启动例外）。<br>（3）注意事项。<br>①环境温度冷，室温10℃以下时，要预先将冷却水加温，太冷时，要按超供燃油按钮，然后释放。<br>②连续启动时间不能超过10秒，间歇20秒后再作下一次启动，如启动4次不着火，应检查原因 |
| 运行检查 | 值班人员应密切注意各仪表读数和柴油机工作状况，每半小时做一次检查，并按有关指标严格进行检查 |
| 停车 | 必须使柴油发电机组卸去负荷后，空车运转3分钟以上才停车 |
| 其他事项 | （1）盘车时必须先通知电工，以免突然启动。<br>（2）若柴油机属脉冲增压进气，空车不宜运转过长 |

# 2.38 锅炉使用操作细节描述（表2－38）

表2－38　锅炉使用操作细节描述

| 项目 | 内容 |
| --- | --- |
| 点火前检查 | （1）检查炉内有没有遗留物品、工具，水胆内水垢是否清理干净。<br>（2）检查锅炉安全阀、压力表、水位计、温度表是否正常。<br>（3）检查炉体、入孔、出孔、各连接管及驳接处有无渗漏现象。<br>（4）检查日用油箱、油位、供油泵、软水箱水位、供水泵、空压机及其油位、鼓风机等应正常。<br>（5）检查自动控制系统及连动连杆是否正常。<br>（6）向炉内注水，水温不应超过50℃。开启放空阀，水位应在正常水位。<br>（7）当完成以上检查，确认正常后，可按锅炉点火操作程序进行点火 |
| 点火程序 | （1）合上配电房内的锅炉控制电源、水泵电源及配电房外水泵、油泵铁壳开关。<br>（2）将炉体边液化石油气阀及燃油阀打开。<br>（3）将锅炉控制箱内电加热开关合上（向上），电加热开始，待油温升到适当为止（各种油料温度不同）。<br>（4）合上油泵开关，油泵转动，并手动旋转过滤器2～3周，观察油泵运转情况。并使一次压力、进油压力、回油压力各到达规定范围。<br>（5）如用蒸汽，可打开蒸汽加热阀门，蒸汽压力保持1千克压力以下。<br>（6）合上锅炉运转电源开关（向上），锅炉即可自动运转，先点火，后燃烧。切记，在点火初期不得使用自动控制，应采用手动控制。正常情况下手动运转3小时后，方可转入自动控制。<br>（7）当合上锅炉电源开关后（向上），如果出现红灯或警铃响、蜂鸣器响，应停止点火，详细检查后，方可进行第二次点火。<br>（8）当使用除氧器时，炉内压力到1千克时，方可打开给水泵前的进水阀，防止炉内满水 |

续表

| 项目 | 内容 |
|---|---|
| 供汽前检查 | (1) 当压力升到1.5千克左右时，应冲洗一次玻璃管水位计，底部排污一次和试验低水位自动停炉一次。<br>(2) 检查所有连接口有无渗漏现象。<br>(3) 前后封头各检查一次。<br>(4) 当压力升到3千克时，前后排污一次，并用水泵起动给水，以检查水泵自动进水是否正常。<br>(5) 当压力升到工作压力时再一次冲洗水位计玻璃管，并手动检查安全阀一次，以防安全阀不正常。<br>(6) 继续将压力提高，试验高限压力控制保护装置是否正常，并把它调好在工作压力+1的限度处。<br>(7) 完成高限压力试验后，可调试工作压力控制器，工作压力在+0.5限度处，并调节好燃烧调节器。<br>(8) 当完成高限及工作压力控制器的调整后，应继续调试低压水位及备用低压水位控制器。方法是人为排水至锅炉自动停炉红灯亮，警铃响为止，直至红灯不亮，警铃声不响，锅炉控制电源失电，此时证明备用低水位正常。注意，此试验一定要两人以上小心进行，以防失水造成缺水事故。<br>(9) 当完成以上检查及试验后，即可进行供汽前的暖管工作或进行并炉，继而可正式供汽 |
| 运转管理 | (1) 锅炉在运转期间，应监视燃烧情况及负荷情况，随时调节燃烧工况以保持最佳燃烧工况。<br>(2) 每天必须在负荷低的情况下，前后底部排污一次，由水处理工负责排放。<br>(3) 每天夜班在压力2千克左右时，试验低水位自动停炉一次。<br>(4) 每班对油滤器进行旋转2~3圈，保持油路畅通。<br>(5) 日用油箱油温不得超过70℃，软水回水箱温度不得超过85℃，当超过上述温度时应采取措施。<br>(6) 相隔2小时，按值班要求检查各运转设备及记录运转数据一次。<br>(7) 对上下夹层、地下室主要供汽管道、油库，每班都要巡检一次，并在值班簿上登记 |

## 2.39 雾度仪操作细节描述（表2-39）

**表2-39 雾度仪操作细节描述**

| 项目 | 内容 |
| --- | --- |
| 1 | 接通电源，取下仪器的三个保护盖 |
| 2 | 打开仪器电源进行预热，两窗口显示的小数点，不久左边读数窗口显示“P”，右边出现“H”，并发出呼叫声 |
| 3 | 在空白样品的情况下按测试开关，仪器将显示“P100.0”“H0.00”，如果不显示“P100.0”“H0.00”即 $P<100.0$，$H>0.00$，说明光源预热不够，需重关电源后再开机，直至仪器预热稳定 |
| 4 | 按“TEST”开关，微机采集仪器自身数据后，再度出现“P”“H”并呼叫，即可进行测量 |
| 5 | 将检测试样平整的夹于磁性夹具间，装在样品台上 |
| 6 | 按下“TEST”键，仪器自动检测，左边屏幕显示透光率，右边屏幕显示雾度，一组试样检测完或更换规格时应测空白一次 |
| 7 | 关闭电源，拔出电源插头 |

## 2.40 模唇口清洁细节描述（表2-40）

**表2-40 模唇口清洁细节描述**

| 项目 | 内容 |
| --- | --- |
| 1 | 着手准备清洁用品（铜刮刀、石蜡、铜丝绵、脱膜剂） |
| 2 | 按 EXHAUST/START 键（模头排气风机启动） |
| 3 | 按 RUBBER ROLL/ENGAGE 键（橡胶辊压下） |
| 4 | 挤出系统各加热单元条件满足后，启动主、辅挤出机 |
| 5 | 挤出熔体洁净（无炭化物、降解物）后停止挤料 |

续表

| 项目 | 内容 |
| --- | --- |
| 6 | 用铜刮刀将唇口熔体刮干净后，石蜡涂在唇口上，用铜丝绵将挥发物擦洗干净，然后用脱膜剂均匀地喷在唇口上 |
| 7 | 用铜刀刮时需特别注意，唇口两端的密封块不能碰撞，应保持在 15 mm 左右，以免伤到密封块，不得使用其他工具，只能用紫铜刮刀，操作时应左右来回地刮 |

## 2.41 电子天平操作细节描述（表 2-41）

**表 2-41　电子天平操作细节描述**

| 项目 | 内容 |
| --- | --- |
| 1 | 观察水平仪，如果水泡偏移，则需调节水平调节脚，是水泡位于水平仪的中心 |
| 2 | 接通电源 |
| 3 | 校准天平。置 COU—0，UNT—g，INT—3，ASD—2 模式，按“TAR”键，天平清零。<br>轻按“CAL”键，当显示出现“CAL—”时，即松手，显示器就出现“CAL——200g”，其中“200g”为闪烁码，表示需要用 200g 的标准码校准，此时放上准备好的 200g 标准码，显示器即出现等待状态“—”，经数秒后，显示器应出现“200.000g”，拿去校准砝码，显示器应出现“0.000g”，如若不为零，则再清零，再重复以上校准操作，为了得到准确的校准结果，最好反复以上校准操作 2 次 |
| 4 | 置被称物于托盘上，待天平稳定，即显示器左边的“0”标志灯熄灭后所显示的值为被除数称物的质量 |
| 5 | 如果被称物需要去皮，则置容器于电子天平托盘上，显示出容器的质量后，按下“TAR”键，出现“0.0000g”状态拿出容器，出现容器的负值，即可去皮称量 |
| 6 | 待称量完毕后，按“TAR”键，天平清零 |
| 7 | 称量结束后按“OFF”键关闭显示器，并拔出电源插头 |

# 2.42 分切机操作细节描述（表2-42）

表2-42 分切机操作细节描述

| 项目 | 内容 |
| --- | --- |
| 开机 | （1）开电气隔离开关（设置在电控制柜前），按EMERCENCY STOP RESET及READY TO RUN按钮，钥匙打开MACHINE到RUN（主操台上）检查电压（380V）、电流是否正确、稳定。<br>（2）打开液压系统电源开关（设置在主液压驱动架上），检查主液压驱动系统油位及压力表显示是否正确、稳定。<br>（3）打开气动截流阀（设置在气动控制柜下进气管上），检查气压是否正确（不小于6.0bar）、稳定 |
| 设定控制 | （1）照分切计划单安排的薄膜类型、厚度、长度、宽度等设置分切菜单。<br>（2）从PDF中提起相应的BOPP膜档案。<br>（3）设定相应规格膜的收卷长度、宽度。<br>（4）选择相应的收卷工位，调整好压辊臂及压辊，安装好相应规格的纸芯 |
| 上料、穿膜及接膜 | （1）上料：按照分切计划单要求，依照行车操作细节描述，根据实际情况，在时效架上吊取相应的母卷，根据电晕面的内外选择方向放在分切机放卷架上，并用控制按钮夹紧钢芯，离开钢芯支撑臂及行车。<br>（2）穿膜：当分切机上无膜时，须进行穿膜。利用分切机穿膜装置及功能键，将原始膜一端系在穿膜链环眼上，启动穿膜按钮，使膜沿分切工艺走向平整分布在各辊上。<br>（3）接膜：当分切机上有膜，换卷接头时，利用真空接膜台，先将接膜台启动到工作位置，人工把分切机第一牵引辊上的膜展平并开动上部真空泵吸膜，使膜平整的吸附在接膜台上，贴上双面胶带并割掉胶带下多余的膜，将放卷架上的膜展平并启动下部真空泵使膜平整的吸附，拿下胶带上纸层并平整粘接膜，接头要整齐，无皱，然后关掉上下真空泵，将接膜台开到不工作位置 |
| 开机运行 | （1）改好规格，内外侧收卷臂上好纸芯，压辊处于运行准备状态时通知所有人员离开机器，准备运行。<br>（2）将主操作台上ANTI-STAIC BARS置于AUTO，READY TO RUN开通，启动MACHINE RUN开机运行 |

续表

| 项目 | 内容 |
|---|---|
| 分切控制 | 在分切运行过程中，认真监控观察运行分切效果，对分切速度、放卷张力、接触压力及弧形辊、边料牵引辊、导边等进行适当调节控制 |
| 收料 | （1）当内、外端收卷完毕机器停止运行时，利用卸膜按钮将膜放在准备好的卸膜小车上，割断膜并用封口胶粘贴好膜卷。<br>（2）运用夹头松开按钮松开卡头，检查各膜卷纸芯是否离开纸芯，若有一头仍卡在纸芯上则用人工手动卸下膜卷。<br>（3）确保所有膜离开夹头放在小车上后，运用装膜按钮升起收卷臂，安装上相应的纸芯，将膜整齐贴附在纸芯上，进行下一次分切 |
| 停车 | （1）当膜卷运行到设定长度时，设备自动停车。<br>（2）在设备运行过程中，根据需要可按 MACHINE STOP 停车。<br>（3）当需要快速停车时，按 MACHINE STOP 键大于 2S。<br>（4）当出现设备或人为事故等紧急状态时，按 EMERGENCY STOP 紧急停车 |
| 注意事项 | （1）开机前确保电压、电流及液压等值的正确、稳定。<br>（2）设备准备运行前，所有人员必须通知离开设备，确保人身安全才可开机运行。<br>（3）分切机在运行时，切忌用手触摸运行中的膜卷或辊芯，以免将手卷入造成人身伤害。<br>（4）在操作过程中，切忌用刀或硬物划伤、割伤辊芯 |

## 2.43 中央空调操作细节描述（表 2－43）

表 2－43 中央空调操作细节描述

| 项目 | 内容 |
|---|---|
| 冷却塔的操作 | （1）打开手动补水阀，使水位达到浮球底端。<br>（2）关闭手动补水阀，打开自动补水阀。<br>（3）打开冷却塔进出口阀门和中央空调机组的进出口阀门。<br>（4）电启动冷却塔风机 |

续表

| 项目 | 内容 |
| --- | --- |
| 冷却泵的操作 | （1）开冷却泵出水阀门。<br>（2）按顺时针方向旋转电机轴头（观察电机是否正常）。<br>（3）通电启动冷却泵（观察电流变化是否在额定范围之内）。<br>（4）打开冷却泵进水阀门（观察工作压力的变化）。<br>注：每两小时观察一次：①所有设备的运转是否正常，如有异常情况，立即停止，进行检修；②电流及电压的变化；③所有进出口工作压力；④所有进出口工作压力；⑤自动补水是否正常；⑥定期清理过滤器；⑦定期注润滑油和机油停机操作与上述相反（先停止设备运转，后断电） |

# 2.44 收卷机操作细节描述（表2-44）

表2-44 收卷机操作细节描述

| 项目 | 内容 |
| --- | --- |
| 1 | 按START启动收卷机卷芯A、B，破膜时按INTRODUCTION使卷芯转到穿膜位置（气刀侧），并缠上胶带 |
| 2 | 当达到生产速度及电晕处理正常后，按CUTTING进行换卷，切刀自动切断薄膜 |
| 3 | 待外侧卷芯停转，薄膜正常收卷后，按CHUCKS/OPEN打开卡盘，将母卷吊至临时放卷台上，吊装一空卷芯到收卷机上，按CHUCKS/CLOSE闭合卡盘 |
| 4 | 清理卷芯上的废膜 |
| 5 | 正常换卷时，系统提前5分钟提示换卷，薄膜收卷到设定长度后按CUTTING切断薄膜，重复本细节描述第三步 |
| 6 | 协助化验室人员取样完成后将母卷吊至时效处理架 |

# 2.45 水处理操作细节描述（表2-45）

表2-45 水处理操作细节描述

| 项目 | 内容 |
| --- | --- |
| 冷却塔的操作 | （1）打开冷却塔进出口阀门。<br>（2）通电启动冷却塔风机 |
| 循环水泵的操作 | （1）循环水箱的补水：①打开手动补水阀，使水位达到浮球底端；②关闭手动补水阀，打开自动补水阀。<br>（2）加药装置的补水：①药箱补水（打开水阀，当水位达到一定程度时，关闭水阀）。②加入适量净化剂；③通电启动加药装置进行搅拌，然后通过计量泵把药水送入循环水箱。④上述程度完成，关闭加药装置。<br>（3）打开循环水泵出水阀门。<br>（4）按顺时针方向旋转电机轴头（判断电机是否正常）。<br>（5）通电启动循环水泵（观察电流变化是否在额定范围之内）。<br>（6）打开循环水泵进水阀门（观察工作压力的变化）。<br>（7）打开过滤器进出口阀门，进行部分过滤。<br>（8）在额定的压力情况下，如果过滤器压力不断升高，必须关闭过滤器进出口阀门，进行反冲 |
| 反冲洗水泵的操作 | （1）反冲洗水箱的补水：①打开手动补水阀，使水位达到浮球底端；②关闭手动补水阀，打开自动补水阀。<br>（2）打开反冲洗水泵出水阀门。<br>（3）按顺时针方向旋转电机轴头（判断电机是否正常）<br>（4）打开过滤器排污阀。<br>（5）通电启动反冲冲洗水泵（观察电流变化是否在额定范围）。<br>（6）打开反冲洗水泵进水阀门及过滤器反冲洗进水阀门（观察反冲洗水泵的出水工作压力）。<br>（7）观察排污口，当水清洁时，停止反冲。<br>（8）关闭过滤器的排污阀门及过滤器反冲洗进水阀门。<br>（9）打开过滤器进出口阀门，继续过滤。 |
| | 注：每两小时观察一次：①所有设备的运转是否正常，如有异常情况，立即停止，进行检修；②电流及电压的变化；③所有进出口工作压力；④自动补水是否正常；⑤定期注润滑油和齿轮油。停机操作与上述相反（先停止设备运转，后断电） |

# 2.46 微机控制电子万能（拉力）试验机操作细节描述（表2-46）

表2-46　微机控制电子万能（拉力）试验机操作细节描述

| 项目 | 内容 |
|---|---|
| 1 | 打开通气开关，拔出气阀，顺时针转到2Pa再按下 |
| 2 | 开机：试验机→计算机→打印机 |
| 3 | 双击桌面上的“POWER TEST” |
| 4 | 进入联机位置，点击“联机” |
| 5 | 点击工具栏的“试验方案”，选择薄膜拉伸或热封强度，点击“下一步”检查参数设定 |
| 6 | 点击工具栏的“参数向导”，选择试验方案，点击“下一步”选项定义显示的结果项，拉伸强度、断裂伸长率或弹性模量，继续点击“下一步”，选择自定义用户参数 |
| 7 | 点击工具栏的“试验”，确定试验方案，然后点击“用户参数”，输入试样标距“100”，试样厚度（测试厚度），试样宽度“15”等参数，然后确定 |
| 8 | 将已取好的宽15mm的样条的两端通过两脚踏开关夹在夹具上，并要松紧适宜，再点击传感器显示窗口的负荷清零，然后点击位移清零，最后再点击“运行”即可 |
| 9 | 试样检测完后，传感器自行回车，点击工具栏的“数据处理”登录，然后点击工具栏的“结果”即可查看测试结果，点击“报告”，连上打印机，即可打印检测报告 |
| 10 | 做热封强度时，点击工具栏的“参数向导”后，定义显示结果项应选“拉伸强度”，“试验”中的用户参数为：试样标距“100”，试样厚度“1”，试样宽度“1”，其他操作不变 |

续表

| 项目 | 内容 |
| --- | --- |
| 11 | 做弹性模量时，当试样拉伸运行到曲线横坐标“1.00”时，点击速度控制栏的“STOP”停止运行。<br>（1）点击工具栏的“数据处理”登录。<br>（2）点击工具栏的“图形”。<br>（3）点击界面切换栏的“高级（A）”，接着点击“曲线放大”，再点击“曲线遍历”。<br>（4）移动鼠标在曲线上找到“变形”接近“0.5”时，“负荷”的值，并记下该值，接着找当“变形”接近“1.0”时，“负荷”的数值，也记此值，退出。<br>（5）点击工具栏的“计算”，将以上两个负荷值分别输入到“自定义弹性段起点”和“自定义弹性段终点”，点击“应用”后退出。<br>（6）再点击工具栏“结果”，即可查看测试结果 |
| 12 | 关机：试验机→打印机→计算机 |
| 13 | 拔出气阀，逆时针转到“0”，再压下气阀，关上通气开关，最后拔下电源插头 |

# 2.47 停机操作细节描述（表2-47）

**表2-47 停机操作细节描述**

| 项目 | 内容 |
| --- | --- |
| 1 | 接到停机指令后，先打开电晕系统电极，在打开电极之前须在母卷上夹上纸条做好标记，停止测厚仪，按INTRO3将速度降低 |
| 2 | TDO出口的吹边按钮拨至MANU，在TDO出口将薄膜横向划断 |
| 3 | MDO出口张力退出控制，打下MDO出口压辊，在TDO入口横向割断薄膜，按INTRO2使生产速度降低，将薄膜缠在MDO出口的辅助收卷，打开MDO所有压辊及拉伸辊 |
| 4 | 按INTRO1，打下急冷出口压辊，启动切刀将铸片切出一窄边，剪断窄边并将起缠在辅助收卷机上，再次启动切刀横向切断铸片 |
| 5 | 打开膜干燥系统，停止膜干燥风机，打开剥离辊，中控人员停挤出机后用铜刀划断熔体并按HORIZONTAL MOVEMENT/HOME使水浴槽移开 |

续表

| 项目 | 内容 |
| --- | --- |
| 6 | 打开TDO烘箱门，当TDO内部温度降到80℃以下方可停止TDO（视停机时间而定），检查TDO烘箱内部是否有废膜，清洁各部分辊筒，清理现场废膜及其他杂物 |
| 7 | 挤出系统按工艺要求保温（视停机时间而定）。<br>若停机时间较长，需通知公用工程停冷冻机、热油炉，当挤出系统以及其他加热单元降到工艺要求的温度后，可通知公用工程停 |
| 8 | 开冷冻水循环水泵、热油循环泵 |
| 9 | 做好未用完原料的封装防潮以及牌号、配方、日期等明确的标记 |

## 2.48 磨系数仪操作细节描述（表2-48）

表2-48 磨系数仪操作细节描述

| 项目 | 内容 |
| --- | --- |
| 1 | 接通电源，打开电源开关，检查测试条件是否正确 |
| 2 | 用样板取下350 mm×135 mm的样块 |
| 3 | 用样板取下130 mm×65 mm的样块，以上样块应在同一中心线截取，并在不影响测定位置上标明处理面和非处理面 |
| 4 | 将上述说350 mm×135 mm的样块置于摩擦板上压紧，把膜片置于摩擦板样块上，并粘贴在滑块上，保证样品粘贴牢固平整。（注意：处理面对处理面或处理面对非处理面，非处理而对非处理面） |
| 5 | 将固定有试样的滑块轻轻地放在摩擦板的试样上。注意保持滑块同摩擦上的试样位于同一中心线上 |
| 6 | 按操作面板上的“ID”键进入试验状态后，再按下“TEST”键进行测试 |
| 7 | 测试完成后，按下“ENTER”键回测试状态 |
| 8 | 返回测试状态后，操作面板的显示屏显示试验结果，静摩擦系数和动摩擦系数 |

续表

| 项目 | 内容 |
| --- | --- |
| 9 | 待几组样品都检测完后，按“MEM”键，然后再按显示器“ENTER”下方的“↑”键，即可查看每组试样的检测结果，如果删除以前记录，按“CLEAR”下方的“↑”键两次即可，取平均值就按“STATS”键，按第一次显示试样检测次数，按第二次显示静摩擦系数，再按一次，显示动摩擦系数 |
| 10 | 关闭电源，拨出电源插头 |

# 2.49 牵引操作细节描述（表2-49）

**表2-49　牵引操作细节描述**

| 项目 | 内容 |
| --- | --- |
| 1 | TDO成膜后，将PRS的破膜信号打到ON，按START启动PRS，确认吸边料风机及真空辊风机停止，确认收卷卷芯上已缠好胶带 |
| 2 | 穿膜前先清理TDO出口的薄膜，需4人完成穿膜工作，A将薄膜抱起，B与C同时拿起膜边，A抱着薄膜往驱动侧走，C将膜割断并将薄膜往驱动侧拨开，膜割断后B沿着PRS穿膜信道穿膜，C拨到驱动侧后将膜边割断，在B穿膜的同时，D需辅助B将薄膜往中间推，以免薄膜卡在入口的展平辊上，造成穿膜失败 |
| 3 | 薄膜穿过PRS缠绕在卷芯上，按SAG TDO/PRS加速使薄膜拉紧，分别按VACUUM ROLL FAN、EDGES GRINDING、EDGES AIR BLOWING、EDGES TRIM OPERATOR SIDE、EDGES TRIM DRIVE SIDE顺序启动真空辊风机、边料破碎机、边料输送风机、吸边料风机，按SPREADER ROLL1/ENGAGE、SPREADER ROLL2/ENGAGE 、SPREADER ROLL3/ENGAGE、OPERATOR EDGE PULLER N3/ ENGAGE闭合展平辊1、展平辊2、展平辊3、边料牵引辊3。<br>按OPERATOR KNIFE/ENGAGE打下操作侧切刀，分别按一次OPERATOR EDGE CUTTING/START、DRIVE EDGE CUTTING/START启动两侧边膜切断刀，OPERATOR EDGE CUTTING指示灯亮且边膜完全被切开后且通过了真空辊后，再按下OPERATOR EDGE CUTTING/START按钮切断边膜；按DRIVE KNIFE/ENGAGE打下驱动侧切刀，边膜完全被切开且通过了真空 |

续表

| 项目 | 内容 |
|---|---|
| 4 | 辊后，再按下 DRIVE EDGE CUTTING/START 按钮切断边膜，两侧边膜完全进入收卷后按 SPREADER ROLLS/ENGAGE 闭合 PRS 出口展平辊 |
| 5 | 按下 PROD 按钮，按 CLOSE 闭合电晕电极，按 START 启动电晕处理系统，将其输出功率调整到正常功率 |
| 6 | 收卷正常后在测厚仪面板上按 MESURE，然后按 Enter 启动测厚仪。注意：若破膜后测厚仪未停止，必须使测厚仪回到初始位置后方可穿膜，方法如下：连续按 COMMAND 键，直到显示 Drive Home，再按 Enter 键使其回到初始位置 |

# 2.50 热封仪操作细节描述（表2－50）

表2－50 热封仪操作细节描述

| 项目 | 内容 |
|---|---|
| 1 | 接通热封仪电源，打开开关 |
| 2 | 分别按下操作台左边的两个“①”键，启动上下钳加热，待温度达到所设定值到（120℃）即可热封 |
| 3 | 截取宽 15mm 的样品一组，每组 2 片，按下操作台上的“↑”键，然后将每组两片样条的两头对齐，放在热封仪上下钳之间，用脚踏脚踏开关，即可热封 |
| 4 | 以热封部分为中心线，把试样的两端分别夹在电子拉力机的两夹具上，并要松紧适宜，以防止试样滑脱和断裂在夹具内，试样在热封处断裂时的最大载荷即为热封强度. |
| 5 | 若试样不在热封处断裂，则此试样作废，另取试样补作 |
| 6 | 关上热封仪开关，拔下电源插关 |

# 2.51 测厚仪操作细节描述（表2－51）

表2－51　测厚仪操作细节描述

| 项目 | 内容 |
| --- | --- |
| 1 | 接通电源，打开电子柱测量仪开关，打开打印机开关 |
| 2 | 按打印机操作面板上的“AC”键，然后再按“▼”选择是否删除以前记录，再按“ENTER”即可 |
| 3 | 用干净的纸清洁测头，如不回零，按“MASTER”清零，再按“START”进入测试状态 |
| 4 | 按下操作手柄，使气动测头抬起，放入检测试样，松开操作手柄，使测头与试样接触，此时LCD液晶屏显示检测的数值，再按下打印机操作面板上的“DATA”键打印当前数值，如打印数值与显示数值不符，可按“C”键删除当前打印数值 |
| 5 | 重复以上操作，对试样进行单点检测，待试样检测完后，按“START”键，打印机自行将统计计算的结果打印出来 |
| 6 | 关上电子柱测量仪开关，打印机开关，拔下电源插头 |

# 2.52 光泽度仪操作细节描述（表2－52）

表2－52　光泽度仪操作细节描述

| 项目 | 内容 |
| --- | --- |
| 1 | 即100 mm×100 mm样品一组，应无皱折、脏物、划伤等缺陷，然后将样品平整地贴在试样板上 |
| 2 | 按下“MODE”键，当显示器显示“SAMPLE MODE”时，即可进行检测 |
| 3 | 将光泽度仪垂直地压在试样上，按下“OPERATE”键，显示器即显示检测结果 |

# 2.53 急冷辊穿片操作细节描述（表2－53）

表2－53 急冷辊穿片操作细节描述

| 项目 | 内容 |
|---|---|
| 1 | 按 HORIZONIAL MOVEMENT/WORKING 键（急冷辊进入工作位置） |
| 2 | 各操作人员进入各自岗位，急冷辊出口两边，水槽辊两边以及膜干燥两边都要有人操作 |
| 3 | 启动挤出机，将流出的熔体紧贴在急冷辊上（注意别让流出的熔体往上卷，可用湿布挤压熔体，让其随辊引出） |
| 4 | 当厚片被急冷辊带出后，打开橡胶辊，左右两边操作人员用手将厚片引出，经剥离辊，水槽辊，干燥装置，引入辅助收卷，压下橡胶辊 |
| 5 | 按 STRIP ROLL ENG AGE 键（剥离辊压下） |
| 6 | 按 ROLL DRYING START 键（辊干燥工作） |
| 7 | 把膜干燥移入，按 FILM DRYING START（片除水工作）后把厚片边沿除水装置打开 |
| 8 | 将气刀固定按 START 键（打开气刀风机），连续按两次 START 键风机气压增大 |
| 9 | 按 AIR KNIFE 键（气刀进入工作位置） |
| 10 | 按 CR NIP ROLL 键（压辊压下） |
| 11 | 准备 MDO 穿片 |

## 2.54 TDO 操作细节描述（表 2-54）

表 2-54 TDO 操作细节描述

| 项目 | 内容 |
|---|---|
| 1 | 检查 TDO 烘箱内部及链夹上无废膜或其他异物 |
| 2 | 确认 TDO 在 NORMAL 状态，启动 TDO，按 CLIPS/CLOSE 闭合入口闭夹器，按 TABLE/UP 打上穿片工作台，将两侧导边系统打至 AUTO 检查其正常工作后操作侧打到 MANU（手动），驱动侧打到 AUTO（自动），按 TDO 出口的 AIR ON CLIPS/MANU 使吹边打到手动，将 F3 上的 OUTLET TDO FILM BREAK - OPERATOR SIDE、OUTLET TDO FILM BREAK - MIDDLE、OUTLET TDO FILM BREAK - DRIVE SIDE 三个转换开关扳至 ON |
| 3 | INTRO2 升速完成且铸片两边调整均匀，确认 TDO 所有温度已达到设定值，中控人员提示穿片条件达到后，按 CYCLE/START 启动 MDO 出口切刀，剪断窄边穿过入口导向辊，使链夹完全夹住窄边并张紧后，将操作侧导边系统转换到自动。当在穿片的过程中出现薄膜未拉紧，应按 SAG 加速使膜张紧 |
| 4 | 按下 INTRO3，再次按 CYCLE/START 启动 MDO 出口切刀使其将 MDO 出口薄膜横向切断，驱动侧的薄膜完全进入 TDO 并夹紧后，按下 MDO 出口压辊的 WAITING 按钮，按 TENSION OUTLET MDO 使 MDO 出口张力投入，分别按 INLET FILM BREAK、OUTLET FILM BREAK 将 MDO 出入口的破膜传感器投入 |
| 5 | TDO 成膜后按下出口的 AIR ON CLIPS/AUTO 吹边打到自动，TDO 破膜信号打到 OFF |
| 6 | 及时清理 TDO 出口废膜，为 PRS 穿片做准备 |

# 2.55 车间包装组卫生管理工作细节描述（表2－55）

**表2－55 车间包装组卫生管理工作细节描述**

| 项目 | 内容 |
|---|---|
| 1 | 车间工作人员应保持良好的个人卫生，勤洗澡、换衣、理发、不得留长指甲和涂指甲油 |
| 2 | 进入车间必须穿戴工作服（无纽扣，无口袋）、工作帽、工作鞋；头发不得外露；工作服和工作帽必须保持清洁且每天必须更换 |
| 3 | 不得将生产无关的个人用品和饰品（如手表，首饰等）带入车间 |
| 4 | 进入车间应洗手消毒，工作过程中按细节描述洗手；车间内严禁存放个人生活用品和生产无关的杂物 |
| 5 | 车间内严禁饮食、吸烟和随地吐痰 |
| 6 | 未经允许非加工人员不得进入加工车间；经有关部门同意后，必须达到加工人员的要求后方可进入 |
| 7 | 新参加工作的生产人员，必须经健康检查并取得健康合格证后方可上岗工作。生产人员患有有碍食品的传染性疾病（痢疾、伤寒、病毒性肝炎、活动性肺结核、化脓性或渗出性皮肤病等），或手有外伤等情况，必须立即调离食品加工岗位并妥善治疗 |
| 8 | 车间生产人员和进入车间的其他有关人员遇下列情况之一时必须洗手：<br>（1）开始工作之前。<br>（2）上厕所以后。<br>（3）处理被污染的原材料之后。<br>（4）从事与生产无关的其他活动之后。<br>（5）在从事操作期间也应勤洗手 |
| 9 | 生产车间内接触食品的设备、工器具、操作台必须采用无毒、无异味、耐腐蚀、易清洗的材料制作。表面应光滑、无凹坑、缝隙。车间内禁止使用一切竹木工器具和容器 |
| 10 | 车间内必须有用于工器具和固定设备消毒的设施，并保持齐全有效，设施本身及使用过程中不得对食品产生不良影响 |

续表

| 项目 | 内容 |
|---|---|
| 11 | 在工作前后及工作中必须按规定进行清洁、消毒（要有记录）。所用的清洁消毒方法应有效又不影响食品的卫生。用化学方法进行消毒时，检查消毒剂的配制记录及使用条件，连续使用的消毒剂，定期检查其浓度。用热水消毒时，水温应达到80℃以上 |
| 12 | 加工操作台、机械设备、工器具应经常清洗，不得有锈蚀，并保持清洁，经消毒处理后的设备、工器具、操作台必须再用饮用水彻底冲洗干净，除去残留物后方可接触产品。<br>生产车间和其他场所的废弃物，必须随时清除，并及时清理出厂，废弃物存放的容器及场地应及时清洗消毒 |
| 13 | 车间工作人员及有关人员每年至少进行一次健康检查，必须经健康检查并取得健康合格证后方可上岗工作 |
| 14 | 同一生产现场内不得同时生产两种类别的产品，也不得同时加工影响车间卫生或产品质量的副产品 |
| 15 | 车间内只能存放有少量即将使用的空罐。空罐只能装填产品，任何时候不能盛放有其他物品，以免误入生产线造成质量事故。清洗车间时，必须移开或遮蔽好生产线上的空罐，以免沾污 |
| 16 | 每天工作结束后或必要时，必须彻底清洗加工场地的地面、墙壁、排水沟，必要时进行消毒 |
| 17 | 生产车间和其他有关工作场地内应保持清洁，不得堆放杂物，地面不得出现大规模积水现象，生产中的废弃物应随时清理和清除 |
| 18 | 车间内的更衣室、工间休息室等公共场所，应经常整理和清扫，必要时进行消毒，以保持其清洁 |
| 19 | 生产车间周围应定期或必要时进行除虫灭害，以防止害虫滋生，车间使用杀虫剂时，不得污染食品，并尽量避免污染设备，工器具和容器，使用杀虫剂后应彻底清洗干净，除去残留药剂 |
| 20 | 厂房、设备、排水系统、废物排放系统和其他机械设施，必须保持良好状态。在正常情况下每年至少进行一次全面检修。车间应做到整洁、空气新鲜、无明显水汽、积水 |

# 第3章
# 生产管理常用制度描述

# 3.1 生产计划拟订办法描述

## 生产计划拟订办法

**总　则**

第一条　为使企业的产销能够相互配合，避免生产混乱，发挥生产部的效能，特制订本办法。

**生产计划的主要指标**

第二条　生产计划的主要指标包括产品品种指标、质量指标、产量指标、产值指标。

第三条　品种指标，指企业在计划期内生产的产品品名和品种数。它不仅反映了企业在产品品种方面满足市场需要的程度，也反映了企业的生产技术水平和管理水平。

第四条　质量指标，指生产部在计划期内提高产品质量应达到的指标。常用的质量指标有产品品级指标，如合格品率、一等品率、优质品率等。

第五条　产量指标，指企业在计划期内生产的符合质量标准的工业产品数量，一般以实物单位计量。例如，汽车以“辆”表示、机床以“台”表示等。有些产品仅用一种实物单位计量并不能充分表明其使用价值的大小，需用复式单位来计量，如电动机用“台/千瓦”表示。

第六条　产值指标，是用货币表示的产量指标。可分为产品产值、总产值及净产值3种。

**生产计划的类型**

第七条　年度生产计划。

1. 营销部根据过去的销售记录、市场占有率以及对未来市场的预测，拟订年度销售计划。年度销售计划经企业经营会议讨论并经总经理批准后，送生产部用于拟订年度生产计划。

2. 生产部首先根据年度销售计划，确定年度库存计划，利用此库存计划调整生产计划与销售计划的差异，即将销售计划与库存计划换算成生产计划，其公式如下：

年度计划生产量 = 年度计划销售量 + 年末产成品计划库存量 − 年初产成品计划库

存量

3. 年度生产计划由生产计划管理机构拟妥后，经生产总监审阅，送往企业经营会议讨论，并经总经理批准。

第八条 季度生产计划。

1. 需要根据年度生产计划制定季度生产计划，季度生产计划是在预测、决策基础上制订的，是指导生产部门季度生产活动的人纲。

2. 生产计划管理人员应于每个季度第二个月份的中旬，提出下一季度的详细生产计划。

3. 在一般情况下，季度生产计划力求稳定，不宜多变，但也需要考虑市场变动、技术革新、材料供应来源等问题的影响。

4. 生产计划管理人员提出季度生产计划后，先经生产部总监审阅并与营销部协调后，送往企业经营会议讨论，并经总经理批准。

第九条 月度生产计划。

1. 季生产计划换成月生产计划时，允许有9%～10%的变动。

2. 生产计划管理人员应于每个月中旬提出下个月的生产计划，其与当季季度生产计划指定的月份生产计划的相差数量不得超过10%。

3. 第一个月的生产计划应明确产品品种和具体细节，及时反映合同增减变动的情况，灵活处理紧急订单；第二个月、第三个月调研产品产量，便于准备和组织成批轮番生产。

4. 月生产计划经生产部与营销部共同确认后，营销部可允许插入5%左右的紧急订单。当需要插入紧急订单时，营销部应与生产部及时协调。

5. 生产计划管理人员提出的月生产计划经生产部和营销部确认后，双方不得任意变更。

6. 月生产计划要送企业经营会议讨论并经总经理批准。

第十条 周生产计划。

1. 为了完成紧急订单或平衡企业内部生产要素，生产计划管理人员应将月生产计划细化为周生产计划，以便在实际生产中控制生产的进度。

2. 通过周生产计划，生产部可对产量、品种及生产进度、次序进行微调，既可具体调节供应需求，又可重新组织新的生产活动。

**拟定生产计划**

第十一条　拟定生产计划时，应遵守以下3项原则。

1. 满足需求。

品种、数量、时间上满足市场需求的同时，努力增加产品产量，增加收益，保持一定的收入增长率和市场占有率。

2. 降低成本。

充分利用生产能力，降低生产和库存成本，使生产和库存成本之和最小，即费用和损失最小。生产计划方案应考虑的成本项目主要有以下内容。

（1）正常生产成本，是指正常生产状态下，单位产品成本，包括直接人工、直接材料、制造费用等。

（2）加班成本，是指为临时提高产量而增加工作班次所发生的成本，如加班费及相应的附加费。

（3）转包成本，是指在生产能力紧张时，将部分任务转包给相关厂商时所增加的外协费用以及相关的成本。

（4）库存成本，是指为订购、保存货物以及库存产品所发生的成本，如订货及运输费、保管费、物品损失费用等。

（5）缺货成本，是指由于缺货而造成的损失，主要为缺货造成的收益减少，或者延迟交货造成的损失。

（6）人工成本，是指由于生产计划方案引起的人员增加或减少所需的费用，如解雇工人的费用、雇用工人的费用和培训费用等。

3. 均衡生产。

使单位时间（月、日）的产品产量相对稳定，以利于生产过程的组织、人力安排、质量控制等。减少改变生产造成的损失，如加班费用、闲置生产能力损失等。

第十二条　编制生产计划的方法。

一般而言，编制生产计划的方法主要有以下4种。如下表所示。

**编制生产计划的方法**

| 方法 | 编制说明 | 编制技巧 |
| --- | --- | --- |
| 年度生产计划与总体计划的衔接 | 总体计划需要考虑生产速率、人员水平等折中因素，年度生产计划则不会考虑利用此类因素。因此，编制年度生产计划要以总体计划所确定的生产量而不是以市场需求预测来计算计划生产量 | 1. 总体计划中的产量是按照产品系列规定的，首先是将其分解成每一计划期内对每一具体型号产品的需求，并考虑到不同型号、规格的适当组合，每种型号的现有库存量和已有的顾客订单量相等。<br>2. 将上一步的分解结果作为年度生产计划中的需求预测量，并转换成年度生产计划中的市场需求量 |
| 年度生产计划的相对稳定性 | 1. 年度生产计划是所有部件、零件等物料需求计划的基础。<br>2. 生产计划的改变，尤其是对已开始执行的年度计划进行修改时，会引起一系列计划的改变以及成本的增加，引起交货期延迟或作业分配复杂化。<br>3. 当生产计划量减少时，可能会导致物料或零部件的剩余或将生产能力用于现在并不需要的产品 | 1. 规定“需求冻结期”，从本周期开始的若干个单位计划期内，没有管理决策层的特殊授权，不得随意修改主生产计划。<br>2. 规定“计划冻结期”。计划冻结期通常比需求冻结期要长，在该期间内，计划人员没有自主改变主生产计划的程序和授权，但计划人员可以在两个冻结期的差额时间段内，根据情况对生产计划做必要的修改。<br>3. 在这两个期间之外，可以进行更大的修改，这几种方法实质上是对生产计划进行不同程度的修改。年度生产计划冻结期的长度应周期性地评估，不能固定不变。<br>4. 生产计划的相对冻结虽然使生产成本得以减少，但也同时减少了适应市场的灵活性。因此，还需要考虑二者间的平衡 |
| 在制品定额法 | 1. 在制品定额法是指运用在制品定额，结合在制品实际结存量的变化，按产品反工艺顺序，从产品出产的最后一个车间开始，逐个往前推算各车间的投入、产出任务的方法。<br>2. 这种编制生产作业计划的方法主要适用于大批量生产的企业 | 这种方法的计算公式包括以下两种：<br>1. 某车间出产量计算公式。<br>某车间出产量 = 后车间的投入量 + 本车间半成品计划外销量 +（中间库半成品定额 - 中间库半成品期初预计存量）<br>2. 某车间投入量计算公式。<br>某车间投入量 = 本车间的出产量 + 本车间计划允许废品数量 +（本车间在制品定额 - 本车间在制品期初预计存量） |

续表

| 方法 | 编制说明 | 编制技巧 |
|---|---|---|
| 不同生产类型中的生产计划 | 1. 生产计划要确定最终完成的出厂产品的生产数量。这主要是对大多数“备货生产型”企业而言的。在此类企业中，最终产品的种类一般较少，且大都是标准产品。<br>2. 随着市场需求的多样化，企业要生产的最终产品相应“变型”，变型产品实质是若干标准模块的不同组合。如汽车，其最终的颜色、驱动系统、方向盘、座椅、音响、空调系统等不同部件只能按顾客的需求组合 | 1. 组装生产型：企业保持主要部件和组件的库存，当最终产品的订货到达后才开始按订单生产。年度生产计划以主要部件和组件为对象来制定。<br>2. 订货生产类：企业最终产品和主要的部件、组件都是顾客定制的特殊产品时，这些最终产品和主要部件、组件的种类比较多，它们所需的主要原材料和基本零件的数量要多得多。在这种情况下，年度生产计划以主要原材料和基本零件为对象来制定 |

第十三条　编制生产计划的程序。

编制生产计划一般遵循一定的程序，如下图所示。

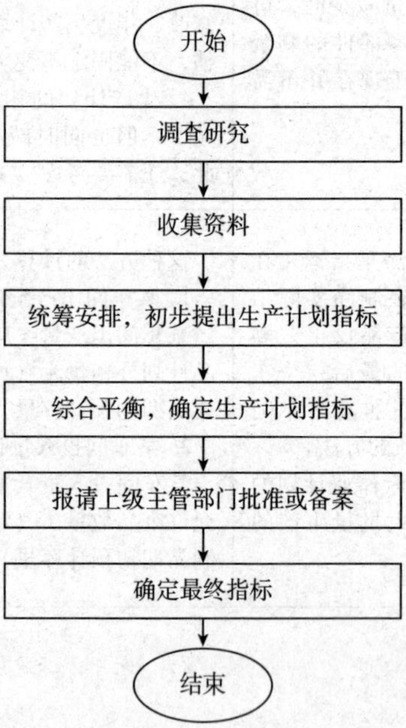


编制生产计划的程序

**本办法说明**

第十四条 生产指令的编制与下达、生产进度的跟催、生产人员的安排，必须根据月生产计划与周生产计划来执行。

第十五条 本办法送企业经营会议讨论并经总经理核准后实施。修订时亦同。

# 3.2 生产计划实施规定描述

## 生产计划实施规定

第一条 计划部每年在计划制定与实施时，要考虑生产状态，以过去数年中的实绩作为标准，制定年度计划预定表，并把此表送交生产部。

第二条 在一个月以前就要制定出月度计划预定表，此表亦需送交生产部。

第三条 生产部要通过各工厂送来的计划预定表了解市场情况，制定出下月乃至下下月的生产进度表返回到各工厂。

第四条 工厂要根据生产部下达的生产进度表，计算自己当月的生产预订量，并把此表上交给生产部。

第五条 在工厂的最后一道工序中，要汇总每天的生产数量，然后入库；并在最后工序的入库账上进行登记，根据入库量计算出与进度计划相对照的超过或不足的数量；再以此数据记人工厂日报，送交生产部。

第六条 计划部要根据超过或不足的数量，计算第二天的机器使用情况，如需对原先的计划做出变更，要得到主管及厂长的同意，并通知运输部门、工程制造部门及工厂试验部门，采取适当的措施。也就是说，根据制造进度表，决定制造预定计划后，工程制造部门要计算出各部门每天必须生产制造的数量，对各部门实施中出现的超过计划或不足计划数值的情况，要通知承担任务的部长采取恰当措施。另外，对各部门每天的在制品要进行试验性检查，以保证产品的质量。在最后一道工序，要进行产品质量的各项检查，确定产品的质量等级。

第七条 在月中，要对当月的在制品进行盘存。在系统地调查当月生产状况的同时，要计算出工厂的生产效率、实绩与计划的差异，而后制定出作业方针。

第八条 如果由于发生事故而减少生产，会造成预定产量的不足，此不足须填入营业部的有关图表。

生产部要根据市场行情，把可以推到第二个月的生产任务移至第二个月。

第九条　产品若可能延期，则要考虑其损失的大小以及其他替代产品的替代问题。

第十条　计划部在对要求试验的产品和部门进行调度时，要考虑生产部提出的有关数量、成本等方面的要求。

第十一条　生产部要考虑计划部的要求，在半个月或一个月前向计划处提交生产进度表。

第十二条　根据计划部长的指示，计划部要以工程主任及调查处联合会议上提出的希望条件为标准，根据实际情况，决定哪些机器开动，哪些机器暂停，然后计算出这一时间预估的产量。

## 3.3 长期生产计划实施规定描述

### 长期生产计划实施规定

第一章　日程计划

第一条　生产期限。

在考虑预定的加工传票及订货传票有关工程结束期限的要求和物资进货日期的基础上，确定结束设计及结束工程的时间。

第二条　生产实施计划。

计划部要每月召开一次与生产加工有关部门的联合会议，以季度生产预算为基准，考虑营业部的要求，制定目标预算。

1. 采购物资：按照一季度中不同品种产品加工生产所需而进行，具体分解到各月。

2. 接受订货：按照一季度实有时间（全部工作时间减去为完成以前的订货任务必须占用的时间）安排，具体分解到各月。

第三条　完成报告。

1. 在产品加工生产结束并作为成品进入成品库后，就要办理规定的手续，手续完成后，即要填写完成报告。

2. 企划部要每月汇总各工厂、车间的完成报告书，并写成综合的完成报告书，向有关部门分发通报。

第四条 中间日程计划。

1. 中间日程计划是以每月生产实行计划为基础的不同部门、不同零件的工程计划。它是日程管理的基准。

2. 中间日程计划对偶发性事故要进行调查并做出处理。

第五条 基准日程表。

基准日程表因产品、型号、马力等不同，具体内容也有所不同。通常需要设定以下的内容：

1. 制造过程所需开动的机器台数。

2. 材料的下料时间。

3. 主要工程的开始与完成的时间。

4. 试验的时间。

5. 完成与入库的时间。

第六条 能力调查表。

能力调查表主要是为了解工厂中劳动力的情况而制作的。通过计算出不同职业工种、不同工程部门保有的劳动力，计算出根据生产计划所需要的劳动力，进而算出劳动力的供需状况；并据此编制中间日程计划，进行人员配置。

保有劳动力 = （1 - 无效作业率） × 作业效率 × 工作天数 × 出勤率 × 有效人员

说明：

1. 单个劳动力为 1 天 8 小时的劳动时间，以 P 代之。

2. 作业效率 = AP/A（实际劳动时间）

3. 出勤率 = 出勤人数/出勤人数 + 缺勤人数

出勤天数为除掉休息日后的预定出勤天数。有效人员为扣除长期缺勤者、预定调走者以外的实有作业人员。

4. 无效作业率 = 无效作业时间/作业时间

无效作业时间是直接动员、间接动员、不良作业、修正作业和组织活动等所需时间的总和，其中实际完成为哪些项目，根据过去的实绩而定。

5. 所需劳动力的计算。

在每月实行计划时，按下面的公式计算所需劳动力：

所需劳动力 = 生产计划台数 × P/480（分钟）

注：480 分钟为一个劳动力一天工作的时间，即 8 小时。

第七条　标准作业时间表。

标准作业时间是不同零件、不同作业的标准作业时间，它以所需劳动力为计算基础。

第八条　月实行计划。

月实行计划以在生产部门联合会议所定的生产计划为基础而制定，制定每月制造预定表后，要向各有关部门下达。

第九条　期限。

1. 本厂作业的日程：中间日程计划的期限根据进度表而定。工程期限要向材料、零件、焊接、组装等各作业部门下达。

2. 订货日程：按照能力调查表，制作订货卡片，按卡片所填的日程执行。

第二章　生产分配

第十条　材料零部件的数量确定。

1. 仓库常备物资、零部件。

（1）每月编制执行计划表。

（2）填备库存余额表。

（3）其他。

2. 半成品生产所需物料。

（1）半成品余额表。

（2）每月制造实行计划表。

（3）库存余额表。

（4）其他。

第十一条　零部件半成品。

零部件半成品的管理按零部件半成品管理规定办理。

第十二条　自制零部件的订货。

1. 订货分配表：自己生产的半成品零部件，要以每月生产实行计划表、每月现货库存余额、半成品、订货余额的调查为基础，制定订货分配表，并以此确定每月的订货数量。

2. 订货基准表：订货基准表是规定各种零部件的订货时间必须先于工程进行时间的一种标准。由于从订货到进货有一个间隔时间，但如果订货时间太早，又会占用仓库面积，占用资金。订货基准表是为了解决这个矛盾而制定的。

3. 订货单的制作和发送：在厂内生产半成品零部件时，要根据订货分配表及订货时间基准表，决定订货数量以及到货日期，并把各必要的事项记入所定的订货单中，做好订货安排。

第十三条　传票。

1. 轮班作业时，要根据各班的特点，发出相应的作业传票。

2. 综合管理作业传票。综合管理作业要在综合管理表上记入每天作业的实绩，在截止时间发出不同级别、不同工程的作业传票。

第三章　生产调查

第十四条　调查。

1. 调查每天的作业量、生产进度的迟缓时间，分析资料，整理成适合统计管理要求的基础性资料。

2. 每天作业量实绩调查根据作业传票掌握每天各级的作业量，调查作业的进度。

3. 每月计算与劳动时间相对应的作业实绩，并通报各有关部门。

第十五条　半成品调查。

每天调查作业过程中的半成品，并把控制半成品、掌握进度、对迟缓采取的对策等资料合在一起，作为半成品余额报告的原始资料。

第十六条　成本资料。

截至每月20日，制作以下成本的资料。

1. 综合半成品余额报告书。

（1）工程管理表。

（2）半成品余额调查表。

2. 零件进出余额月报。

（1）材料进出卡。

（2）现货卡。

3. 其余材料进出余额报告。

（1）其余材料进出表。

(2) 现货卡。

第十七条　统计。

制作工程管理上必要的各种统计有固定格式，包括资产量统计、不良产品统计、作业实绩统计、有关材料统计、外购材料统计、半成品余额统计、生产延期统计、有关生产的其他统计。

# 3.4 生产计划实施办法描述

## 生产计划实施办法

**生产计划实施规定**

第一条　生产部制定计划时，要考虑生产状态，以过去数年中的实绩作为标准，制定年度生产计划预定表，并把此表送交营业部。

第二条　生产部每月××号前要制定出月度计划表并送交营业部。

第三条　营业部通过生产部送交的生产计划预定表，了解市场情况，制定出下月乃至下下月的生产进度表，返回到生产部。

第四条　生产部各车间根据营业部下达的生产进度表，计算自己当月的生产预订量，并把此表上交给营业部。

第五条　统计生产进度。

1. 在生产车间的最后一道工序，汇总每天的生产数量，然后入库；并在最后工序的入库账上进行登记。根据入库量计数，算出与进度计划相比超过或不足的数量；再将此数据记入工厂日报，送交营业部。

2. 生产部要根据超过或不足数量，计算第二天的机器使用情况，如果需对原先的计划做出变更，要得到生产部经理及生产总监的同意，并通知运输部门、工程及生产试验部门，采取适当的措施。也就是说，根据制造进度表，决定制造预定计划后，工程制造部门要计算出各车间每天必须生产制造的数量，对各车间生产过程中出现的超过计划或不足计划数值的情况，要通知承担任务的部门采取恰当的措施。

3. 对各车间每天的在制品进行试验性检查，以保证产品的质量。在最后一道工序，进行产品质量的各项检查，确定产品的质量等级。

第六条 每月中旬要对当月的制品进行盘存。在系统地调查当月生产状况的同时，算出工厂的生产效率、实绩与计划的差异，而后制定出作业方针。

第七条 因发生事故而减少生产，会造成预定产量的不足，此不足应填入营业部的有关图表中。营业部要根据市场的行情，把可以推到下个月的生产任务移至下个月的生产计划中。

第八条 产品若可能延期，要考虑其损失的大小以及其他替代产品的替代问题。

第九条 生产部在对要求试验的产品和部门进行调度时，要考虑营业部提出的有关数量、成本等方面的要求。

因此，营业部要考虑生产部的要求，提前半个月或一个月向生产部提交生产进度表。

第十条 根据生产计划主管的指示，生产计划制定人员要以工程主任及调查处联合会议上提出的希望条件为标准，根据实际情况决定哪些机器开动，哪些机器暂停，然后算出这一时间预估的产量。

**生产日程管理计划**

第十一条 一般日程计划。

1. 生产期限的指定。

生产部要经常备有标准完工工程表、生产作业能力表等表格，在考虑有关工程结束期限的要求和物资进货日期的基础上，确定结束设计及结束工程的时间，并把这一期限记入生产指令中。

2. 每月生产实施计划。

每个月，生产部要召开一次与生产加工有关科室的联合会议，以季度生产预算为基准，考虑营销部的要求，制定下列预算。

（1）物资采购预算，按照一季中不同品种的产品加工生产所需制定，具体到每个月。

（2）可接受的订货量，按照一季度的实有时间（全部工作时间减去为完成以前的订货任务必须占用的时间）安排，具体到每个月。

3. 完成报告。

（1）在产品加工制造结束并作为成品入成品库后，应按规定办理相关手续。手续完成后，应立即填写完成报告。

（2）每个月，生产部要汇总各车间的完成报告书，并拟定综合的完成报告书，向相关的部门分发通报。

第十三条　中间日程计划。

1. 中间日程计划是以每月生产实施计划为基础的不同部门、不同零件的生产任务计划，是日程管理的基准。

2. 中间日程计划以基准日程表、生产作业能力表、标准劳动时间表为基础制定，需要对偶发性事故进行调查并做出处理。

3. 基准日程表。

（1）基准日程，是指以标准作业方法和以正常的工作强度进行操作，为完成某一项生产任务所需的时间。

（2）因产品、型号等因素的不同，基准日程表的具体内容也有所不同。通常需要设定以下五个方面的内容。

A. 生产过程中需要开动的机器台数。

B. 生产所需材料的下料时间。

C. 主要生产任务的开始与完成的时间。

D. 试验的时间。

E. 产品完成与入库的时间。

4. 作业能力调查表。

（1）目的：作业能力调查表主要是为了解生产线上劳动力的情况而制作。

（2）计算方法：通过算出不同职业工种、不同车间的保有劳动力，计算出完成生产计划所需要的劳动力，进而算出劳动力的供需状况。据此编制中间日程，进行人员配置。其计算公式如下：

保有劳动力＝（1－无效作业率）×作业效率×工作天数×出勤率×有效人员

（3）关于上述公式的说明：

A. 单个劳动力即为1天8小时的劳动时间，用P表示；

B. 无效作业率＝无效作业时间/作业时间，无效作业时间是直接动员、间接动员、不良作业、修正作业、组织活动等所需时间的总和，需要根据过去的实际业绩而定；

C. 作业效率根据过去的实绩确定；

D. 出勤率＝出勤人数/（出勤人数＋缺勤人数）

E. 在实施每个月的生产计划时，可按以下公式计算所需劳动力：

所需劳动力 =（生产计划数量 × P）/480（分钟），480（分钟）为单个劳动力一天工作的时间，即 8 小时。

5. 标准作业时间表。

标准作业时间表中的标准作业时间因不同零件、不同生产作业而不同，它以所需劳动力的计算为基础。

6. 每月实行计划。

（1）每月实行计划需要根据生产部的联合会议所制订的生产计划制订。

（2）每月的生产预定表制定好后，要下达给每个相关的部门。

7. 期限。

（1）本部门作业日程计划的期限根据生产进度表来定，生产进度表则需要根据基准日程表、作业能力调查表制订。制定好该期限后，要向材料、零件、焊接、组装等各作业车间下达。

（2）按照作业能力调查表，确定订货日程，制作订货卡片，按卡片所填的日程执行。

**生产分配的规定**

第十三条　确定材料零部件的数量。

1. 仓库常备物资、零部件的数量，要根据下列资料来确定。

（1）每月生产实施计划表。

（2）库存余额表。

（3）其他相关资料。

2. 半成品生产所需物资，应按照以下资料确定所需要的数量。

（1）半成品余额表。

（2）每月生产实施计划表。

（3）库存余额表。

（4）其他相关资料。

第十四条　确定零部件半成品的数量。零部件半成品的数量确定，按相关管理规定办理。

第十五条　确定自制零部件的订货。

1. 制定订货分配表。自己生产半成品零部件，要以每月生产实施计划表、每月现货库存余额、半成品数量、订货余额的调查为基础，制定订货分配表，并以此确定每月的订货数量。

2. 制定订货时间基准表。订货时间基准表是规定各种零部件的订货时间必须先于生产进行时间的一种标准。从订货到进货有一个间隔时间，不能做到即订即用；如果订货时间太提前，又会占用库存、占用资金。订货时间基准表就是为了解决这一矛盾而制定的。

3. 制作、发送订货单。自己生产半成品零部件时，要根据订货分配表及订货时间基准表，确定订货数量、到货日期，并把这些事项记录订货单中，做好订货安排。

第十六条　发出作业传票。

1. 轮班作业时，要根据各班的特点，发出相应的作业传票。

2. 综合管理作业时，要在综合管理表上记录每天作业的实际业绩，在截止时间发出不同级别、不同任务的作业传票。

**生产调查的规定**

第十七条　生产调查工作。

1. 调查每日作业量、生产进度的迟缓时间，分析生产数据和资料，整理成适合统计管理要求的基础性资料。

2. 每日作业量实绩调查，要根据作业传票掌握每日、各级的作业量，调查作业进度。

3. 为了管理作业成绩，每个月需要计算与劳动时间相对应的作业实绩，并通报各个相关部门和车间。

第十八条　每日半成品余额调查。

每日都要调查作业过程中的半成品，并把控制半成品、掌握进度、对迟缓采取的对策等资料综合在一起，作为半成品余额报告的原始资料。

第十九条　每月 20 日前，制作以下成本计算资料。

1. 半成品余额报告书，可利用下列资料制作。

（1）工程管理表。

（2）半成品余额调查表。

2. 材料、零件进出余额月报表，可利用下列资料制作。

（1）材料进出卡。

（2）现货卡。

3. 月内使用的其他材料进出余额报告书，可利用下列资料制作。

（1）其他材料进出表。

（2）现货卡。

第二十条　统计工作。

生产制造工程管理上必要的各种统计资料如下：

1. 资产量统计。

2. 不良产品统计。

3. 作业实绩统计。

4. 有关材料统计。

5. 外购材料统计。

6. 半成品余额统计。

7. 生产延期统计。

8. 生产相关的其他统计。

# 3.5 生产计划发放与修正办法描述

## 生产计划发放与修正办法

**生产计划的发放**

第一条　生产计划要发放的对象主要有三大类，应按要求进行选择，不可漏发。

第二条　计划执行部门。

1. 生产部。

2. 各生产车间。

3. 工艺技术部。

4. 机电设备部。

5. 各生产班组。

第三条　同级部门。

1. 物控部。

2. 质量管理部。

3. 产品研发部。

4. 财务部。

5. 营销部。

6. 配送中心。

第四条　上级部门。

1. 董事会（董事长）。

2. 总经办（总裁）。

3. 生产总监。

4. 生产部。

**生产计划的签收**

第五条　生产计划文件是企业重要文件之一，文件经批准之后，要由专人（一般是企业行政管理部的秘书、生产部文员）负责复印和发放。

第六条　生产计划文件发放时，要履行收件签字手续，并将签字的原始凭单存档备查。

第七条　生产计划的发放要及时，并且尽量在同一时间发放到各车间和部门，发放时一般不要代收，要直接发到车间、部门负责人或秘书的手中。

**生产计划的修订**

第八条　修订生产计划的基本要求。

1. 修订生产计划时，应该严肃、认真，并按照修订程序进行。

2. 只有生产计划管理人员才有权力对生产计划进行修订，未接到正式的修订计划之前，各车间、各部门都无权改变原始的生产计划。

第九条　修订生产计划的程序。

生产计划的修订，应按生产计划的修订程序进行。

# 3.6 生产技术管理制度描述

## 生产技术管理制度

**总 则**

第一条 目的。

生产技术管理的主要任务是，合理地组织企业的一切技术工作，建立良好的生产技术活动秩序。保证企业生产正常进行，开展科学实验和技术革新，努力学习国内外先进技术，不断采用新技术，发展新品种，提高产品质量，降低产品成本，提高劳动生产率。

**技术改进、引进与转让**

第二条 技术改进。

生产部经理向总经理提出改进生产技术的方案，由总经理对此进行研究并做出决定。

第三条 技术引进。

当本企业引进技术时，生产部经理要研究引进合同的原文，并要求承担这项工作的部门阐述引进外来技术后成本与成果之间的关系。

第四条 技术转让。

本企业转让技术时，生产部经理要研究检查转让的内容，并与承担这项工作的部门讨论这项转让可能带来的后果。

第五条 技术发表。

1. 向社会公开发表企业生产技术的时候，要把发表原稿交生产部经理审阅，经其批准后方可对外公开。

2. 外来人员到本企业参观学习时，需征得生产部经理或总经理的同意。

**生产工艺管理**

第六条 工艺是产品生产方法的指南，是计划、调度、质量管理、质量检验、原材料供应等工作的技术依据，是优质、高效、低耗和安全生产的重要保证手段。

第七条 工艺工作由生产技术管理科负责，应建立严格的管理制度描述和责任制，工艺人员要坚持科学的态度，不断提高工艺水平，为生产服务。具体详见《生产工艺管理制度描述》。

第八条　工艺工作要认真贯彻工艺细节描述典型化，工装标准化、通用化的原则。

**样品管理**

第九条　取样品。

1. 凡需要取样品者，持生产部管理人员签发的通知单，方可到样品试制车间领取。

2. 送往省市、外贸部门、商业部门的样品，一律到生产技术管理机构办理领取单，样品由生产技术管理机构负责发放。

第十条　样品管理。

1. 公司内设立样品室，由专（兼）职人员负责，并建立样品专账，每月盘点一次，做到账物相符。

2. 凡本公司生产的新花色、新品种、新工艺产品，必须留存两套。

3. 本厂样品和外来样品应分别保管。

4. 每件样品必须有来源、生产日期、型号名称、厂号、品名及新花色、新工艺等情况的介绍。

5. 凡我公司各部门需要样品时，必须履行借用手续，并定出归还日期，如果丢失、污染，照价赔偿，不允许自行处理。

6. 存放样品的样品室必须保持干燥、卫生，做好防霉、防鼠、遮光。

7. 除生产技术管理样品室外，任何部门及个人都无权保管样品或向车间索取样品。

**技术资料管理**

第十一条　所有中外文技术图书、期刊、杂志、工艺资料、设计底样都要及时登记、编号、分类整理和保管。在未登记前，不得借出使用。

第十二条　所有借阅者应爱护技术图书，不准有污损、涂改、剪裁、损毁、卷折。还书时，应当面检查，如损坏应照价赔偿或加倍罚款。

第十三条　外单位索取技术工艺资料时，应经生产部经理同意，报请生产总监批准。

第十四条　对于产品工艺资料，除保留样品外，应把经鉴定合格的工艺处方及技术工艺文件一起归档整理，并登记造册。

第十五条　存档资料要建立账簿，保持账物相符、完整准确。发现资料破损，应及时修补复制。

**技术管理组织**

第十六条 本公司的技术管理归生产技术研究会统一组织管理。

第十七条 生产技术研究会的工作职责是，对下列工作进行研究、协调。

1. 提高、改进生产技术。

2. 研究新产品的生产技术。

3. 工程、质量、试验、管理上的各种问题。

4. 生产技术的引进、技术研究成果的对外发表。

第十八条 生产技术研究会的构成。

1. 生产技术研究会的成员有总经理、生产总监、生产部经理、技术主管、车间主任、有关部门的经理。

2. 研发部门负责人以及其他有关的技术人员根据需要出席会议。

第十九条 生产技术研究会的运行。

1. 凡定期的技术研究会议，由生产总监主持召开。

2. 临时的技术研究会，由提出议题的部门负责人主持召开。

3. 事务性检查，由技术主管担任负责人。

第二十条 开会时间。

1. 凡定期的技术研究会议，每月一次。

2. 凡临时性的会议，随时召开，生产部经理为会议的召集人。

第二十一条 议题决定。

1. 每月开会前10日，技术主管把会议的议题和开会目的具体记录下来，向生产总监报告。

2. 技术主管要在开会前三天决定议题，通知各委员并递交有关资料。

第二十二条 会议记录。

生产技术研究会的会议记录由总经理办公室负责。

**附 则**

第二十三条 制订、修改和废止。

本制度的制订、修改和废止须经企业经营常务会议讨论，并由技术主管人员决定。

第二十四条 实施。

本制度自颁布之日起实施。

# 3.7 生产工艺管理制度描述

## 生产工艺管理制度

**总　则**

第一条　为细节描述公司生产工艺的管理工作，特制订本制度。

第二条　生产工艺是产品生产方法的指南，生产工艺的管理工作由生产技术管理机构具体负责。

第三条　本制度明确了生产工艺管理的工作责任，工艺人员要坚持科学的态度，不断提高工艺水平，为生产服务。

第四条　工艺工作要认真贯彻工艺细节描述典型化，工装标准化、通用化的原则。

**生产工艺文件的编制、执行**

第五条　工艺工作必须完善工艺手段，保证产品质量和降低成本，工艺过程以合理、可靠、先进为原则。

第六条　新产品投产或老产品复制，必须依照“制定完整工艺—贯彻工艺—投产”的流程。

第七条　生产技术管理机构根据原料的性质、新品种的试验、工艺设计和生产部产量平衡后的情况，提出各项工艺细节描述的初步意见，送交生产部经理批准。

第八条　最终形成的工艺文件必须正确、完整、统一、清晰。

第九条　工艺细节描述必须在投产前送交车间主任，工艺品必须详细复核，发现与实际不符或由于某些条件限制，暂且不能执行的项目应及时与生产技术管理机构协商解决。

第十条　车间主任及车间工艺技术员复核工艺细节描述后，应在工艺通知单上签字承认，并且严肃执行该项细节描述，及时下达给有关生产人员。

第十一条　各车间、工序必须严格施行工艺，按工艺要求对产品进行检查，如不符合工艺要求，应及时向车间、工艺技术员反映检查结果，分析原因，找出解决问题的办法，并立案记录。

第十二条　生产过程中，发生工艺与实物不符必须进行工艺调整时，及时向生产技术管理人员反映，并研究解决方案，而不准随意更改和调整工艺。生产技术管理人员调整好工艺后，需经生产部经理签字，才能作为正式生产依据（对旧工艺必须收回存档，并注明变更原因）。

第十三条 已经确定的工艺，所有人员必须严格执行。下发的工艺资料，若有损坏和丢失，查明原因后由生产技术管理机构补发，各部门必须有专人对工艺进行妥善保管，不准任意涂改。

第十四条 对违反工艺生产或随意变更工艺，造成责任事故者，应赔偿5%～10%的经济损失。造成损失严重者，报生产部经理和人力资源部经理批准，给予必要的纪律处分。

第十五条 工艺技术员将工艺下达后，必须经常检查工艺落实情况，发现问题，及时解决，因工艺不妥而造成大批严重事故者，工艺技术员应承担事故责任。

第十六条 工艺技术员应不断对车间操作人员进行工作纪律教育，严格按工艺标准监督工艺执行。

**工艺试验备案手续**

第十七条 提出工艺试验的部门填写工艺细节描述，变更试验一份留底，另一份送交生产技术部备案，以便配合工作，其余送予试验有关部门或车间。

第十八条 凡是对产品质量影响较大，以及影响上下工序质量的工艺项目的变更，要填写申请书，提交技术主管审核，经生产部经理批准后，方可变更。

**生产工艺变更审批**

第十九条 在技术主管的领导下，生产技术管理机构负责全公司工艺文件的编制与管理，下达工艺要求，任何单位或个人无权下达和变更。

第二十条 车间工艺员，在车间主任领导下，负责贯彻工艺和技术服务，业务上受生产技术主管的指导。

第二十一条 未经工艺性审查的产品设计图样，不予编制工艺文件，不能投入生产。

第二十二条 在生产过程中，凡产品设计修改涉及工艺、材料变动时，均应由有关工艺技术员会签。

第二十三条 工艺路线（工艺流程），是产品从投料到出成品的生产路线，工艺路线由技术管理相关人员提出。

第二十四条 产品工艺文件由生产技术管理科提出，附有工艺卡、工艺守则和材料工艺定额资料，工艺文件要先进合理、正确无误、齐全成套、符合标准。

第二十五条　工艺文件由工艺技术员编制，技术主管审核，成套工艺由技术主管会同有关部门批准。

**违反工艺细节描述事故登记**

第二十六条　要严肃工艺纪律，发动群众对违反工艺细节描述事故的原因进行分析追查，并提出防止措施，防止再次违反。

第二十七条　凡不遵守工艺细节描述造成的各项差错事故，无论本次事故是否造成损失，一经发现，主管部门负责人应及时到现场检查分析，找出产生原因，提出措施，以减少下个工序的损失，并在当天填写工艺细节描述事故报告单，送交技术主管。

第二十八条　影响上下车间质量的事故，应由技术管理人员、质量管理人员、车间主任及相关人员协商解决。

第二十九条　下列情况应作为违反工艺细节描述事故。

1. 不按工艺细节描述进行生产，擅自变更工艺。

2. 抄错工艺单，开错通知单。

3. 工艺未经审定、制定不合理造成批量损失。

4. 原料、涂染料、浆料成分配错。

5. 化验室化验结果不正确，配料单开错。

第三十条　上述各项事故由生产技术管理机构及时向个人、车间、部门提出，要追究责任并采取措施，按情节轻重记事故一次。若本人及部门隐瞒，经其他部门提出时，应按情节轻重记违反工艺细节描述一次，并取消本人或部门当月奖金。

**附　则**

第三十一条　本制度由生产技术管理机构制定，经生产总监审核、总经理批准后执行。

# 3.8 技术标准管理制度描述

## 技术标准管理制度

**制　定**

第一条　企业技术标准由生产技术管理机构根据各级标准负责制定。制定技术标准时，一定要做到符合实际、技术先进、经济合理、安全可靠。

第二条 对同类产品，要进行规格优选和合理分档，形成标准条例。

第三条 尽量采用国际上的通用标准和国外的先进标准，但内控标准一定要优于采用的国际标准或国内标准。

第四条 对产品质量有直接影响的物料及企业内部中间产品，都有必要制定质量检验标准。

**标准分级**

第五条 标准分为国际标准、国家标准、部颁标准、企业内控标准和协议产品标准。

第六条 公司在制定技术标准时，一律以国家标准为准，并不得与其他标准相抵触，并且要满足用户需求。

**审批和颁布**

第七条 企业所采用的企业内控标准由生产技术管理人员负责起草，经分管工艺的副总审核。

第八条 工艺副总审核完毕，送交生产总监及总经理批准，批准后颁布实施。

第九条 企业内控标准的修改由生产技术管理人员负责，修改前必须充分调查市场需求，修改后审批颁布程序同上。

第十条 企业内控标准修改得到确认的同时，废除以往的旧标准。

**贯彻执行**

第十一条 企业技术标准一经颁布，各部门必须严格贯彻执行。

第十二条 任何部门在工作执行过程中，不得擅自修改工艺、降低标准。否则，所引起的质量事故将按生产质量管理中的有关条款执行。

第十三条 企业的检测、验收活动，都必须按制定的技术标准执行。符合标准的物资或产品由检验部门颁发合格证，不符合标准的物资不准入库（产品不准出厂）。

**技术资料管理**

第十四条 技术资料的归档。

生产技术管理人员处理完毕的技术资料，应在第二年的第一季度内归档。归档应达到如下要求。

1. 技术文件与资料须纸质优，清楚，格式统一，签字手续完备。

2. 要准确、齐全成套，新设计的图样技术文件应符合国标、行业标准或企业标准，否则资料管理员可拒绝接受。

第十五条　归档的技术文件与资料应确定密级和保管期限。

第十六条　归档的资料应立卷编号，登记造册，以便查找。

1. 归档的技术资料按名称、特征编成卷册，按时间顺序或按重要程度排列。

2. 应编写卷内目录，卷内的技术资料也应逐张编号，并根据需要填写备考录。

第十七条　归档的技术资料必须装订整齐，在装订时应去掉金属物，用线绳装订，并在卷角编号。

第十八条　技术资料的保管。

1. 资料管理员在接受技术文件与资料后，要检查其准确、成套性，及时登记、分类、编号，不得遗漏、涂改。

2. 凡归档技术资料的底图，只能在更改、复制情况下方能取出，不得作他用。

3. 技术资料采用电子文档时，由计算机信息室专人负责备份。

4. 技术资料在保管时，应注意防火、防潮、防虫、防盗。

5. 对长期和永久保存的技术资料，若有破损或字迹模糊者，应及时修补或复制。

第十九条　技术资料的外供。

1. 外供的条件。存档的技术文件及资料（包括产品样件）、未存档（试制的）的技术文件及资料只有在下列情况下才可以外供。

（1）外协（在签订技术协议的前提下）。

（2）对比试验。

2. 外供技术文件及资料（包括产品样件）需按规定程序办理。

**附　则**

第二十条　修订。技术标准每隔 2～3 年审核一次，并根据市场情况做适当修订。

第二十一条　本制度由生产技术管理机构制定，经生产总监审核、总经理批准后执行。修改亦同。

# 3.9 技术改造管理制度描述

## （一）技术改造实施办法

**总　则**

第一条　技术改造是企业在现有基础上用先进技术代替落后技术，用先进工艺和装备代替落后的工艺和装备，促进技术进步，实现以内涵为主的扩大再生产。

第二条　技术改造的目的。

技术改造是企业改造的重要组成部分，其目的主要包括以下3个方面。

1. 提高技术水平。

2. 培训员工、开发智力，以提高员工素质。

3. 改革管理，以提高管理水平，提高企业综合素质，强化企业生命力。

第三条　技术改造的目标。

企业技术改造的总体目标是，使企业的劳动手段和劳动对象逐步现代化，在技术进步的基础上不断提高经济效益，推动生产的发展。具体包括以下5项要求。

1. 改革产品结构，促进产品更新换代，提高新产品质量。

2. 减少生产过程中能源、原材料等各种物资的消耗和劳动的消耗，降低成本。

3. 合理利用资源，提高各种资源的综合利用水平。

4. 加强生产薄弱环节，补缺配套或填平补齐，增加社会短缺、急需产品的生产能力。

5. 促进安全生产，加强环境保护。

第四条　企业技术改造的内容。

企业可从如下6个方面进行技术改造。

1. 产品的更新换代。

2. 设备的更新改造。

3. 工艺的改革。

4. 厂房建筑和公用工程的改造。

5. 原材料、燃料的综合利用。

6. “三废”的治理。

**改造方针**

第五条　平衡企业的各种能力。

单厂企业或联合企业的基层生产厂，应以谋取工厂各种能力的平衡为改造方针。这里包括以下 3 个方面。

1. 产品状况与市场对产品的要求相平衡。

2. 生产要素状况与产品改造对生产要素的要求相平衡。

3. 企业其他能力的状况与产品改造和生产要素改造的要求相平衡。

第六条　衔接、平衡产品生产全过程。

1. 衔接是指最终产品各个生产阶段的各种能力在水平上的统一性，也就是指前一个生产阶段要能够满足后一个生产阶段的要求，各个生产阶段要满足最终产品的要求。

2. 平衡是指最终产品的各个生产阶段的各种能力在规模上的一致性，也就是前后阶段的能力和整个过程的能力都是平衡的。

3. 联合企业应以谋取最终产品生产全过程的衔接、平衡为改造目标。

4. 各相关生产厂则应以谋求相互力量的平衡和衔接为改造目标。

**技术改造工作程序**

第七条　技术改造工作应遵循一定的程序，一般包括 3 个阶段，即准备、实施、考核。

第八条　准备阶段。这一阶段的工作如下：

1. 提出并申报技术改造项目建议书。

2. 编制和申报设计任务书（可行性研究报告、技术改造方案）。

3. 在权力机构批准设计任务书、可行性研究报告或技术改造方案后进行初步设计的编制和申报。批准后列入年度计划。

第九条　项目实施阶段。

1. 按照年度计划组织施工。

2. 技术改造项目施工完成后，进行试生产运行，运行合格办理验收手续，正式交付使用。

第十条　评估阶段。

1. 竣工投产项目的效益跟踪。

2. 竣工投产项目的后评估，不断总结开展技术改造的经验教训，提高技术改造操作和管理水平。

**可行性研究**

第十一条 技术改造项目，特别是重大项目，只有通过可行性研究确认在条件上是可能的、在技术上是先进适用的、在经济上是合算的，才可以采纳。

第十二条 技术改造的可行性研究，是指对准备进行改造的项目，通过调查研究和预测，以及技术经济分析和方案比较，提出是否值得改造、改造条件是否具备、应该如何改造的具体意见，以此作为进行技术改造的项目决策和向银行申请贷款的依据。

第十三条 技术改造项目的可行性研究，一般分4个步骤进行。

1. 投资机会论证。通过对与项目有关的各方面调查资料的分析，对改造项目的设想进行粗略研究，确定是否有继续下一步可行性研究的价值。

2. 初步可行性研究。一是明确项目的概貌，包括大致的产品规模、原材料的可能来源、可供选择的技术、大致的建设时间等；二是对项目总的经济指标进行评价。

3. 详细可行性研究。即为一个改造项目的投资决策提供技术、经济等方面比较精细的数据。

4. 结果评估。对可行性研究的成果，从企业经济效益和社会效益两方面进行定性和定量的评价，以便完成可行性研究报告。

第十四条 对技术改造项目进行可行性研究的成果是研究报告，它概括了可行性研究的全部内容，主要有以下4个方面。

1. 项目改造的必要性与可能性。

2. 项目的具体实施计划。

3. 项目的财务分析和经济评价，包括投资、生产成本、资金筹集计划、可获得的经济效益等。

4. 对整个可行性研究进行总结，列出项目的主要优缺点，做出项目是否上马的结论。

第十五条 以上步骤是可行性研究由粗到细、由浅入深、逐步深化的过程。

第十六条 对于小型技术改造项目，不一定要严格按照此步骤进行，但调查研究、搜集材料、弄清情况、提出方案、比较方案等环节，对每个改造项目的认定是必不可少的。

## （二）技术改进合理化建议管理制度描述

**总　则**

第一条　为推进公司革新挖潜、降低成本、提高产品质量、提高劳动生产率、增加经济效益，适应日益激烈的国际竞争，特制定本制度。

**建议的内容**

第二条　采用新技术、新工艺、新材料、新结构、新配方，提高产品质量，改善产品性能及开发新产品，节约原材料等方面的建议。

第三条　设备、工艺过程、操作技术、测量工具、试验方法、计算技术、安全技术、环境保护、劳动保护、运输及储藏等方面的改进建议。

第四条　应用科技成果、引进技术、进口设备的消化吸收和革新以及长期未解决的技术关键点等方面的建议。

第五条　公司现代化管理方法、手段的创新和应用，促进企业素质全面提高等方面的建议。

**组织领导**

第六条　公司成立技术改进合理化建议评定小组，负责对合理化建议进行评议。

第七条　技术改进合理化建议评定小组成员由总经理、各分公司经理、各部门经理和其他有关人员组成。

第八条　技术改进合理化建议评定小组在公司技术副总的领导下开展工作，由总经办归口统一管理，技术建议管理员具体负责。在基层部门设技术建议联络员。

第九条　技术建议管理员的职责。

1. 汇编各部门技术改进措施计划，掌握并督促其实施，收集资料，在适当的时候提请评定小组进行评定，总结上报重大技术成果。

2. 负责各部门技术改进建议资料的处理，收集并推广应用国内外新技术、新工艺、新材料、新配方、新结构。

3. 负责接待其他公司有关技术改进方面的参观学习人员，并与之建立咨询业务关系。

4. 协助决策层组织对各产品重要的非标准设备设计方案的论证及会审，并下达设计任务书。

5. 负责技术攻关或招标的具体组织工作。

6. 定期召开基层技术建议联络员工作会议，安排与检查该方面的工作。

第十条 基层技术建议联络员的职责。

1. 编制上报本部门年度、季度技术建议计划项目，经批准后协助实施。

2. 对本部门实施的技术建议项目进行验证、考核、分析和预鉴定，组织整理有关资料，上报分公司技术管理科。

3. 总结推广技术建议成果，协助实施人员解决有关问题。

第十一条 全面质量管理的 TQC 成果，由全面质量管理委员会归口管理，并报技术改进合理化建议评定小组备案。

**审查和处理**

第十二条 技术建议项目必须满足以下 3 个条件。

1. 经过试验和应用，并有完整的原始记录、图纸资料和技术总结。

2. 按照技术建议成果报表逐项填写，并经部门主管和受益部门证明。

3. 凡属于提高工效、提高产品质量、节约原材料、改进设备（备件）、新的非标准设计等必须要有相应的工时定额员、质量管理部门、材料定额员、设备动力部门和使用部门等签署的效果证明。

第十三条 技术改进项目上报程序。

1. 一般项目经所在部门考察后签署意见报总公司。

2. 较大项目须经 3 个月的生产试用验证，连同有关资料上报分公司技术管理科。

3. 重大项目须经 6 个月的生产验证，整理全套资料上报，由 × ×组织， × ×主持经总公司技术管理科评定后，报上级主管机关。

第十四条 凡经鉴定的技术建议优秀成果，其鉴定材料应包括以下内容。

1. 指出能否纳入正式技术文件用于生产工作。

2. 指出能否进行推广应用与交流。

3. 详细分析与核算经济效果，对无法计算出经济效果的应提出结论性意见，并由有关领导签字。

第十五条 凡纳入正式工艺细节描述的技术建议项目，由有关部门进行工时或材料定额的修改，并考核实施情况。对改变产品结构、提高产品性能的项目，根据产品图纸审批程序办法更改手续，并考核其批量生产情况。

**审批与奖励**

第十六条　凡申请技术建议成果或现代化管理优秀成果奖励的集体（个人），首先应由实施者提出申请，填写项目成果申报表，并附第十四条所规定的材料（管理优秀成果须附论文或文字总结）报归口单位立案，然后交财务部审核并签署意见，最后由公司技术改进合理化建议评定小组进行评定审查，总经理签字。

第十七条　凡成功且投产（或用于管理）的项目，以修改技术文件的日期作为该项目的投产日期，以连续12个月为计算经济效益的有效期。实际年节约价值计算公式如下。

年节约价值＝（改进前成本－改进后成本）×年产量－（一次性投资费用＋报废损失费用＋时间费用）

第十八条　凡被采用的技术建议和现代化管理优秀成果，根据其贡献大小，授予荣誉称号和给予适当的物质奖励。

第十九条　技术改进建议项目原则上每年××月和××月各评定一次。

第二十条　奖金的分配应按参与实施的工作人员贡献的大小合理分配，落实到人，各单位不得留存、克扣。

第二十一条　技术改进项目不得重复得奖，如果项目在以下名目下获奖，则以获其中金额最高的一种奖励为准。

1. 技术建议成果奖。

2. 现代化管理优秀成果奖。

3. TQM（全面质量管理）成果奖。

4. 节约奖。

第二十二条　获奖项目如果经再次评审提高了奖励等级时，可补发差额部分的奖金。

第二十三条　对弄虚作假骗取荣誉与奖金者，一经查出，应撤销其荣誉称号，收回全部奖金，并视情节轻重给予行政处分。

**附　则**

第二十四条　本制度自颁布之日起正式施行。

第二十五条　本制度解释权在公司技术改进合理化建议评定小组。

# 3.10 新产品试制与经费使用制度描述

## 新产品试制与经费使用制度

**试制准备**

第一条 新产品试制是在产品按科学程序完成“三段设计”的基础上进行的，是正式投入批量生产的前期工作，试制一般分为样品试制和小批试制两个阶段。

第二条 样品试制指根据设计图纸、工艺文件和少数必要的工具，由试制车间试制出一件（非标准设备）或数十件样品，然后按要求进行试验，借以考验产品结构、性能和设计图的工艺性，考核图样和设计文件的质量。

第三条 样品试制完全在研究所内进行。

第四条 小批试制是在样品试制的基础上进行的，它的主要目的是考核产品工艺性，验证全部工艺文件和工艺装备，并进一步校正和审验设计图纸。此阶段以研究所为主，由工艺室负责技术文件和工具设计，试制工作部门转移到生产车间进行。

第五条 在样品试制和小批试制结束后，分别对考核情况进行总结，并按标准要求编制下列文件。

1. 试制总结。

2. 形式试验报告。

3. 试用（运行）报告。

**新产品试制工作程序**

第六条 进行新产品简单工艺设计：根据新产品任务书，设想厂房、面积、设备、测试条件等和简略工艺流程。

第七条 进行工艺分析：根据产品方案设计和技术设计，做出材料改制、元件改装、复杂自制件加工等工艺分析。

第八条 进行产品生产图的工艺性审查。

第九条 编制试用工艺卡片，包括以下各种类型的卡片。

1. 工艺过程卡片（路线卡）。

2. 关键工序卡片（工序卡）。

3. 装配工艺过程卡（装配卡）。

4. 特殊工艺、专业工艺守则卡。

第十条　根据产品试验的需要，设计必不可少的工装，在保证产品质量的前提下，充分利用现有工装、通用工装、组合工装、简易工装、过渡工装（如低熔点合金模具）等。

第十一条　制定试制用材料消耗工艺定额和加工工时定额。

第十二条　零部件制造、总装配中应按质量保证计划，加强质量管理和信息反馈，并做好试制记录，编制新产品质量保证要求和文件。

第十三条　编写试制总结。着重总结图样和设计文件的验证情况，以及在装配和调试中所反映出的有关产品结构、工艺及产品性能方面的问题及其解决过程，并附上各种反映技术内容的原始记录。样品试制总结由设计部门负责编制，供样品鉴定用，小批量试制总结由工艺部门编写，供批量试制鉴定用。

第十四条　编写型式试验报告。它是产品经全面性能试验后所编的文件，型式试验的试验项目、方法、试验程序、步骤和记录表格参照试制鉴定大纲规定，并由检验室负责按试制鉴定大纲编制型式试验报告。

第十五条　编写试用（运行）报告。它是产品在实际工作条件下进行试用试验后所编制的文件，试用（运行）试验项目和方法由技术条件规定，试验通常委托用户进行，其试验程序、步骤和记录表格按鉴定大纲规定，报告由研究所负责编制。

第十六条　编制特种材料及外购、外部协作零件定点定型报告，报告由研究所负责编制。

**新产品试制经费使用**

第十七条　属于国家下达的新产品（科研）项目，由上级机关按照有关规定拨给经费。

第十八条　属于企业的新产品科研计划的项目，由企业自筹资金，按规定拨给经费。

第十九条　企业对外的技术转让费用可作为开发新产品的科研费用。

第二十条　新产品试制经费按单项预算拨给，单列账户，专款专用。费用经总工程师审查、企业负责人批准后，由研究所掌握，财务部监督执行，不准挪作他用。

# 3.11 新产品鉴定与报批管理制度描述

## 新产品鉴定与报批管理制度

**新产品鉴定原则**

第一条 鉴定是对新产品从技术上、经济上作全面的评价，以确定是否可进入下阶段试制或正式投产，要严肃认真和公正地进行。

第二条 在完成样品试制和小批试制的全部工作后，按项目管理级别申请鉴定。

第三条 鉴定分为样品试制后的样品鉴定和小批试制后的小批试制鉴定，不准超越阶段进行。

**鉴定要求**

第四条 属于已投入正式生产的产品的系列，经过批准，样品试制和小批试制鉴定可以合并进行，但必须具备两种鉴定所应有的技术文件、资料和条件，不得草率马虎。

第五条 按鉴定大纲备齐成套的图样及设计文件。

1. 备齐鉴定应具备的图样及设计文件，供鉴定委员会用。

2. 备齐生产应具备的图样及设计文件，作为产品定型后、正常投产时制造、验收和管理用的成套资料。

3. 备齐随产品出厂应具备的图样及设计文件，随产品提交给用户参考。

第六条 组织技术鉴定，履行技术鉴定书签字手续，其技术鉴定的结论包括如下内容。

1. 样品鉴定结论内容。

（1）审查样品试制结果，设计结构和图样的合理性、工艺性以及特种材料解决的可能性等，确定能否投入小批试制。

（2）明确样品应改进的事项，搞好试制评价。

2. 小批试制鉴定结论内容。

（1）审查产品的可靠性，审查生产工艺、工装与产品测试设备，各种技术资料的完备与可靠程度，审查资源供应、外购外协件定点定型情况等，确定产品能否投入批量生产。

（2）明确产品制造应改进的事项，搞好产品生产工程评价。各阶段应具备的技术文件及审批程序按产品图样、设计文件、工艺文件的完整性及审批程序办理。

**新产品成果评审与报批**

第七条　新产品（科研）成果根据鉴定级别，按照国务院、国家科委有关科技成果与技术进步有关奖励条例和工厂“关于技术改进与合理化建议”办理报审手续。

第八条　为节省开支，新产品（科研）成果评审会应尽量与新产品鉴定会合并进行。

第九条　成果报审手续必须在评审鉴定后1个月内办理完毕。

第十条　成果奖励分配方案由研究所共同商定后，报总工程师批准执行。

**新产品证书办理制度**

第十一条　新产品研究出来后，由评审小组评审。

第十二条　新产品证书归口由总工办负责办理。

第十三条　研究所负责提供办理证书的有关技术资料和文件。

第十四条　在新产品鉴定后1个月内，总工办负责办理完新产品证书的报批手续。

# 3.12 新产品投产与资料验收制度描述

## 新产品投产与资料验收制度

**总　则**

第一条　新产品的开发必须具有批准的设计任务书（或建议书），由设计部门进行技术设计，工作图设计经批准、审核、会签后进行样试。样试图标记为“S”，批试图标记为“A”，批生产图标记为“B”。A和B的标记必须由总工程师组织召开会议确定。

第二条　每一项新产品要力求结构可靠，技术先进，具有良好的工艺性。

第三条　产品的主要参数、形式、尺寸、基本结构应采用国家标准或国际同类产品的先进标准，在充分满足使用需要的基础上，做到标准化、系列化和通用化。

第四条　每一项新产品都必须经过样品试制和小批试制后方可成批生产，样试和小批试制的产品必须经过严格的检测，具有完整的试制和检测报告。部分新产品还必须具有运行报告。样试、批试均由总工程师主持召集有关单位进行鉴定，并确定投产后是否和下一步工作安排在同一系列中。个别工艺上变化很小的新产品，经工艺部门同意，可以不进行批试，在样品试制后，直接办理成批投产的手续。

第五条　新产品移交生产线由总师办组织、总工程师主持召开有设计、试制、计划、生产、技术、工艺、品管、检查、标准化、技术档案、生产车间等各有关部门参加的鉴定会，多方面听取意见，对新产品从技术、经济上做出评价，确认设计、工艺细节描述、工艺装备没有问题后，提出关于是否正式移交生产线及移交时间的意见。

第六条　批准移交生产线的新产品，必须有产品技术标准、工艺细节描述、产品装配图、零件图、工装图以及其他有关的技术资料。

第七条　移交生产线的新产品必须填写新产品移交生产线鉴定验收表，并经各方签字。

**技术资料验收**

第八条　图纸幅面和制图要符合有关国家标准和企业标准要求。

第九条　成套图册编号要有序，蓝图与实物相符，工装图、产品图等编号应与已有的编号有连贯性。

第十条　产品图应按会签审批程序签字。总装图必须经总工程师审查批准。工艺工装图纸资料由工艺科编制和设计，全部底图应移交技术档案室签收归档。

第十一条　验收前一个月，应将图纸、资料送验收部门审阅。

第十二条　技术资料的验收汇总归口管理由研究所负责。

## 3.13 生产设备综合管理制度描述

### 生产设备综合管理制度

**总　则**

第一条　目的。

机器设备和工具是进行生产的物质条件，其数量和性能决定着企业的生产面貌。为管好、用好机器设备和工具，保证生产的正常进行，提高劳动效率，降低产品成本，进而提高企业的经济效益，特制定生产设备综合管理制度描述。

第二条　范围。

本制度涵盖生产设备管理工作的各项内容，包括设备进厂验收、安装、使用、维护保养、检查修理、改造更新，以及日常的登记、保管、调拨、报废等。任务是要保证设备在物质运动的全过程中，自始至终保持良好的技术状态。

设备管理部门应遵照本制度的相关规定，做好设备的使用、保养、检修、报废等工作，正确处理好生产与维修的关系。

第三条　原则。

为了保证有效地实现设备管理目标，必须坚持以预防为主、维护保养与计划检修并重、先维修后生产的原则，正确使用，精心保养，安全生产。

**设备引进、安装管理**

第四条　本企业各部门需增置设备，应提前由部门经理提出申请及购买方案，经生产总监、总裁批准后购买，并报设备管理部门备案。

第五条　设备管理部门进行可行性方面的技术咨询后，方可确定增置设备。

第六条　设备项目确定或设备购进后，设备管理部门负责组织施工安装，并负责安装的质量。

第七条　为保证设备安全、合理地使用，各部门应设一名兼职设备管理员，协助设备管理人员对设备进行管理，指导本部门设备使用者按照操作细节描述正确使用。

第八条　施工安装完毕，由设备管理部门及使用部门负责人验收合格后填写设备验收登记单。

第九条　对新置设备的随机配件要按图纸进行验收，未经验收的不得入库。

**设备使用管理**

第十条　设备使用前，操作人员应在人事部门的安排下接受培训，由设备管理科安排技术人员现场操作讲解。

第十一条　使用人员达到会操作，清楚日常保养知识和安全操作知识，熟悉设备性能的程度，生产部签发设备操作证，持证上岗操作。

第十二条　机器开动和停车时，必须事先口头通知本工区所有人员，停车后不准乱开马达，在生产过程中，发现机器有异常现象，应立即停车，并通知有关人员检修。

第十三条　机器设备发生故障应报告班组长及有关负责人员，及时解决处理。

第十四条　所有动力设备，不经车间、设备科、电工或机修工人允许，不准乱修、乱拆，不准在电气设备上搭湿物和放置金属类、棉纱类物品。

第十五条 使用人员要严格按操作细节描述工作，认真遵守交接班制度，准确填写规定的各项运行记录。

第十六条 不经领导批准，不准拆卸或配用其他人员的机器零件和工具。

第十七条 对不遵守操作细节描述或玩忽职守，使工具、机器设备、原材料、产品受到损失者，应酌情给予经济处罚和行政处分。

**设备运行管理**

第十八条 设备运行动态管理，是为了使各级维护与管理人员能准确掌握设备运行状况，并相应制定措施。

第十九条 建立健全系统的设备巡检制度、措施，明确检查周期，设置检查点和巡查专员，定期巡检。

第二十条 巡检人员在进行检查时应做好记录，并按时传递给设备管理人员，对于巡检中发现的问题，维修人员应立即采取措施，进行紧急处理，自己不能处理的，应立即上报相关领导解决问题。

第二十一条 设备管理人员应对设备的薄弱环节进行观察、统计、立项，并制定解决方案，组织执行。

**设备维修保养管理**

第二十二条 为保证设备的正常运行，企业实行设备使用定期检查、定期保养和修理制度。

第二十三条 生产部门人员应每日对设备进行检查并做好当班记录，发现问题及时上报，以便及时采取措施，避免造成损失。

第二十四条 生产部门人员要根据设备的使用情况定期进行保养，主管人员要做好设备保养计划及记录。

第二十五条 设备发生故障，当班人员要及时填写维修申请单，经部门主管签字交设备管理科，设备管理专员应及时处理，安排人员修理。

第二十六条 设备管理人员应随时掌握设备运行的全面资料，制订设备大修的中长期计划，防患于未然。

第二十七条 企业自身不能维修的故障，设备管理部门应根据实际情况，提出要求外部维修单位协助修理的申请，并按照企业审批制度进行。

**设备改造、报废管理**

第二十八条　设备使用应以“节约成本、有效保护、经济使用”为原则，尽量延长其使用寿命。相关人员应在实际的工作中不断改进技术工艺，提高设备的使用效率。

第二十九条　对于能通过改造继续发挥作用的机器设备，设备管理专员应会同使用部门的技术人员一起商讨改进方案，报上级领导审批后实行。

第三十条　对于设备陈旧老化不适应工作需要或不再具有使用价值，使用部门申请报废，由设备管理人员进行技术鉴定与咨询。

第三十一条　设备管理部门应指派专人对设备使用年限、损坏情况、影响工作情况及残值情况等进行鉴定与评估，填写意见书交使用部门。使用部门撰写、上报“报废、报损申请书”，并按相关程序审批。

第三十二条　申请批准后，使用部门实施设备报损、报废，设备管理部门根据相关规定处理废损设备，并建立记录归档。

**附　则**

第三十三条　本制度经批准后自颁布之日起实行。

# 3.14 生产设备维护管理制度描述

## 生产设备维护管理制度

**目　的**

第一条　为了细节描述生产设备维护工作流程，明确各相关部门职责，保证企业生产设备的正常运行，最大化发挥生产设备效能，特制定本制度。

**适用范围**

第二条　本制度对企业生产设备的保养、维修、事故处理等进行了相应工作标准、流程的设定，适用于企业厂区内所有设备。

**职责**

第三条　设备维护主要由生产部设备管理科归口负责，各设备使用部门配合。具体职责如下表所示。

**设备维护职责**

| 部门 | 主要职责 |
| --- | --- |
| 设备管理科 | 设备操作指导、定期检修、事故处理与原因分析及相关制度的制定、组织实施 |
| 生产部经理 | 对各项设备维护制度审批并监督实施 |
| 各生产部门（设备使用部门） | 按照本制度规定，正确操作设备，与设备管理部配合，进行设备维护的各项工作，安排好生产与维修的关系 |

**设备使用管理**

第四条　设备管理人员应建立科学的设备使用管理制度描述，掌握设备的运行情况，依据设备运行的状况制定相应措施。

第五条　使用设备实行上岗培训制度。设备管理人员应协同相关部门做好设备操作的培训及技术指导，让生产操作岗位人员熟悉设备运行原理、操作程序及各种使用参数等。

第六条　两班或三班连续运转的设备，生产岗位人员交接班时必须对设备运行状况进行交接，内容包括设备运转的异常情况、原有缺陷变化、运行参数的变化、故障及处理情况等。

第七条　设备使用中的安全注意事项。非本岗位操作人员未经批准不得操作本机，任何人不得随意拆掉或放宽安全保护装置等。

第八条　建立健全设备巡检制度与措施。

各作业部门要对每台设备，依据其结构和运行方式，定出检查的部位（巡检点）、内容（检查什么）、正常运行的参数标准（允许的值），并针对设备的具体运行特点，为设备的每一个巡检点确定明确的检查周期，一般可分为时、班、日、周、旬、月检查点。

第九条　建立健全巡检保证体系。

生产岗位操作人员负责对本岗位使用设备的所有巡检点进行检查，专业维修人员要承包重点设备的巡检任务。各作业部门都要根据设备的多少和复杂程度，确定设置专职巡检员的人数和人选，专职巡检员除负责承包重要的巡检点之外，要全面掌握设备运行动态。

第十条　信息传递与反馈。

1. 生产岗位操作人员巡检时，发现设备不能继续运转需紧急处理等问题，要立即通知当班调度，由值班负责人组织处理。对一般隐患或缺陷，检查后登入检查表，并按时传递给专职巡检工。

2. 专职维修人员进行的设备点检，要做好记录，除安排本组处理外，要将信息向专职巡检人员传递，以便统一汇总。

3. 专职巡检人员除完成承包的巡检点任务外，还要将各方面的巡检结果按日汇总整理，列出当日重点问题并向有关部门反映。

4. 有关部门列出主要问题，除登记台账之外，还应及时输入电脑，便于上级企业有关部门的综合管理。

第十一条　动态资料的应用。

1. 巡检人员针对巡检中发现的设备缺陷、隐患，提出应安排检修的项目，纳入检修计划。

2. 对巡检中发现的设备缺陷，如情况紧急，可由修理班组立即处理，如果不能及时处理，应由多作业部门立即确定解决方案，并着手解决。

3. 重要设备的重大缺陷，各作业部门主要领导组织研究，确定控制方案和处理方案。

第十二条　薄弱环节的立项与处理，如下表所示。

**薄弱环节立项处理表**

| 设备薄弱环节立项 | 薄弱环节处理 |
| --- | --- |
| 1. 运行中经常发生故障停机而反复处理无效的部位。<br>2. 运行中影响产品质量和产量的设备、部位。<br>3. 运行达不到小修周期要求，经常要进行计划外检修的部位（或设备）。<br>4. 存在安全隐患，且日常维护和简单修理无法解决的部位或设备 | 1. 有关部门要依据动态资料列出设备薄弱环节，按时组织审理，确定当前应解决项目并提出改进方案。<br>2. 各作业部门要组织有关人员对改进方案进行审议，审定后列入检修计划。<br>3. 设备薄弱环节改进实施后，要进行效果考察，做出评价意见，经有关领导审阅后，存入设备档案 |

**设备保养管理**

第十三条　设备管理人员编制设备检查保养半年计划，填制半年设备检修计划表，报部门经理审核批复。

第十四条　生产部经理审核计划，呈报生产总监审批后，设备管理人员执行设备半年检修保养计划。

第十五条 设备管理人员编制检修保养单、月设备检修保养计划表，并按月计划表的内容，逐项填写保养申请单，检修保养时需某部位停电、水、气时，还要填写停电通知单。

第十六条 值班人员填写的月设备检修保养计划表、保养申请单、停电通知单一并上报生产部经理。生产部经理与生产总监和各部门沟通后，签署意见，下达执行。

第十七条 值班人员根据批准的月检修保养计划，签发设备一级保养任务单，填写任务单中"内容及要求"栏目，安排具体人员负责实施。

第十八条 在检修保养工作记录簿中登记派工项目及时间。

第十九条 设备保养的内容介绍。

设备维护保养的内容是保持设备清洁、整齐、润滑良好、安全运行，包括及时紧固松动的紧固件，调整活动部分的间隙等。维护保养依工作量大小和难易程度分为日常保养、一级保养、二级保养、三级保养等，如下表所示。

**设备保养表**

| 名称 | 主要内容 |
| --- | --- |
| 日常保养 | 进行清洁、润滑、紧固易松动的零件，检查零件、部件的完整。这类保养的项目和部位较少，大多数在设备的外部，日常保养一般由操作工人承担 |
| 一级保养 | 普遍地进行拧紧、清洁、润滑、紧固，还要部分地进行调整。一级保养一般由操作工人承担 |
| 二级保养 | 内部清洁、润滑、局部解体检查和调整，二级保养一般在操作工人参加下，由专职保养维修工人承担 |
| 三级保养 | 对设备主体部分进行解体检查和调整工作，必要时对达到规定磨损限度的零件加以更换，此外，还要对主要零部件的磨损情况进行测量、鉴定和记录。三级保养一般在操作工人参加下，由专职保养维修工人承担 |

**设备维修管理**

第二十条 企业的各项设备实行定期修理制度。各生产部门应处理好修理与生产的关系，做好工作安排。

第二十一条 设备修理的内容、类型。

设备修理是指修复由于正常或不正常的原因造成的设备损坏和精度劣化，使设备性能得到恢复。根据修理范围大小、修理间隔期长短、修理费用多少，设备修理可分为小修理、中修理和大修理三类，具体修理内容如下表所示。

**设备修理分类表**

| 类型 | 主要内容 |
| --- | --- |
| 小修理 | 通常只需修复、更换部分磨损较快和使用期限等于或小于修理间隔期的零件，调整设备的局部结构 |
| 中修理 | 对设备进行部分解体、修理或更换部分主要零件与基准件，或修理使用期限等于或小于修理间隔期的零件；同时要检查整个机械系统，紧固所有机件，消除扩大的间隙，校正设备的基准，以保证机器设备能恢复和达到应有的标准和技术要求 |
| 大修理 | 通过更换，修复其主要零部件，恢复设备原有精度、性能和生产效率而进行的全面修理 |

第二十二条　设备修理程序。

1. 设备发生故障，使用部门须填写维修申请单，经部门主管签字后交设备管理科。

2. 设备管理科接到通知，随即在日常维修工作记录簿上登记接单时间，根据事故的轻重缓急及时安排有关人员处理，并在记录簿中登记派工时间。

3. 维修工作完毕，主修人应在维修记录单中填写有关内容，使用部门主管人员在此单上验收签字后，将通知单交回本部门。

4. 设备管理部门在记录簿中登记维修完工时间，及时将维修内容登入设备卡片，并审核维修中记载的用料数量，计算出用料金额，填入单内。

5. 将处理完毕的维修记录单依次贴在登记簿的扉页上。

6. 紧急的设备维修，使用部门的主管用电话通知设备管理部门，由值班人员先派人员维修，同时使用部门补交维修申请单，值班人员补写各项记录，其他程序均同上。

7. 维修部门接单后两日内不能修复的，由值班主管在登记簿上注明原因，并采取特别措施，尽快修复。

**设备故障处理**

第二十三条　设备发生故障，岗位操作和维护人员能排除的应立即排除，并在当班记录中详细记录。

第二十四条　岗位操作人员无力排除的设备故障要详细记录并逐级上报，同时精心操作，加强观察。

第二十五条　未能及时排除的设备故障，必须在每天生产调度会上研究决定如何处理。

第二十六条 在安排处理每项故障前，必须有相应的措施，明确专人负责，防止故障扩大影响。

**附 则**

第二十七条 本制度经批准后自颁布之日起实行。

# 3.15 设备转让和报废管理制度描述

## 设备转让和报废管理制度

**目 的**

第一条 为了细节描述生产设备的更换、更新、报废工作，保证企业生产的正常运行，提高生产效率和技术工艺，特制定本制度。

**适用范围**

第二条 本制度对企业生产设备的转让、报废处理工作标准和流程进行了设定，适用于企业厂区内所有设备。

**职 责**

第三条 设备转让、报废主要由生产部设备管理科归口负责，各设备使用部门配合。具体职责如下表所示。

**各部门职责表**

| 部门 | 主要职责 |
| --- | --- |
| 设备管理科 | 设备转让、报废的可行性分析、技术鉴定与咨询 |
| 生产部经理<br>生产总监 | 对设备转让、报废申请进行审核、批准并监督实施 |
| 各生产部门<br>（设备使用部门） | 按照本制度规定和企业审批制度，与设备管理科配合进行设备转让、报废工作 |

**设备的使用评价**

第四条 设备使用评价指标。

设备的使用评价指对设备使用情况及使用费的评价。评价设备在整个生命周期内的使用情况，以及为了保证设备正常运作而定期支付的费用，包括能源消耗费、维修费以及固定资产税、保险费、操作人员的工资，主要是评价设备的使用情况及维修费用。具体如下表所示。

**设备使用评价指标表**

| 评价项目 | 主要指标的计算公式 | 内容 |
|---|---|---|
| 使用情况 | 设备完好率 =（主要设备的完好台数/全部主要设备的台数）×100% | 设备完好率是指企业中技术性能完好（包括一级和二级）设备台数占全部设备的百分比。企业在实际使用中，可以只计算比较重要的设备（一般多以复杂系数不小于 5 为界限） |
| | 设备故障率 =（故障停机时间/设备开动时间）×100% | 设备故障率是指在一段时间内（一年或半年），设备的故障停机时间与同期内实际开动时间的百分比 |
| 维修费用 | 单位产品维修费用 = 维修费用总额/总产值（以万元计） | 单位产品维修费用反映单位产品维修工作与维修成果的关系 |
| | 万元产值维修费用率 = 维修费用总额/总产值（以万元计） | 万元产值维修费用可更直接地反映企业维修的效果和扩大可比性 |
| | 维修费用率 =（全部维修费用/总生产费用）×100% | 维修费用率指同期内企业的全部维修费用占总生产费用的百分比，是反映维修效率的一个经济性指标 |

第五条　设备使用评价由设备管理部门根据设备实际运行过程中发生的各项数据进行统计、计算，并作为设备转让与报废的处理依据。

**设备转让管理**

第六条　当设备陈旧、老化，原有设备已经不适宜新的生产技术工艺及提高生产效率的要求，或者发生企业转产等情况，但设备仍存在使用价值时，设备管理部门应本着“减少损失”的原则，将设备进行转让处理。

第七条　设备转让时，设备管理部门应根据实际情况，进行设备的评估、技术鉴定与咨询，确定其价值，估算其价格。

第八条　设备管理部门对其使用情况、维修费用的各项指标进行评估后，撰写设备评估报告，同时将转让旧设备所获得价值及更换新设备的价值、货源等情况连同设备转让申请单一并上报给生产部经理、生产总监审批。

第九条　获得领导审批后，设备管理人员按照转让方案执行，与相关单位联系转让事宜。

**设备报废管理**

第十条　设备年久陈旧不适用工作需要或者无使用价值，使用部门申请报损、报废之前，设备管理人员要进行技术鉴定与咨询。

第十一条　生产部指派专人对设备使用年限、损坏情况、影响工作情况、残值情况、更换新设备的价值及货源情况等进行鉴定与评估，填写意见书交设备使用部门。

第十二条　设备使用部门将报废、报损申请单附意见书一并上报，按程序审批。

第十三条　申请批准后，交付采购部办理，新设备到位后，旧设备报损、报废。

第十四条　报废、报损旧设备由设备管理部门按有关规定处置。

**附　则**

第十五条　生产部设备管理科对本制度拥有最终解释权。

第十六条　本制度自颁布之日起生效实行，每年修订一次。

## 3.16 车间员工管理制度描述

### 车间员工管理制度

**员工考勤管理**

第一条　上班时间为上午8：30至12：00，下午13：30至18：00。

第二条　上班、下班都必须打卡，如遇特殊情况，须由各自部门主管或人事主管签名确认才可。

第三条　打卡时，不得代人打卡或伪造出勤记录，一经发现，双方各罚20元；不得争先恐后，须排队依次打卡，否则罚10元。

第四条　上班时，必须各就各位，不得聚集闲聊或做与工作无关的事情，否则罚10元，严重者开除处理；下班前，各小组搞好场地清洁后返回工作岗位，不得提前到打卡处打卡下班，不准大声喧哗，否则罚10元。

第五条　在工作期间，不得无故离开厂区。确有事者，须请示主管批准，打卡后才可出去，否则视为旷工，罚50元，严重者扣除当月奖金的50%。

第六条　加班时，不得无故缺席，确有特殊原因，须提前申请由主管签名批准交人力资源部确认方可，否则视为旷工，罚50元。

第七条　所有员工提前5分钟到岗，不得迟到早退（如遇赶货，上下班时间另作安排。未完成当天任务时，未经同意不得下班），上班时按要求穿戴好工作服。每月迟到超过30分钟者，罚30元，不到30分钟，但连续3个月都有迟到者，扣除第三个月奖金的20%。

第八条　提前下班或有事请假者，须提前书面申请，由主管签名批准交人事部确认方可，否则视为旷工，罚50元。

第九条　请假超过5天者，须由厂领导批准方可，否则视为劳动关系自然终止。

第十条　缺勤时间，不计算工资。

第十一条　员工辞职须提出书面申请，由主管签名批准离开时间，并由人力资源部确认才可，否则其工资不予发放。

第十二条　各班组长、主管辞职须由厂领导批准，确认其离开时间和处理好其交接工作，否则工资不予发放。

**假期薪金规定**

第十三条　在国家规定的法定假日加班时，工资按照国家规定的3倍标准发放。

第十四条　春节假期为7天（年初一至年初七）。

第十五条　日薪的员工在春节假期间有薪日为3天（年初一至年初三），其余不算工资。

第十六条　月薪的员工在春节假期间有薪日为7天（年初一至年初七）。提前放假或提前回家的天数，不计算工资。

**生产责任规定**

第十七条　各部门员工应相互配合，相互监督，不得借故推搪，影响生产，一经查实视情节的严重性做出相应处罚。

第十八条　车间员工必须做到文明生产，积极完成上级交办的生产任务，服从车间班长及以上主管的安排，对不服从安排的，将上报企业处理。

第十九条　操作人员每日上班前必须将机器设备及工作岗位清扫干净，下班前均要打扫场地和设备卫生，并将所有的门窗、电源关闭。

第二十条　车间如遇原辅材料、包装材料等不符合规定，有权拒绝生产，并报告上级处理。如继续生产造成损失，后果将由车间各级负责人负责。操作人员应严格要求每项工序，如因个人的疏忽而造成问题，则个人应承担相应的责任。

第二十一条　加强现场管理，随时保证场地整洁、设备完好。车间生产剩下的边角余料及公共垃圾，将由各组当日值日人员共同运出车间。

第二十二条　各班组负责人将车间组区域内的物品有条不紊地摆放整齐，并做好标识，有流程卡的产品要跟随流程卡。车间内的工作环境保持卫生整洁，保证产品不受到任何污染。

第二十三条　在生产工作过程中，如遇解决不了的问题，应请示主管，不得擅自处理，如造成严重后果的，将会追究当事者的责任。

第二十四条　员工在生产过程中应严格按照质量标准、工艺细节描述进行操作，不得擅自提高或降低标准，在操作的同时做好记录。

第二十五条　在生产过程中，员工必须遵守安全操作细节描述，时刻注意自己的人身安全和他人的人身安全。在生产过程中，因自己的违规操作给车间和他人造成损失或损害的，车间有权追究个人的违规操作责任。

第二十六条　车间严格按照生产计划部指令，根据车间设备状况和人员，精心组织生产。生产工作分工不分家，各生产班组须完成本组日常生产任务，并保证质量。如果工作须当天完成，下班时还未完成者，应请示主管做出妥善安排，否则影响了生产进度，要追究当事者的责任。

第二十七条　设备维修人员、电工必须跟班作业，保证设备正常运行。

第二十八条　所有车间人员不得旷工，禁止在车间聊天、嬉戏打闹、吵架打架、私自串岗、离岗等，违者按企业规定处罚。

第二十九条　对待厂方的任何物品，应轻拿轻放，若因个人原因对公物造成损坏的，当事人应适当做出赔偿。

第三十条　厂方的任何物品，未经厂领导批准，不准私自拿出厂。盗窃企业财产者，无论价值多少，一律交企业行政部处理。

第三十一条　车间员工和外来人员进入特殊工作岗位时，应遵守特殊规定，确保生产安全。

第三十二条　本车间人员在当月违反制度3次以上者，车间各级主管也应接受相应处罚。

# 3.17 生产厂长工作责任制度描述

## 生产厂长工作责任制度

**职　务**

第一条　认真执行国家的方针、政策、法令、上级主管机关的指示和职工代表大会的决议。

第二条　领导编制工厂的长远发展规划，审定年度生产经营综合计划，提出各个时期工厂的奋斗目标和中心工作及重大措施方案，使企业不断增强活力，开拓前进。

第三条　加强生产经营管理，不断提高企业管理素质，确保全面完成任期责任目标和年度方针目标，不断提高企业经济效益。

第四条　领导全厂进行技术革新，搞好企业的挖潜、革新、改造和新品开发，不断提高企业的技术素质，努力赶超国内外先进水平。

第五条　实行全面质量管理，坚持“质量第一，用户至上”的方针，确保产品质量稳定提高，满足用户需求，不断争创名牌，积极扩大产品出口。

第六条　切实做好环境保护和劳动保护工作，不断改善劳动条件，保证安全文明生产。

第七条　加强职工文化技术教育，促进知识更新，不断提高工厂人才素质。

第八条　坚持“用人唯贤”的方针，正确贯彻执行国家的干部政策，正确使用选拔和培养干部。

第九条　贯彻“各尽所能，按劳分配”的原则，正确地处理国家、集体及职工三者利益关系，使职工收入逐年增长，集体福利条件不断改善。

第十条　负责搞好与厂职代会的关系，充分发挥副厂长、“三总师”各级组织各个部门的积极作用。

第十一条　定期向职工代表大会报告工作，征求意见，自觉接受监督。

第十二条　主持行政全面工作，开好厂长办公会、厂务会、工厂管理委员会，使生产行政各项重大问题得以及时研究处理。

第十三条　保证国家财产和集体财产不受侵犯。

第十四条 坚持“一支笔”批钱的原则，按财务制度规定，负责审批工厂费用开支。

**职 权**

第十五条 对企业整个生产经营工作有决策指挥权，对紧急重大问题有临机处置权。

第十六条 有对厂级副职人选的提名报审和中层领导的任免权。

第十七条 按企业规定，有权对员工进行奖惩。

第十八条 有权拒绝任何组织和个人对企业人、财、物的不合理摊派。

第十九条 在规定的范围内，有权自主使用企业的各种资金、人员和物资。

第二十条 有权签发企业内有关行政文件和工作报告，签订各种技术经济合同或协议。

第二十一条 根据上级和职代会有关精神，有权修订企业规章制度，调整行政组织，制定具体政策。

第二十二条 有权合理使用按规定提取的厂长基金。

**职 责**

第二十三条 对违背国家方针、政策、法令、规定的经营行为负责以及对全体员工负责。

第二十四条 对由于决策失误、领导不力，造成的完不成生产和技改计划或经济效益下降负责。

第二十五条 对未能达到任期目标和年度方针目标负责。

第二十六条 对企业内重大质量事故或出厂产品质量不合格，严重损坏企业信誉负责。

第二十七条 对重大事故和严重环境污染及重大过失、泄密事件负责。

第二十八条 对决策层不团结、工作不深入，造成的企业纪律松弛、管理混乱、风气不正负责。

第二十九条 对事前未做充分调查和可行性分析而草率签署技术经济合同或协议，给企业造成重大经济损失负责。

第三十条 对员工收入水平下降负责。

# 3.18 总工程师工作责任制度描述

## 总工程师工作责任制度

**职 务**

第一条 在厂长领导下，主管企业的技术和技术管理工作，不断推进企业的技术进步，领导总工办研究所（含试制车间）、工艺科，总管企业的技术系统。

第二条 贯彻执行国家有关科技方针、政策、法律、法规，支持工程技术人员正确行使职权，维护技术人员的正当合法权益。

第三条 组织编制企业短期和长远技术发展规划，制定科研规划、技术改造规划，负责科研规划的实施和管理技术改造计划实施中的技术工作。

第四条 领导有关部门制订技术攻关计划和产品质量升级创优规划及质量改进措施计划，组织解决产品质量中的重大技术问题，负责质量管理的技术业务指导，协助厂长监督各项质量规划的实施。

第五条 根据上级要求和企业发展需要，领导编制新产品试制计划和生产技术准备综合计划，定期主持召开生产技术准备会议，监督并组织确保新产品计划和生产技术准备计划的实现，以加速产品的更新与完善。

第六条 负责审批新产品及技术革新和新工艺等的方案设计、技术设计总图、工作图设计及产品技术条件、关键器件的工艺细节描述、专机设计总图，主持企业内各种技术鉴定会议。

第七条 领导年度技术措施计划的编制工作，并负责组织实施。

第八条 组织做好设备管理、节能、安全和环境保护的有关技术工作。

第九条 负责建立健全技术管理、科研和新产品开发管理等规章制度，协调技术管理部门之间的关系，及时组织解决生产中的重大技术问题。

第十条 审批企业的合理化建议、技术革新的推广计划，组织科研、革新成果的鉴定，审查技术改进奖励方案，负责新设备、新工艺、新材料、新技术的推广，领导科技情报档案工作。组织审批工厂标准，组织编制技术服务资料。

第十一条 领导科技外事活动，负责组织技术引进、设备进口、合资、合作生产项目。

第十二条 组织和主持技术工作例会，并监督和考核例会决议执行情况。

**职 权**

第十三条 对企业生产经营中的技术问题有决策权。

第十四条 受厂长委托有权代表企业签订技术经济合同。

第十五条 有权组织制定技术管理方面的规章制度和建立、修改技术责任制。

第十六条 对产品开发、技术改造、生产技术准备综合计划、引进技术、设备修理、更新计划有审定权。

第十七条 对不执行技术管理制度描述、违反技术细节描述的行为有权制止。

第十八条 对工程技术人员和高级技工的使用、调动、晋升、调资、奖励和专业技术职务的聘用，应事先征求总工程师的意见。

第十九条 对技术任务书、工艺平面布置和设计总图及技术标准有审批权。

**职 责**

第二十条 对未正确贯彻执行国家有关技术工作方面的政策和上级指示、决定负责。

第二十一条 对由于领导不力、预见性不足，未进行可行性分析、价值分析，导致新产品开发技术工作（包括产品品种、产品质量）不能适应经济发展需要，缺乏竞争能力或技术决策失误造成企业重大经济损失负责。

第二十二条 对新产品开发、技术改造计划、生产技术准备综合计划、设备进口、技术引进、非标准设计和技改计划，未按时完成负责。

第二十三条 对未能协调企业技术管理部门之间的关系，技术标准、管理制度描述混乱，技术文件不完整、归档不及时，造成工作被动负责。

第二十四条 对引进设备与技术未能及时组织消化、投产，造成重大损失负责。

第二十五条 对科技外事活动有失国格、人格，失、泄国家机密及使企业形象受到负面影响造成重大损失负责。

第二十六条 对生产中的重大技术问题解决不及时，影响产品质量或造成重大事故，影响生产计划的完成负责。

第二十七条 对未能有效推行产品质量管理计划，造成产品质量事故负责。

第二十八条 对代表企业签订的协议或合同，出现差错、失误，造成企业经济损失负责。

第二十九条　对企业技术文件、技术秘密的外传，失、泄密负责。

第三十条　副总工程师协助总工程师工作，并对总工程师布置的工作负责。

## 3.19 总工程师办公室主任工作责任制度描述

### 总工程师办公室主任工作责任制度

**职　务**

第一条　在总工程师（副总工程师）的领导下，负责全厂技术管理的组织工作和事务工作，负责各技术科室和部门的协调工作。

第二条　筹备组织总工程师主持召开的有关技术工作会议，整理下发会议决议，督促贯彻执行。并经常调查研究、收集整理全厂技术工作情况，掌握生产技术薄弱环节与质量动态，向总工程师汇报，提出建议。

第三条　组织编制工厂技术发展的中、长期规划和年、季技术工作计划，组织技术管理的改革和重大科研项目、重大技术关键的攻关安全。

第四条　编制科研、新产品试制计划和生产技术准备综合计划，下达计划任务书并组织实施，做好生产技术准备工作，确保投产的要求。

第五条　组织编制企业技术改造规划和年度技术组织措施计划，并负责实施管理工作。

第六条　负责技术革新的立项和组织鉴定工作。

第七条　负责制订工厂技术引进、智力引进和探索涉外合作项目的计划，组织技术引进项目的调研、立项考察、谈判、签约及引进设备与设施安装、调试、验收的技术工作，及时组织对引进技术的消化吸收和资料的形成、积累、立卷归档工作。

第八条　负责综合技术管理工作，组织技术口各项管理制度描述、工作标准、工作程序的制定和修订工作，做到制度、标准、程序齐全，责任明确，管理科学，并进行督促和考核。

第九条　负责对外技术的归口管理，审查各技术业务科（室）对外的技术公文、要件。特别重大事项的提请总工程师审批、签发。

第十条 负责科研新品的管理，组织科研新产品的立项、调研、编制可行性分析报告和方案论证书，组织鉴定和新产品证书报批、请奖等工作。

第十一条 根据总工程师的方针目标展开要求，负责本室和技术口方针目标的展开、检查、诊断和落实工作。

第十二条 负责完成总工程师临时布置的各项任务。

**职 权**

第十三条 有权检查、督促、考核各车间及有关部门的技术工作和计划执行情况，并索取有关资料。

第十四条 有权协调处理技术管理各部门之间的关系。

第十五条 受厂领导、总工程师、副总工程师的委托，有权召开技术口的工作会议，直接处理或布置、检查有关事宜。

第十六条 有权参加研究技术工作和技术人员的晋升、调资、奖惩与聘任等有关会议。

第十七条 有权参加各有关部门的技术、质量工作会议。

**职 责**

第十八条 对未完成或未正确履行总师办各项业务工作负责。

第十九条 对年度技术组织措施、新产品开发、科研技改及生产技术准备综合计划未组织落实完成负责。

第二十条 对引进技术不能及时组织投产和消化吸收负责。

第二十一条 对各种技术报告、技术文件报表的正确性、及时性负责。

第二十二条 对所签署的各种技术协议未经充分论证造成损失负责。

第二十三条 对管辖内技术文件、资料立卷归档不及时、不完整和泄露工厂技术机密负责。

第二十四条 对本室年度方针目标未及时展开和检查、诊断、落实负责。

第二十五条 副主任协助主任工作，并对主任布置的工作负责。

# 3.20 生产调度主管工作责任制度描述

## 生产调度主管工作责任制度

**职　务**

第一条　在主管厂长领导下，根据企业年、季、月度生产计划和各项任务的要求，负责编制生产作业计划和辅助生产作业计划，并组织检查、落实和考核。

第二条　根据新产品试制计划和生产技术准备综合计划，负责编制本部门生产技术准备计划，并组织检查落实。

第三条　组织并领导全厂生产调度工作，定期召开生产作业会，严格按生产作业计划进行督促、检查，对生产过程中出现的问题，及时协调平衡。

第四条　负责生产管理制度描述的起草和修订工作。

第五条　负责办理工艺性委外协作和产品零件的委外外购合同的签订，承接外来修理加工任务。

第六条　根据生产计划和生产需要，向工艺、动力、供应等有关部门，提出需要解决的关键问题，并检查其完成情况。

第七条　组织安排企业各级调度人员的业务学习，提高业务管理水平。

第八条　做好生产作业的统计工作，按时填报生产报表。

第九条　根据企业方针目标的展开要求，负责本部门内方针目标的展开和检查、诊断、落实。

第十条　完成厂长临时布置的各项任务。

**职　权**

第十一条　有权对车间和生产服务单位下达完成或配合完成生产计划方面的调度命令，并对各单位执行调度命令的情况进行督促、检查和考核。

第十二条　在保证完成生产计划的前提下，有权根据生产的实际情况提出调整月度生产计划的建议。

第十三条　有权检查生产会议决议执行情况和生产计划完成情况，对不执行决议而影响进度者有权追究责任，并向主管厂长报告。

第十四条 根据生产现场需要，有权召开有关车间、科室负责人的紧急会议。

第十五条 根据生产计划的要求，有权签订零件加工生产协作方面的合同。

第十六条 对生产用的动力有指挥、协调和调配权。

第十七条 对生产中出现的异常情况有临机处置权，事后应及时向有关领导汇报。

**职 责**

第十八条 对由于计划不周、调度工作不力，影响全厂产量、品种计划的完成或达不到均衡生产的要求负责。

第十九条 对下达调度命令的正确性负责。

第二十条 对因管理不善，造成工位器具、工模具和半成品、在制品供应不能满足生产需要或储备超过定额，致使资金严重积压负责。

第二十一 对由于管理混乱，所辖库房的库存零件工模具发生丢失、锈损、磕碰划伤造成的损失负责。

第二十二条 对因指挥不当，造成人身、设备事故及部门内发生交通、火灾事故负责。

第二十三条 对本部门方针目标未及时展开、检查、诊断和落实负责。

# 3.21 工艺主管工作责任制度描述

## 工艺主管工作责任制度

**职 务**

第一条 在总工程师领导下，主管企业工艺技术工作和工艺管理工作，认真贯彻国家技术工作方针、政策和企业有关规定。组织制订工艺技术工作短期计划和长远发展规划，并制定技术组织措施方案。

第二条 组织编制产品的工艺文件，制定材料消耗工艺定额，根据工艺需要，设计工艺装备并负责工艺装备的验证和改进工作，设计工厂、车间工艺平面布置图。

第三条 组织工艺人员对工作情况的收集，指导、督促车间工艺员及时解决生产中出现的技术问题，搞好工艺技术服务工作。

第四条 负责新产品图纸的会签和新产品批量试制的工艺装备设计，完善试制报告和有关工艺资料，参与新产品鉴定工作。

第五条　负责工艺技术管理制度描述的起草和修订工作，组织工艺人员搞好工艺管理，监督执行工艺纪律。

第六条　组织领导新工艺、新技术的试验研究工作，抓好工艺试验课题的总结与成果鉴定，并组织推广应用。搞好工艺技术资料的立卷、归档工作。

第七条　协助搞好对员工的技术教育。

第八条　积极开展技术攻关和技术改进工作，对技术改进方案与措施负责签署意见，不断提高工艺技术水平。

第九条　负责本科人员的管理工作和全厂各单位工艺人员的业务领导和考绩工作。

第十条　负责本科方针目标的展开、检查、诊断和落实工作。

第十一条　完成总工程师布置的各项临时任务。

**职　权**

第十二条　按规定审批程序，对工艺文件、工艺安装图有更改权，对制定的工艺文件有解释权，对不符合图纸要求的工艺作业有纠正权。

第十三条　对车间执行工艺的情况有检查、监督权，对违反工艺纪律的行为有制止和处罚权。

第十四条　有权向有关部门索取产品质量的有关资料。

第十五条　有权召开全厂性工艺技术人员的专业会议，进行技术交流，组织技术攻关，对技术业务工作进行布置和指导。

第十六条　对工艺技术人员的奖惩、晋级有建议权。

**职　责**

第十七条　对在计划规定期限内未完成工艺准备工作，影响新产品试制进度和生产任务完成负责。

第十八条　对因工艺编制或工艺安装设计等问题，导致产品大量报废或返修，造成经济损失负责。

第十九条　对生产中发生的工艺技术问题不及时解决，影响生产负责。

第二十条　对审查签署的工艺技术文件、产品技术条件、工艺标准、工艺细节描述等工艺资料的正确性、合理性、完整性负责。

第二十一条　对原料工艺消耗定额存在计算方法或数值错误，造成浪费或损失负责。

第二十二条　对由于工艺设计不合理，造成不良影响负责。

第二十三条 对本部门方针目标未及时展开、检查、诊断、落实负责。

第二十四条 对在工艺技术上发生失、泄密事件负责。

第二十五条 副科长协助科长工作，对科长布置的工作负责。

## 3.22 设备主管工作责任制度描述

### 设备主管工作责任制度

**职 务**

第一条 在主管厂长的领导下，认真贯彻执行上级有关设备动力管理和维修工作。组织安排机修动力车间，搞好设备修理和维护工作，确保设备完好率达标，努力降低设备、动力事故频率和修理成本。

第二条 负责编制企业设备和动力管线的预检计划，设备大中修、小修及二保计划，备件制造和供应计划，动力供应计划。

第三条 根据技改计划的要求，负责构成固定资产的设备的申请、订货、催交、验收并参加自制设备的验收交接工作。

第四条 建立健全设备管理制度描述，做好设备技术资料的形成、积累、整理、立卷和归档工作。

第五条 负责设备大修的计划和协调工作，并对修理工作进行技术监督，主持修理后的试车验收工作。

第六条 组织编制设备操作细节描述，做好对有关员工的技术操作考核，签发操作合格证。

第七条 负责设备自制和维修机械备件的供应工作。做到及时购置和有计划地加工储备，确保供应，不误生产。加强对备件库的管理，做到合理储备，账、卡、物相符。

第八条 加强对企业水、电、气、汽的技术管理，负责基建自营项目中的动力设计工作，保障企业水、电、气、汽的正常供应。

第九条 负责对各车间的维修组、机械员进行业务指导、监督，加强设备的润滑管理，督促做好设备维护保养工作。

第十条 推行三级保养制，拟订预防事故的措施，定期组织企业设备大检查，做好记录，做好评比考核工作。

第十一条　组织处理重大设备事故，参加一般事故的分析，提出处理意见，对重大事故应及时报告厂部和上级主管部门，按时准确填报有关统计报表。

第十二条　贯彻执行上级有关能源的方针政策，抓好电力供应，领导组织节能管理和节能技术改造工作。

第十三条　根据厂长的方针目标展开要求，负责本科方针目标的展开、检查、诊断和落实工作。

**职　权**

第十四条　对企业设备的迁动和精密、大型、稀有、关键的设备的使用维修有集中管理权。对各单位随意迁动设备或更改动力管线的现象有监督、处罚权。

第十五条　对设备大修有技术监督权，对各部门检修计划和各项维修经济技术指标有督促、检查权。

第十六条　有权监督、检查各部门生产设备的正确使用和维护，对违反细节描述操作的人员，有权提出处理意见。

第十七条　按计划要求，有权代表企业签订设备、备件订货合同。

第十八条　对设备技术管理员、各部门机械员、设备技术员及维修工的配备及调动、调整、奖励以及晋升有参与审定权。

第十九条　对违反能源管理制度描述的单位与个人有制止和处罚权。

**职　责**

第二十条　对精密、大型、关键的设备，由于管理不严、维护保养不好、使用不当而降低精密度负责。

第二十一条　对由于技术上的差错或工作不深入、计划调度不周、组织领导不力，影响设备大修质量或完不成修理计划，造成经济损失和浪费负责。

第二十二条　对设备完好率达不到计划指标要求或发生重大设备事故负责。

第二十三条　对设备备件不能按时供应或超储积压，耽误设备维修或超过资金占用指标负责。

第二十四条　对动力管线管理不严，造成能源浪费或发生事故负责。

第二十五条　对本科方针目标未及时展开、检查、诊断和落实负责。

第二十六条　副科长协助科长工作，对科长布置的工作负责。

# 3.23 生产作业管理制度描述

## 生产作业管理制度

**总 则**

第一条 生产是工业企业各项工作的中心，生产管理是工业企业管理的重要组成部分。为做好生产管理，就要合理地组织生产过程中的劳动力、劳动工具和劳动对象。只有有计划地均衡组织生产活动，加强在制品的管理，建立良好的生产秩序，才能取得良好的经济效益。

**生产计划管理**

第二条 生产计划是根据企业的全年生产任务及其安排，适应情况的变化，具体规定每个生产环节（车间、工段、班组及个人）在单位时间（月、旬、周、日）内的生产任务。生产科应根据企业生产能力水平及生产指标，合理计划、安排全年生产任务。逐月编制生产计划，督促、检查计划执行情况，加强调度，确保各项计划的完成。现就生产计划管理做如下规定：

1. 每月25~30日向各车间下达下月生产计划（数量、品种、规格）方面的详细计划。

2. 各车间每月1~3日对班组下达生产计划，并做到认真督促、检查。

3. 分日、旬、月检查生产计划的实施情况，不断地平衡生产进度，以保持计划的严肃性。

4. 不断改进和完善生产计划。

5. 如发现品种的生产进度不合理，要及时填写计划调整通知单，以便保证各品种的按时完成。

6. 经常同并行科室互通情报、共同努力、互相协作，保证年、季、月生产任务的按时完成。

7. 经常向有关领导汇报生产进度和生产中存在的问题，使问题能够得到及时解决。生产中抓好薄弱环节、排除不利因素，保证生产任务的完成。

**生产现场管理**

第三条 生产管理单位，依据月生产计划、制造通知单、制造变更通知单、实际的生产进度以及现有人力、设备资料，于每周定期分配安排次日起10天内的生产进度表。

第四条　依预定和实际的生产进度，发出工作命令（发出前要确知物料情况）和发料单。

1. 工作命令一联给现场制造各科组（同时要附工程程序图、操作标准、检查标准等），一联通知质量管理单位。

2. 发料单一联给现场制造各科组，一联通知库管单位备料。

3. 要在开工3天之前发出工作命令和发料单。

第五条　由现场各科每日来报报表，了解生产进度。

第六条　现场制造各科组，无法按照进度如期完成，应尽快将原因通知生产管理单位，予以调整工作。

第七条　制造完工后，将工作命令填写于有关栏处，送回生产管理单位销令。

第八条　于每批产品（订单）完工后，要将有关资料，如生产日报表、工作命令、发料单、外协加工等资料汇总，并将实际生产所发生的问题进行研讨，提出改善措施，防止再次发生，还需汇总成本分析、产销资料等，所有资料要建档备查，以利作业的进行。

第九条　生产管理单位要经常地与业务单位、存量管理单位、外协管理单位、质量管理单位、技术单位以及现场制造各科组保持密切的联系，确实了解实际情况与预定进度是否超前或落后。

**调度会议制度**

第十条　定期召开各车间生产主任、调度员会议。

第十一条　各车间向生产科汇报本周的生产进度，各品种的完成情况及生产中存在的问题。凡能解决的，要及时解决；解决不了的，要及时向有关领导和部门反映，力争尽快解决。

第十二条　建立调度会议记录，防止遗漏问题。

第十三条　不断总结调度会议的经验，克服不足，提高会议质量。严防议而不决，决而不行，以便稳、准、快地解决生产上的实际问题。

**调度员责任**

第十四条　做出班组或个人的生产安排。

第十五条　合理组织日、月、旬的生产进度并做到及时检查。

第十六条 具体安排品种进度，保证按时完成任务。

第十七条 经常深入班组，合理组织人力，严防怠工和窝工。

第十八条 对下达的计划，经常平衡总结，发现问题及时调整，车间解决不了的问题，要及时反映。

第十九条 建立进度台账，做好历史资料的存放工作。

**半成品流转**

第二十条 流转有计划。

第二十一条 存放有标记。

第二十二条 收入、支出有账簿。

第二十三条 产品入库、领取有手续。

第二十四条 定期清查仓库，预防积压。

**在制品管理**

第二十五条 在制品堆放整齐。

第二十六条 在制品流转有明显标记，分品种进行货位管理。

第二十七条 在制品必须按定额储存，定期对仓库进行盘点，不经生产科同意不得加大库存，保持最低限度的存货量。

**交接班**

第二十八条 提前10分钟进厂，开好班前碰头会。

第二十九条 下班后召开下班碰头会，及时处理生产中的遗留问题（重大问题另行解决）。

第三十条 做好上班前的准备工作，穿戴好劳保用品，女工不准留长辫子。

第三十一条 做好交接班工作，做到工艺交接清楚、准确，机器运转情况清楚，工卡器具齐全，生产情况明了。

第三十二条 建立交接手续，一般工种口头交接，主要工种必须建立交接班记录。

**文明生产**

第三十三条 建立安全卫生负责制，在车间主任的领导下，作为一项日常工作来抓。

第三十四条 划分卫生区域，分片包干，责任到人，定期检查。

第三十五条 凡在规定的范围内，要做到日清理、班检查。

第三十六条　要不断地对员工进行防火、防盗、防事故发生、讲卫生的宣传教育，维护正常的生产秩序。

第三十七条　边角下料、废纱头、废染化料、废旧零配件等要分门别类按指定地点存放。

第三十八条　严禁违章操作。

# 3.24 生产作业管理规定描述

## 生产作业管理规定

第一条　为了加强生产管理，有效运用物料、人力、设备（机器、工具），并使之在时间上、数量上、空间上能适当地配合，以便提高生产效率、质量，并降低成本，获得最大的经济效益，特制定本规定。

第二条　业务部于下年度开始前3个月，提出年度销售计划，生产管理部依据年度销售计划，制订出年度生产计划，并针对主、副料需要、人力、设备负荷等拟订计划。

第三条　依据年度生产计划，业务部开出的制造通知单以及现有库存量（成品、半成品）拟订月生产计划。

第四条　生产管理单位于接到业务部开出的制造通知单时应配合有关生产资料做出如下事项。

1. 安排生产进度预定表。

2. 计算所需的主、副料（何时再需要），在购备之前，通知存量管理单位，安排原料。

3. 将外协加工计划通知给外协管理单位，以寻求适当的外协厂商。

第五条　生产管理单位，依据月生产计划、制造通知单、制造变更通知单、实际的生产进度以及现有人力、设备资料于每周定期分配安排次日起10天内的生产进度表。

第六条　依预定的和实际的生产进度，发出工作命令（发出前要确知物料情况）和发料单。

1. 工作命令一联给现场制造各科组（同时要附工程程序图、操作标准、检查标准等），一联通知质量管理单位。

2. 发料单，一联给现场制造各科组，一联通知库管单位备料。

3. 要在开工3天之前发出工作命令和发料单，但特殊情况不在此限。

第七条 由现场各科每日来报报表，了解生产进度，且要实地追查、督促。

第八条 现场制造各科组，无法按照进度如期完成，或有任何困难时（机器模具损坏、停电等），应尽快将原因通知生产管理单位，予以调整工作。

第九条 制造完工后，将工作命令填写在有关栏目处，送回生产管理单位销令。

第十条 于每批产品（订单）完工后，将有关资料如生产日报表、工作命令、发料单、外协加工等汇总，并将实际生产所发生的问题进行研讨，提出改善措施，防止再次发生。还需汇总成本分析、产销资料等，所有资料要建档备查，以利作业的进行。

第十一条 生产管理单位要经常地与业务部、存量管理单位、外协管理单位、质量管理单位、技术单位以及现场制造各科组保持密切的联系，确实了解实际情况与预定进度是否超前或落后，并能弹性地应变。

第十二条 外协管理单位在管理外协加工以及外协制造的半成品或零件时，应适时适量地配合生产进度。

第十三条 外协管理单位在负责外协加工以及外协制造的作业、选择外协厂商时，依据下列资料。

1. 生产管理单位发出的外协计划（工程详细内容、质量要求、时限、数量）或外协申请，是否由本公司供料，供料报废率的决定。

2. 协作厂商及厂商资料调查表，预估价格及付款条件。

第十四条 选择好适当的外协厂商，要督促、确实了解厂商的进度及质量。

第十五条 若外协厂商为第一次承制此项外协，则必须要求其先试制，然后取回样品，判定是否符合要求，判定合格后，才能通知其正式承制或加工。

第十六条 确实管理本公司供料数量及承制或加工后送回本公司的半成品或零件、下脚料、废料等的详细数量及重量。

第十七条 对外协厂商交来货品的质量、交货期、价格，以及内部的管理状况要做审核。

第十八条 若有模具（设备）存入于外协厂商处，要确实管理，检查其对模具（设备）的使用保养情况。

第十九条 本公司于外协验收、生产装配或再加工时，对外协质量的抱怨，以及对外协厂商的审核结果，除要存档外，应转告外协厂商。

第二十条　外协除口头方式信用约定外，最好能订立合同，或简明的书面式的外协约定（内容包括工程详细内容，是否由本公司供料，以及品名、规格、数量、质量要求、验收检验标准、罚则、付款条件、奖励条款等资料）。

第二十一条　对于考核成绩好的优良外协厂商，建议公司给予其较优惠的条件及分配较多的工作。

第二十二条　配合质量管理单位，做好外协质量管理稽核工作，管理外协厂商承制货品的质量，并协助、辅导厂商做好质量管理工作。

第二十三条　外协完工后要做成本分析（工时、数量、质量、价格、交货期等），判定外协是否有利及判定此外协厂商的能力。

第二十四条　所有的资料必须建档备查以利作业。

第二十五条　有关外协若有未详事宜见外协管理规定。

## 3.25 生产作业控制管理办法描述

### 生产作业控制管理办法

**总　则**

第一条　生产作业的控制

指为使生产达到预定目标，依据有关的计划和标准，对实际生产活动进行的监督、检查、发现偏差并进行调节和校正等一系列活动的总称。生产作业控制是实现生产作业计划的必要手段，并能推动管理工作的改善和计划工作水平的提高。

**生产作业控制的任务**

第二条　生产作业计划的复审和作业的安排。

在正式组织生产作业计划实施之前，首先应对生产作业计划进行复审，使作业计划尽可能地符合实际。根据当前和现场有关情况，将作业计划做必要和适当的调整。一切就绪后，按计划要求下达生产指令，并开始生产。

第三条　发现偏差，及时处理。

在生产中要经常检查计划执行的结果，发现实际脱离计划，立即采取措施，如组织加班、外协、动用保险储备，或调整计划进度等，尽力缩小或消除这些偏差。

第四条 提供计划执行结果的报告。

对于完成计划的数量和时间，提出准确的报告，进行信息反馈，为作业管理、质量管理、成本管理等职能部门提供必要的信息资料。

**生产作业控制的内容**

第五条 生产调度。

1. 生产调度是生产作业控制工作的中心。它根据生产作业计划，及时对生产过程进行控制和调节，解决日常生产中出现的矛盾和不平衡现象，保证生产连续、均衡地进行。

2. 生产调度工作的内容：检查生产作业计划的执行情况，发现问题及时采取措施解决；检查、监督和帮助有关部门做好产前准备工作；根据生产需要，合理调配劳力和调整劳动组织；检查和调节生产过程的物资供应和设备运行情况；掌握厂内运输及动力的保证情况等。

第六条 在制品管理。

1. 在制品管理是指对生产过程各环节上的在制品实物和账务进行管理，分为车间在制品管理与库存半成品管理两种情形。

2. 车间在制品管理工作一般采用台账、工票、加工路线单等形式来控制在制品的流转，掌握在制品的情况。

3. 库存半成品管理的要点：做好入库验收工作，做到账、卡、物数量相符；严格做好在制品发放工作，建立健全领用制度；合理存放和保管在制品，搞好定期清点和盘存工作。

第七条 生产作业核算。

1. 生产作业核算是指对产品生产过程中的材料投入、劳动成果和产品出产所进行的记录、整理和分析工作，是生产作业控制的一项重要内容。

2. 生产作业核算内容：产品及其零部件投入量和出产量、完工进度的核算；在制品转移情况及库存配套等情况的核算；生产作业计划完成情况的核算等。

**生产作业控制的工具**

第八条 生产作业控制的工具。

1. 坐标图可以形象地描述生产进度计划执行的情况及逐日变动趋势。

2. 条形图（甘特图）是一种安排计划和检查计划完成情况的常用图表。

3. 平衡线法是进行生产作业计划倾向分析的工具。

4. 看板管理是采用日本的一种控制手段，其基本精神是要严格地控制前后车间、前后工序之间的在制品的流转数量，从而达到减少在制品储备量的目的。

# 3.26 设备管理制度描述

## 设备管理制度

第一条　所有机械设备在进厂时要进行检查，应整体完整，有必要的图纸，产品合格证和使用说明书。

第二条　所有机械设备的传动部分，转动部分都应有安全防护装置（如防护罩等）或其他隔离装置。除需要要调节和维修外，不得随意拆除防护设备和安全装置，调节或维修以后，要立即恢复安全防护装置。

第三条　电气设备都要做保护接地或保护接零。

第四条　机械的转动、摩擦部分，可设自动加油或注油器，油的牌号应符合要求，人工加油要使用长嘴油壶等。难以加油的应定期停车加油。

第五条　运转设备在检查或清理前，应先停止运转，切断电源并挂上禁动标志，有专人监护方可进行工作。

第六条　对于可能危害工人安全或导致火灾的高温设备应有适当的隔离装置。

第七条　对于要提供安全通道的设备，应装上台板、梯子、扶手或围栏和挡脚板。为便于某些设备的操作，还要装置防滑板或平台。

第八条　设备操作场所应有防风雨、防物体坠落的工棚，设备的操作室和驾驭室的窗口应安装玻璃，并保持良好状态，下班时应关闭门窗并上锁。

第九条　各种机械设备在下班前都要进行日常保养。

第十条　各种机械设备都只能在额定的负荷下负载操作。严禁超载运行。

第十一条　起重设备工作时，下面严禁有人通过和逗留。

第十二条　吊篮和提升机严禁载人。

第十三条　操作机械设备的人必须做到“三懂三会”（懂构造、懂原理、懂流程、会操作、会保养、会排除故障)。严禁未经培训独立上岗操作，特别是操作特种机械的机手，必须持有劳动部门核发的操作证才能上岗操作。对操作人员必须制定操作人员上岗操作守则，以维护设备和人身安全。

第十四条 不同的机械设备和不同的施工场所、施工季节，对设备要采用不同的维护保养周期，使设备长期处于良好的状况中。

第十五条 对各台设备都要建档建卡，维护保养要有记录。

# 3.27 生产设备管理规定描述

## 生产设备管理规定

**总 则**

第一条 企业设备管理的好坏，对于产品的质量、品种、产量及减轻劳动强度，提高劳动效率以及减少原材料消耗，降低产品成本等具有极其重要的作用。

第二条 设备管理工作的内容包括从设备进厂验收、安装、使用、维护保养、检查修理到配件的生产、设备的改造、更新，以及日常的登记、保管、调拨、报废等一系列工作。设备管理的任务，是要保证设备在物质运动的全过程中，自始至终保持良好的技术状态。

第三条 为了保证有效地实现设备管理目标，必须坚持以预防为主、维护保养与计划检修并重和先维修后生产的原则，正确使用，精心保养，合理润滑，安全生产。设备管理部门和生产部门共同负责，做好包括使用、保养、检查、修理等设备管理工作，正确处理好生产与维修的关系。

**设备技术状况**

第四条 设备技术经济指标。

1. 设备完好率：表示设备技术状态的完好程度，是检查企业设备管理和维修工作水平的重要指标。其计算公式为：

设备完好率 = 完好的设备台数/设备总总数 × 100%

设备总台数是指本企业已安装的全部生产设备，包括在用、停用、封存、停机待修和正在检查的所有设备，不包括尚未安装和由基本建设部门管理、物资部门代管的设备。完好设备台数是指设备总台数中完全符合设备完好标准的台数。

2. 设备故障率：是指因设备发生故障而停机的时间占设备运转时间的百分比。计算公式为：

设备故障率 = 设备故障停机时间/设备运转时间 ×100%

3. 维修费用效率：是指单位维修费用所能生产的产品产量。计算公式为：

维修费用效率 = 产品产量（件或吨）/维修费用

4. 单位产品（或万元产值）维修费用。

单位产品（或万元产值）的维修费用 = 维修费用/产品产量（或总产值）

5. 平均单台设备年维修费用。

平均单台设备年维修费用 = 年维修费用/年投入使用设备总台数

第五条　对所有设备按设备的技术状况、维护状况和管理状况分为完好设备和非完好设备，并分别制定具体参考标准。

第六条　各部门的生产设备必须完成上级下达的技术状况指标，即考核设备的综合完好率。

第七条　设备管理部门要分别制定出年、季、月度设备综合完好率指标，并层层分解落实到岗。

**设备运行动态管理**

第八条　设备运行动态管理。

是指通过一定的手段，使各级维护与管理人员能掌握设备的运行情况，依据设备运行的状况制订相应措施。

第九条　建立健全系统的设备巡检措施。

各作业部门要对每台设备，依据其结构和运行方式，定出巡检点、内容、正常运行的参数标准，并针对设备的具体运行特点，对设备的每一个巡检点，确定出明确的检查周期，一般可分为时、班、日、周、旬、月检查点。

第十条　巡检保证体系。

生产岗位操作人员负责对本岗位使用设备的所有巡检点进行检查，专业维修人员要承包对重点设备的巡检任务。各作业部门都要根据设备的多少和复杂程序，确定设置专职巡检员的人数和人选，专职巡检员除负责承包重要的巡检点之外，要全面掌握设备运行动态。

第十一条 信息传递与反馈。

1. 生产岗位操作人员巡检时，发现设备不能继续运转需紧急处理的问题，要立即通知当班调度，由值班负责人组织处理。一般隐患或缺陷，检查后登入检查表，并按时传递给专职巡检工。

2. 专职维修人员进行的设备点检，要做好记录，除安排本组处理外，要将信息向专职巡检工传递，以便统一汇总。

3. 专职巡检工除完成承包的巡检点任务外，还要负责将各方面的巡检结果，按日汇总整理，列出当日重点问题并向有关部门反映。

4. 有关部门列出的主要问题，除登记台账之外，还应及时输入电脑，便于上级公司有关部门的综合管理。

第十二条 动态资料的应用。

1. 巡检工针对巡检中发现的设备缺陷、隐患，提出应安排检修的项目，纳入检修计划。

2. 巡检中发现的设备缺陷，必须立即处理的，由当班的生产指挥者即刻组织处理；当班不能处理的，由多作业部门领导确定解决方案。

3. 重要设备的重大缺陷，各作业部门主要领导组织研究，确定控制方案和处理方案。

第十三条 薄弱环节的立项。

1. 运行中经常发生故障反复处理无效的部位。

2. 运行中影响产品质量和产量的设备、部位。

3. 运行达不到小修周期要求，经常要进行计划外检修的部位（或设备）。

4. 存在安全隐患，且日常维护和简单修理无法解决的部位或设备。

第十四条 薄弱环节的处理。

1. 有关部门要依据动态资料，列出设备薄弱环节，按时组织审理，确定当前应解决的项目，并提出改进方案。

2. 各作业部门要组织有关人员对改进方案进行审议，审定后列入检修计划。

3. 设备薄弱环节改进实施后，要进行效果考察，做出评价意见，经有关领导审阅后，存入设备档案。

**使用设备管理**

第十五条　各类设备使用前，设备管理人员要与人事部配合，组织使用人员接受操作培训，工程部负责安排技术人员讲解。

第十六条　使用人员达到会操作，清楚日常保养知识和安全操作知识，熟悉设备性能，工程部签发设备操作证，上岗操作。

第十七条　机器开动和停车时，必须事先口头通知本工区所有人员，停车后不准乱开马达，在生产过程中，发现机器有异常现象，应立即停车，并通知有关人员检修。

第十八条　机器设备发生故障或严重事故时，应坚持“三不放过”，保护现场，并报告班组长和有关人员处理。

第十九条　所有动力设备，不经车间、设备科、电工或机修工人允许，不准乱修、乱拆，不准在电气设备上搭湿物和放置金属类、棉纱类物品。

第二十条　使用人员要严格按操作细节描述工作，认真遵守交接班制度，准确填写规定的各项运行记录。

第二十一条　不经领导批准，不准拆卸或配用其他人员的机器零件和工具。

第二十二条　对不遵守操作细节描述或玩忽职守，使工具、机器设备、原材料、产品受到损失者，应酌情给予经济处罚和行政处分。

**新增设备管理**

第二十三条　各部门需增置的设备经批准购买后，须报设备管理部门备案。

第二十四条　经设备管理部门进行可行性方面的技术咨询，方可确定装修项目或增置电器及机械设备。

第二十五条　保证设备安全、合理地使用，各部门应设一名兼职设备管理员，协助设备管理部门人员对设备进行管理，指导本部门设备使用者正确使用操作细节描述。

第二十六条　设备项目确定或设备购进后，设备管理部门负责组织施工安装，并负责施工安装的质量。

第二十七条　施工安装，由设备管理部门及使用部门负责人验收合格后填写设备验收登记单方可使用。

第二十八条　对新置设备的随机配件要按图纸进行验收，未经验收不得入库。

**转让和报废设备管理**

第二十九条　设备陈旧老化不适应工作需要或无再使用价值的，在使用部门申请报损、报废之前，要进行技术鉴定与咨询。

第三十条　有关部门指派专人对设备使用年限、损坏情况、影响工作情况及残值情况等进行鉴定与评估，填写意见书交使用部门。

第三十一条　使用部门将报废、报损申请单附意见书一并上报，按程序审批。

第三十二条　申请批准后，将旧设备报损、报废。

第三十三条　报废、报损的旧设备由工程部负责按有关规定处置。

# 3.28 设备供应管理制度描述

## 设备供应管理制度

**总　则**

第一条　目的。为了搞好设备供应计划管理，标准和非标准订货管理，特制定本制度。

**设备供应计划管理**

第二条　全厂设备供应计划实行统一归口管理，由设备科负责编制、平衡、下达和执行。

第三条　全厂基建设备供应的依据，必须是经过上级和事业部批准的基建计划项目和设计设备清单。

第四条　全厂技措、安措、环保、科研、零固、维修需用的设备计划，必须要有各单位的领导签字、盖章，由归口部门审核后，报设备科汇总，上报事业部审批。

第五条　需要试制或引进的设备，必须预先报事业部批准才能编入设备供应计划。

第六条　凡列入设备供应计划的每项设备的名称、型号、规格、技术数据，必须齐全、准确，满足订货要求。

第七条　凡编制的设备供应计划，必须预先核对库存和外订的设备台账，应做到充分利用库存和合理储备。

第八条　设备科应于每年6月5日前布置下年度设备供应计划。各车间、部门必须于6月15日前报设备科归口汇总、审核，6月30日上报事业部审批。

第九条　设备供应以年度事业部审批的计划为主，平时不予受理，但事故性的临时急需设备，必须单项报请主管经理批准，并落实资金后交设备科办理，其购置金额一般不得超过1万元。

第十条　各单位在编制生产维护设备计划时，要充分利用库存，进行修、配、改、代，防止造成积压。

第十一条　设备到厂后，要尽快安装，并投入使用，发挥效益，存库时间最长不得超过6个月，逾期未安装、使用，仓库加收5%的管理费，同时申请单位和个人必须承担经济责任。

**标准设备订货管理**

第十二条　外协人员必须严格按照批准下达的计划执行。

第十三条　订货要做到不重、不漏、不错订，不订购过时、淘汰的产品。根据批准的计划和安装使用需要，做到保质、保量、保时供应。

第十四条　订货要比质比价、择优订货，认真选点、定点，建立稳定可靠的供应渠道。

第十五条　订货合同规定的名称、规格、型号、数量、单价、交货时间、质量标准、特殊要求、到站和结算方式等栏目，必须仔细填写清楚，做到准确无误。

第十六条　设备到厂后，经检验发现质量异议，订货员必须及时负责联系、处理，以免造成经济损失。

**非标准设备订货管理**

第十七条　需要按设计图纸由制造厂专门制造的设备，统称非标准设备。

第十八条　凡基建、技措、环保、维修需用的非标准设备订货的图纸、资料，必须通过审核签字无误，方允许安排计划订货。

第十九条　负责审核和清理的图纸，应达到的标准和要求。图面清晰，零部件制造图齐全，编写明确不乱，重量、材质牌号、工艺尺寸、加工符号、技术要求齐备，装配图和零部件数量准确，不重、不漏。

第二十条　订货合同必须标明合同号、名称、图号、数量、重量、交货时间、结算方式、运输要求、提供图纸份数以及双方承担的责任和义务。

第二十一条　订货应严格按计划执行，保质、保量、保证工程需要时间。

# 3.29 安全生产承包责任制度描述

## 安全生产承包责任制度

第一条 为贯彻落实安全生产管理规定，保障生产安全，特制定安全生产承包责任制。

第二条 安全生产承包责任制，以公司下属各单位为承包单位，即机关部室、分公司、多种经营公司均为承包单位。

第三条 承包单位各级领导对本单位安全生产工作负总的领导责任，各级工程技术人员和员工在各自的职责范围内对安全工作负责。

第四条 安全生产主要责任人：承包单位行政第一把手、主管生产的副职和专（兼）职安技员均为安全生产主要责任人。承包单位行政第一把手是本单位安全生产第一责任人。

第五条 评分办法：每季末，公司组织安全生产检查，并依据《安全生产考核标准》进行考核。其中，机关单位在生产单位平均得分基础上再参照《安全生产考核标准》进行评分。

第六条 奖励办法：半年和年终根据承包单位得分和人数（入公司时间不满半年的按半年计，满半年的按一年计）计提安全生产奖金，即按："单位总人数×得分×基数÷100"计提。

安全生产奖基数按考评当月提成奖基数计。

对得分满90分的单位，嘉奖安全生产主要责任人，第一责任人按"基数×2"计提，其他主要责任人按"基数×1"计提。

奖金发至承包单位，由各承包单位按责任、贡献评奖至个人，不能搞平均分配。得分满60分的单位，不计发安全生产奖金。

承包单位平均得分满90分，按如下标准嘉奖公司安全生产委员会成员：

主任　　基数×8

副主任　　基数×5

委员、办公室人员　基数×3（是单位第一责任人者不重复嘉奖）

第七条　安全生产奖励资金从企业奖励基金列支。多种经营公司参照承包制自行列支奖金。

# 3.30 安全生产考核规定描述

## 安全生产考核规定

第一条　本标准以100分为基准分，采用扣分制，用于检查，评定公司的安全生产情况。

第二条　有下列情况之一的，扣30分：

1. 未按规定成立安全生产领导机构。

2. 无指定专人负责安全生产日常管理工作。

3. 主管生产的领导不直接负责领导和指导安全生产工作。

4. 无制定安全生产制度和实施办法。

5. 主要由人为因素造成重大事故，直接经济损失满10万元（不含机动车交通事故）。

6. 由人为因素造成重伤或死亡。

7. 发生重大事故隐瞒不报（超过24小时按瞒报论处）。

第三条　有下列情况之一的，扣15分：

1. 由人为因素造成事故，直接经济损失满1万元不满10万元（不含机动车交通事故）。

2. 由人为因素造成事故，导致人员受轻伤。

3. 对事故隐瞒不报或虚报（事故按有关条款扣分）。

4. 事故发生后，未在时限内对当事人做出处理意见。

5. 机动车驾驶员私自驾车造成事故（事故按有关条款处理）。

6. 接到整改通知，不按时限或要求整改。

第四条　有下列情况之一的，扣5分：

1. 违章存放易燃、易爆危险品及剧毒物品。

2. 未经批准将车借给他人。

3. 班组未按规定指定安全员。

4. 领导违章指挥一次。

5. 由人为因素造成事故，直接经济损失不满1万元。

第五条 有下列情况之一的，扣1分：

1. 无进行安全生产评比活动。

2. 班组安全检查、学习无记录。

3. 无操作证的人员在特殊工种岗位上长期独立操作。

4. 按规定要上报的各类安全月报表、资料、文件、报告，未报或超时三天上报。

5. 规定要派人参加的各类安全生产活动、会议，缺1人次。

6. 特殊工种班组，缺集中安全学习记录（两个月一次，机动车驾驶员每月一次）。

7. 事故处理，安全学习等原始资料不全。

8. 职工违章操作。

9. 违章存放一般易燃品（如纸品）。

10. 上级单位或公司检查时，发现隐患。

11. 通过群众反映，上级查询才报告的各类事实、隐患。

12. 防火设施不完善。

13. 驾驶员班后不按规定将车辆停放在指定地点。

第六条 如发生各种特大事故或影响重大的事故，由公司安全生产委员会专项研究处理。

第七条 遇本文未提及的情况，由公司安全生产委员会另作处理意见。

第八条 本标准由公司安全生产委员会办公室负责解释。

## 3.31 车间安全生产管理制度描述

### 车间安全生产管理制度

第一条 电器使用要符合用电安全细节描述，保持各种用电设施完好安全，严格遵循使用：

1. 一切电机、电水泵、喷枪、电剪等，使用前必须注意机器功率与电源是否相匹配，严防超负荷用电。

2. 活动电源拖线，必须注意线板、插座、拖线是否完好，线芯是否裸露，使用过程要留意拖线发热升温的现象。

3. 使用活动拖线电源要安全小心地注意拖线，勿被剪草刀、行人、汽车等弄断，造成短路。

第二条　汽油机使用要注意防火：

1. 汽油机使用前，必须注意油管、油箱、油路完好，无漏油现象。

2. 汽油机长期存放，需清除油箱内的汽油，使用时应将机推运到现场方可加油。

3. 汽油暂时存放，应置于铁罐中，严禁用胶罐装油。汽油机不准室内作业，运输途中应停机运送，不准走职工通道，应绕道走专用通道。

第三条　液压叉车及三角起重架，起重器械使用应小心稳当。

1. 使用时需检查行走部分是否灵活，钢叉、链条、轮胎等受力部分是否有伤痕，是否牢固。

2. 检查液压提升部分是否有效，油门开关是否灵敏，液压缸是否漏油。

3. 提升重物时，切记重物下确认没有人方可操作，特别是重物放下时，操作者必须得到指挥（或协助者）口令，方可放下重物，动作要慢，切不可掉以轻心。

4. 使用三脚架时，必须注意固定好三只脚位，并用绳连成一平面三角，提升重物时，重物必须在三只脚的三角形内，防止翻架的危险。

# 3.32 车间生产管理制度描述

## 车间生产管理制度

第一条　为确保安全生产、确保您的人身安全和家庭幸福，进入车间的一切人员都必须严格遵守以下生产规则。

第二条　各员工严格按照生产操作规定进行操作，正确使用机械。所有人员未经允许，不得进入工作区，更不能开动设备。

第三条　所有人员均不得带小孩进入车间。

第四条　严禁员工带病工作和班前酗酒，以避免安全事故的发生。

第五条 不允许穿凉鞋、拖鞋和高跟鞋进入车间，操作者一般均应戴工作帽。女同志或长发者的头发或辫子，必须塞进帽子里。

第六条 工作时要穿工作服或紧身衣服，袖口要扎紧。

第七条 工作前应先清理工作台位物品再空机运作，进行听、看等系列安全检查后，确认无异常情况时才可正式操作，若发现问题要立即停机检查和报请专业人员维修，严禁擅自拆卸机械及防护装置。

第八条 严禁让机械带病工作或超负荷工作，否则后果自负。

第九条 工作时，头不能离工件太近，防止切屑飞入眼睛。如果切屑细而飞散，则必须戴上护目镜。

第十条 工件或刀具必须装夹牢固，否则会飞出伤人。机床开动时，不允许用量具测量工件，也不允许用手摸工件表面。

第十一条 不可用手直接清除切屑，应使用钩子或其他工具清除。不允许用手刹住转动的卡盘、夹头或工件。

第十二条 不允许任意装拆电气设备或机件。在车床、钻床上工作时不允许戴手套。

第十三条 车间内严禁打闹。

第十四条 下班时，要关闭机械、电源等，清理工作区域，不可人离开岗位不关机械。

第十五条 不可随意移动电源、线路或私接乱拉电线，发现电线有裸露、损坏要及时反映给电工进行修复。

第十六条 在车间内严禁吸烟，抽烟人员必须在企业指定的吸烟区域内方可吸烟。

第十七条 要经常保养机械设备，使其能够正常运作，特别是水帘机、抽风机等容易出现安全问题的设备要加强安全预防。

第十八条 在禁烟区域进行焊接、切割等动用明火的作业时，必须事先征得有关人员同意，做好防护工作并有专人监控，方可操作。

第十九条 各机械设备需专人专用，严禁非指定专业人员操作机械或未经许可动用他人机械设备。

第二十条 违反上述规定者，工作人员有权对其进行批评教育，直至逐出车间，移交有关部门处理。

# 3.33 生产安全管理制度描述

## 生产安全管理制度

**总　则**

第一条　为保证安全生产和人身安全，依据《中华人民共和国安全生产法》的有关规定和劳动保护的法令、法规，结合企业实际情况制定本制度。

第二条　企业的安全生产工作必须贯彻“安全第一，预防为主”的方针，贯彻执行总经理（法定代表人）负责制，各级领导要坚持“管生产必须管安全”的原则，生产要服从安全的需要，实现安全生产和文明生产。

第三条　对在安全生产方面有突出贡献的团体和个人要给予奖励；违反安全生产制度和操作细节描述造成事故的责任者，要给予严肃处理；触及刑律的，交由司法机关论处。

**机构与职责**

第四条　企业安全生产委员会（以下简称安委会）是企业安全生产的组织领导机构，由企业领导和有关部门的主要负责人组成。

其主要职责是，全面负责企业安全生产管理工作，研究制订安全生产技术措施和劳动保护计划，实施安全生产检查和监督，调查处理事故等。安委会的日常事务由安全生产委员会办公室（以下简称安委办）负责处理。

第五条　企业下属生产单位必须成立安全生产领导小组，负责对本单位的职工进行安全生产教育，制定安全生产实施细则和操作细节描述，实施安全生产监督检查，贯彻执行安委会的各项安全指令，确保生产安全。安全生产小组组长由各单位的领导担任，并按规定配备专（兼）职安全生产管理人员。各机楼（房）、生产班组要选配一名不脱产的安全员。

第六条　安全生产主要责任人的划分如下：单位行政第一把手是本单位安全生产的第一责任人，分管生产的领导和专（兼）职安全生产管理员是本单位安全生产的主要责任人。

第七条　各级工程师和技术人员在审核、批准技术计划、方案、图纸及其他各种技术文件时，必须保证安全技术和劳动卫生技术运用的准确性。

第八条 各职能部门必须在本职业务范围内做好安全生产的各项工作。

第九条 企业安全生产专职管理干部职责如下。

1. 协助领导贯彻执行劳动保护法令、制度，综合管理日常安全生产工作。

2. 汇总和审查安全生产措施计划，并督促有关部门切实按期执行。

3. 制定、修订安全生产管理制度描述，并对这些制度的贯彻执行情况进行监督检查。

4. 组织开展安全生产大检查。经常深入现场指导生产中的劳动保护工作。遇有特别紧急的不安全情况时，有权停止生产，并立即报告领导研究处理。

5. 总结和推广安全生产的先进经验，协助有关部门搞好安全生产的宣传教育和专业培训。

6. 参加审查新建、改建、扩建、大修工程的文件设计和工程验收及试运转工作。

7. 参加伤亡事故的调查和处理，负责伤亡事故的统计、分析和报告，协助有关部门提出防止事故的措施，并督促其按时实现。

8. 根据有关规定，制定本单位的劳动防护用品、保健食品发放标准，并监督执行。

9. 组织有关部门研究制定防止职业危害的措施，并监督执行。

10. 对上级的指示和基层的情况上传下达，做好信息反馈工作。

第十条 各生产单位专（兼）职安全生产管理员，要协助本单位领导贯彻执行劳动保护法规和安全生产管理制度描述，处理本单位安全生产日常事务和安全生产检查监督工作。

第十一条 各机楼（房）、生产班组安全员要经常检查、督促本机楼（房）、班组人员遵守安全生产制度和操作细节描述，做好设备、工具等安全检查、保养工作，并及时向上级报告本机楼（房）、班组的安全生产情况，做好原始资料的登记和保管工作。

第十二条 职工在生产、工作中要认真学习和执行安全技术操作细节描述，遵守各项规章制度。爱护生产设备和安全防护装置、设施及劳动保护用品。发现不安全因素，及时报告领导，迅速予以排除。

**教育与培训**

第十三条 对新职工、临时工、民工、实习人员，先进行安全生产的三级教育（即生产单位、机楼（房）或班组、生产岗位），才能准其进入操作岗位。对改变工种的工人，必须重新进行安全教育才能上岗。

第十四条　对从事锅炉、压力容器、电梯、电气、起重、焊接、车辆驾驶、杆线作业、易燃易爆等特殊工种的人员，必须进行专业安全技术培训，经有关部门严格考核并取得合格操作证（执照）后，才准其独立操作。对特殊工种的在岗人员，必须进行经常性的安全教育。

**设备、工程建设、劳动场所**

第十五条　各种设备和仪器不得超负荷和带缺陷运行，要做到正确使用，经常维护，定期检修，不符合安全要求的陈旧设备，应有计划地更新和改造。

第十六条　电气设备和线路应符合国家有关安全规定。电气设备应有可熔保险和漏电保护，绝缘必须良好，并有可靠的接地或接零保护措施；产生大量蒸汽、腐蚀性气体或粉尘的工作场所，应使用密闭型电气设备；有易燃易爆危险的工作场所，应配备防爆型电气设备；潮湿场所和移动式的电气设备，应采用安全电压。电气设备必须符合相应防护等级的安全技术要求。

第十七条　引进国外设备时，对国内不能配套的安全附件，必须同时引进，引进的安全附件应符合我国的安全要求。

第十八条　凡新建、改建、扩建、迁建生产场地以及技术改造工程，都必须安排劳动保护设施的建设，并要与主体工程同时设计、同时施工、同时投产（简称三同时）。

第十九条　工程建设主管部门在组织工程设计和竣工验收时，应提出劳动保护设施的设计方案、完成情况和质量评价报告，经同级劳资、卫生、保卫等部门和工会组织审查验收，并签名盖章后，方可施工、投产。未经以上部门同意而强行施工、投产的，要追究有关人员的责任。

第二十条　劳动场所布局要合理，保持清洁、整齐。有毒有害的作业，必须配有防护设施。

第二十一条　生产用房、建筑物必须坚固、安全；通道平坦、畅顺，要有足够的光线；为生产所设的坑、壕、池、走台、升降口等有危险的处所，必须有安全设施和明显的安全标志。

第二十二条　有高温、低温、潮湿、雷电、静电等危险的劳动场所，必须采取相应的防护措施。

第二十三条　雇请外单位人员在企业的场地进行施工作业时，主管单位应加强管理，必要时实行工作票制度。对违反作业规定并造成企业财产损失者，需索赔并严加处理。

第二十四条 雇请的施工人员需进入机楼、机房施工作业时，需到保卫部办理出入许可证；需明火作业者还需填写企业临时动火作业申请表，办理相关手续。

**电信线路**

第二十五条 电信线路的设计、施工和维护，应符合邮电部安全技术规定。凡从事电信线路施工和维护等的工作人员，均要严格执行《电信线路安全技术操作细节描述》。

第二十六条 电信线路施工单位必须按照安全施工程序组织施工。对架空线路、天线、地下及平底电缆、地下管道等电信施工工程及施工环境都必须相应采取安全防护措施。施工工具和仪表要合格、灵敏、安全、可靠。高空作业工具和防护用品，必须由专业生产厂家和管理部门提供，并经常检查，定期鉴定。

第二十七条 电信线路维护要严防触电、高空坠落和倒杆事故。线路维护前一定要先检查线杆根基牢固状况，并对电路验电确认安全后，方准操作。操作中要严密注意电力线对通信线和操作安全的影响，严格按照操作细节描述作业。不准聘用或留用退休职工担任线路架设工作。

**易燃、易爆物品**

第二十八条 易燃、易爆物品的运输、贮存、使用、废品处理等，必须设有防火、防爆设施，严格执行安全操作守则和定员、定量、定品种的安全规定。

第二十九条 易燃、易爆物品的使用地和贮存点，要严禁烟火，要严格消除可能发生火灾的一切隐患。检查设备需要动用明火时，必须采取妥善的防护措施，并经有关领导批准，在专人监护下进行。

**电 梯**

第三十条 签订电梯订货、安装、维修保养合同时，需遵守市劳动部门规定的有关安全要求。

第三十一条 新购的电梯必须是取得国家有关许可证并在劳动部门备案的单位设计、生产的产品。电梯销售商需设立有（经劳动局备案认可的）维修保养点或正式委托保养点。

第三十二条 电梯的使用必须取得劳动部门颁发的《电梯使用合格证》。

第三十三条　工程部门办理新安装电梯移交时，除应移交有关文件、说明书等资料以外，还需告诉接受单位有关电梯的维修、检测和年审等事宜。

第三十四条　负责管理电梯的单位，要切实加强电梯的管理、使用和维修、保养、年审等工作。发现隐患要立即消除，严禁电梯带隐患运行。

第三十五条　确实需要聘请外单位人员安装、维修、检测电梯时，被雇请的单位必须是劳动部门认可的单位。

第三十六条　电梯管理单位需将电梯的维修、检测、年审和运行情况等资料影印副本报企业安委办备案。

**个人防护用品和职业危害的预防与治疗**

第三十七条　根据工作性质和劳动条例，为职工配备或发放个人防护用品，各单位必须教育职工正确使用防护用品，不懂得防护用品用途和性能的，不准上岗操作。

第三十八条　努力做好防尘、防毒、防辐射、防暑降温工作和防噪声工程，进行经常性的卫生监测。对超过国家卫生标准的有毒有害作业点，应进行技术改造或采取卫生防护措施，不断改善劳动条件，按规定发放保健食品补贴，提高有毒有害作业人员的健康水平。

第三十九条　对从事有毒有害作业的人员，要实行每年一次定期职业体检制度。对确诊为职业病的患者，应立即上报企业人事部，由人事部或企业安委会视情况调整工作岗位，并及时做出治疗或疗养的决定。

第四十条　禁止中小学生和年龄不满 18 岁的青少年从事有毒有害生产劳动。禁止安排女职工在怀孕期、哺乳期从事影响胎儿、婴儿健康的有毒有害作业。

**检查和整改**

第四十一条　坚持定期或不定期的安全生产检查制度。企业安委会组织全企业的检查，每年不少于两次；各生产单位每季检查至少一次；各机楼（房）和生产班组应实行班前班后检查制度；特殊工种和设备应进行每天检查。

第四十二条　发现安全隐患，必须及时整改，如本单位不能进行整改的要立即报告安委办统一安排整改。

第四十三条　凡安全生产整改所需费用，应经安委办审批后，在劳保技措经费项目列支。

**奖励与处罚**

第四十四条　企业的安全生产工作应每年总结一次，在总结的基础上，由企业安全生产委员会办公室组织评选安全生产先进集体和先进个人。

第四十五条 安全生产先进集体的基本条件。

1. 认真贯彻“安全第一，预防为主”的方针，执行上级有关安全生产的法令法规，落实总经理负责制，加强安全生产管理。

2. 安全生产机构健全，人员措施落实，能有效地开展工作。

3. 严格执行各项安全生产规章制度，开展经常性的安全生产教育活动，不断增强职工的安全意识和提高职工的自我保护能力。

4. 加强安全生产检查，及时整改事故隐患和尘毒危害，积极改善劳动条件。

5. 连续三年以上无责任性职工死亡和重伤事故，交通事故也逐年减少，安全生产工作成绩显著。

第四十六条 安全生产先进个人条件。

1. 遵守安全生产各项规章制度，遵守各项操作细节描述，遵守劳动纪律，保障生产安全。

2. 积极学习安全生产知识，不断提高安全意识和自我保护能力。

3. 坚决反对违反安全生产规定的行为，纠正和制止违章作业、违章指挥。

第四十七条 对安全生产有特殊贡献的，给予特别奖励。

第四十八条 发生重大事故或死亡事故（含交通事故），对事故单位（室）给予扣发工资总额的处罚，并追究单位领导人的责任。

第四十九条 凡发生事故，要按有关规定报告。瞒报、虚报、漏报或故意延迟不报的，除责成补报外，对事故单位（室）给予扣发工资总额的处罚，并追究责任者的责任，对触及刑律的，追究其法律责任。

第五十条 对事故责任者视情节轻重给予批评教育、经济处罚、行政处分，触及刑律者依法论处。

第五十一条 对单位扣发工资总额的处罚，最高不超过3%；对职工个人的处罚，最高不超过一年的生产性奖金总额（不含应赔偿款项），可并处行政处分。

第五十二条 由于各种意外（含人为的）因素造成人员伤亡或厂房设备损毁或正常生产、生活受到破坏的情况均为本企业事故，可划分为工伤事故、设备（建筑）损毁事故、交通事故三种（车辆、驾驶员、交通事故等制度由行政部参照本规定另行制定，并组织实施）。

第五十三条　工伤事故，是指职工在生产劳动过程中，发生的人身伤害、急性中毒的事故。包括以下几种情况。

1. 从事本岗位工作或执行领导临时指定或同意的工作任务而造成的负伤或死亡。

2. 在紧急情况下（如抢险、救灾、救人等），从事对企业或社会有益工作造成的疾病、负伤或死亡。

3. 在工作岗位上或经领导批准在其他场所工作时而造成的负伤或死亡。

4. 职业性疾病，以及由此而造成的死亡。

5. 乘坐本单位的机动车辆去开会、听报告、参加行政指派的各种劳动和乘坐本单位指定上下班接送的车辆上下班，所乘坐的车辆发生非本人所应负责的意外事故，造成职工负伤或死亡。

6. 职工虽不在生产或工作岗位上，但由于企业设备、设施或劳动的条件不良而引起的负伤或死亡。

第五十四条　职工因发生事故所受的伤害分为以下三级。

1. 轻伤，指负伤后需要歇工1个工作日以上，低于国际标准105日，但未达到重伤程度的失能伤害。

2. 重伤，指符合劳动部门《关于重伤事故范围的意见》中所列情形之一的伤害；损失工作日总和超过国标标准105日的失能伤害。

3. 死亡。

第五十五条　发生无人员伤亡的生产事故（不合交通事故），按经济损失程度分级。

1. 一般事故：经济损失不足1万元的事故。

2. 大事故：经济损失等于或大于1万元，小于10万元的事故。

3. 重大事故：经济损失等于或大于10万元，小于100万元的事故。

4. 特大事故：经济损失等于或大于100万元的事故。

第五十六条　发生事故的单位必须按照事故处理程序进行事故处理。

1. 事故现场人员应立即抢救伤员，保护现场，如因抢救伤员和防止事故扩大，需要移动现场物件时，必须做出标识，详细记录或拍照和绘制事故现场图。

2. 立即向单位主管部门（领导）报告，事故单位即向企业安委办报告。

3. 开展事故调查，分析事故原因。企业安委办接到事故报告后，应迅速指示有关单位进行调查，轻伤或一般事故在15天内，重伤以上事故或大事故以上在30天内向有关部门报送事故调查报告书。事故调查处理应接受工会组织的监督。

4. 制定整改防范措施。

5. 对事故责任者做出适当的处理。

6. 以事故通报和事故分析会等形式教育职工。

第五十七条　无人员伤亡的交通事故。

1. 机动车辆驾驶员发生事故后，驾驶员和有关人员必须协助交管部门进行事故调查、分析，参加事故处理。事故单位应及时向安委办报告，一般在24小时内报告，大事故或死亡事故应即时报告。事后，需补写事故经过的书面报告。肇事者应在两天内写出书面报告交给单位领导。肇事单位应在7天内将肇事者报告随本单位报告一并送交安委办。

2. 对员工驾车肇事，应根据公安部门裁定的经济损失数额的10%对事故责任者进行处罚，处罚款项原则上由肇事个人到财务部缴纳。处罚的最高款额不超过上年度企业人均生产性奖金总额（基数1.0计）。

3. 凡未经交管部门裁决而私下协商解决赔偿的事故，如果企业的经济损失超过保险企业规定免赔额的，其超出部分由肇事者自负。

4. 擅自挪用车辆办私事而发生事故的，按第2款规定加倍处罚；可视情节给予扣发一年以内的奖金或并处行政处分。

5. 凡因私事经主管领导同意借用公车而发生事故的，参照相关条款处理。

6. 发生事故隐瞒不报（超时限两天属瞒报），每次加扣当事人3个月以内的奖金。

7. 开“带病车”，或将车辆交给无证人员或未经行政部门批准驾驶企业车辆的人，每次扣2个月的奖金。

第五十八条　事故原因查清后，各有关方面对于事故的分析和事故责任者的处理不能取得一致意见时，劳资部门有权提出结论性意见，交由单位及主管部门处理。

第五十九条　在调查处理事故中，对玩忽职守、滥用职权、徇私舞弊者，应追究其行政责任，触及刑律的，追究刑事责任。

第六十条　各级单位领导或有关干部、职工在其职责范围内，不履行或不正确履行自己应尽的职责，有如下行为之一并造成事故的，按玩忽职守论处。

1. 不执行有关规章制度、条例、细节描述的或自行其是的。

2. 对可能造成重大伤亡的险情和隐患，不采取措施或措施采取不力的。

3. 不接受主管部门的管理和监督，不听合理意见，主观武断，不顾他人安危，强令他人违章作业的。

4. 对安全生产工作漫不经心，马虎草率，麻痹大意的。

5. 对安全生产不检查、不督促、不指导，放任自流的。

6. 延误装、修安全防护设备或不装、修安全防护设备的。

7. 违反操作细节描述，冒险作业、擅离岗位或对作业漫不经心的。

8. 擅动有“危险禁动”标识的设备、机器、开关、电闸等的。

9. 不服指挥和劝告，进行违章作业的。

10. 施工组织或单项作业组织有严重错误的。

第六十一条　各单位可根据本规定制定具体的实施措施。

第六十二条　本规定由企业安委办负责解释。

第六十三条　本规定自发文之日起执行。企业以前制定的有关制度、规定等如与本规定有抵触的，按本规定执行。

# 3.34 文明生产暂行规定描述

## 文明生产暂行规定

第一条　为了完成经营目标，提高产品质量，严肃厂规厂纪，增强职工文明意识，确保安全文明生产，对安全文明生产特制定如下规定。

第二条　迟到或早退一次罚款2元，每月迟到3次以上，扣除当月奖金的50%。

第三条　工作时间乱串岗位罚款2元，发现3次以上者，责令写检查。

第四条　上班不允许穿拖鞋、短裤（内裤）、赤背或衣帽不整，违者每次罚款2元。

第五条　在车间与班长、车间主任争吵，相互打骂、吵闹者一次罚款10元，相应责任人要写检查。态度不好或一月内累计3次者予以解雇。

第六条　酒后上班闹事和影响工作者，每次罚款20元并写检查。态度不好或一个月累计2次者予以解雇。

第七条 生产楼（除办公室外）内严禁吸烟，违者每次罚款10元。造成危害者，追究其经济、行政及刑事责任。

第八条 严禁带兜进车间，班中禁止做私活，违者每次罚款10元。

第九条 偷盗公物或他人财物者，按实物价值的10倍罚款，扣发工资，严重者予以解雇。

第十条 完不成当日生产任务的班组不能下班，直到完成。晚上加班者按小时计算夜班费，完不成任务强走者每次罚款10元。

第十一条 严禁带小孩和外人进入车间，违者对当事人罚款5元。

第十二条 生产中不得聊天说笑、看书看报，不准会客、打电话、吃零食、睡觉，不得擅自离开生产岗位，不得在产品上坐、躺、踩、踏，违者每次罚款5元。

第十三条 上班必须穿戴和使用劳动保护用品，佩戴工号牌，违法乱纪者每次罚款5元，涂改、遗失工号牌罚款2元。

第十四条 严禁跨越或坐踏任何机械部位，严禁随意拆除、挪动设备，严禁擅自拆装一切电器设施和变压器、控制柜、开关箱，新安装的各种设备未经测试、试转，不得擅自开动。违者每次罚款10元。

第十五条 严禁擅自动用各类消防器材，或在消防设施附近堆放其他物品，违者每次罚款10元。

第十六条 不得在生产区内随意使用临时电线，如果亟须使用，需经主管人员批准，并由电工接电，用后应及时按期限拆除。违者每次罚款10元。

第十七条 各车间卫生由各车间负责打扫，设备、桌凳及半成品要摆放整齐。打扫不干净，每次对车间罚款20元，对清洁工罚款5元。

第十八条 操作机器要切实做到人离机关，停止使用时要及时切断电源，违者每次罚款2元。

第十九条 中午、下午和夜班下班，各车间负责人负责关好门窗，锁好车间大门，关闭总电源。违者每次对车间主任罚款50元。

第二十条 以上规定自发布之日起执行。

# 3.35 机具安全使用制度描述

## 机具安全使用制度

**电器安全使用**

第一条　电器使用要符合用电安全细节描述，保持各种用电设施完好安全。

第二条　一切电机、电水泵、喷枪、电剪等，使用前必须注意机器功率与电源是否相匹配，严防超负荷用电。

第三条　活动电源拖线，必须注意线板、插座、拖线是否完好，线芯是否裸露，使用过程要留意拖线发热升温的现象。

第四条　使用活动拖线电源要注意拖线勿被剪草刀、行人、汽车等弄断，造成短路。

**汽油机安全使用**

第五条　汽油机使用前，必须注意油管、油箱、油路是否完好，无漏油现象。

第六条　汽油机长期存放，需清除油箱内的汽油，使用时应将汽油机推运到现场方可加油。

第七条　汽油暂时存放，应置于铁罐中，严禁用胶罐装油。汽油机不准室内作业，运输途中应停机运送，不准走职工通道，应绕道走专用通道。

**液压叉车及三角起重架安全使用**

第八条　使用时需检查行走部分是否灵活，钢叉、链条、轮胎等受力部分是否有伤痕，是否牢固。

第九条　检查液压提升部分是否有效，油门开关是否灵敏，液压缸是否漏油。

第十条　提升重物时，确认重物下没有人方可操作，特别是重物放下时，操作者必须得到指挥（或协助者）的口令，方可放下重物，动作要慢，切不可掉以轻心。

第十一条　使用三脚架时，必须注意固定好三只脚位，并用绳连成一平面三角，提升重物时，重物必须在三只脚的三角形内，防止翻架。

**机械工具安全使用**

第十二条　使用机械工具前必须先检点有无异状，无异状时方可使用。

第十三条 初次用的机械或新装置使用的机械类，必须得到所属主管的准许，并听取说明后方可操作。

第十四条 原动机或动力传动装置，开始发动时应先用口号（呼声）或适当的方法联络同事，确认周围状态安全再操作。

第十五条 机械清扫、注油时，应在转动停止后再行操作，但得到特别准许时例外。

第十六条 如无必要避免机械的空运转。

第十七条 计器类要经常做正确的保养，尤其是密闭加压机械更要严加留意。

第十八条 对于压力计、温度计及其他计器类要小心操作，并在其规定的示度范围内使用。

第十九条 玻璃器具材料等的装卸、切断或其他使用均需留心，慎防破损，除某些经特别允许的作业外，一定要戴手套工作。

## 3.36 产销会议管理制度描述

### 产销会议管理制度

第一条 目的。

确保生产与销售密切的配合，使产品的质量、产能等不断地提高，以最低的成本，获得最大的经济效益。

第二条 适用范围。

本公司有关生产与销售各部门。

第三条 作业细则。

1. 召集单位：生产管理企划单位。

2. 参加单位：

（1）业务部。

（2）财务部。

（3）采购科。

（4）工厂：质量管理、生产管理、技术、维护、现场各制造科、物料管理、人事等。

（5）其他各科组，有关人员。

3. 会议周期：每半月一次，若特殊情况则不在此限，可召开临时会议。

4. 准备资料内容：

（1）业务部：新接订单情况，客户抱怨情况，出货状况及订单变更状况。

（2）财务部：预算与实际的差异，需要与各单位配合的事项。

（3）采购科：采购的情况及物价波动、厂商等现状。

（4）工厂：

①质量管理：制造、外协、成品等质量管理资料及质量管理检查的实际情况。

②生产管理：实际产量与计划产量的差异情况，超前或落后原因分析及产能分析等资料。

③技术：新产品开发设计情况，操作方法的改进意见。

④维护：设备运转状况及维护保养的情况。

⑤现场各制造科：生产所遇到的困难、问题及操作方法改进意见。

⑥物料管理：成品库存情况及物料管理情况。

⑦人事：现有人员人数，出勤率。

（5）其他各科组有关人员：提出实际所发生的问题及改善的意见。

（6）各单位对目前所发生的问题、困难所采取的应急措施。

（7）各产品于完成出货手续后要结算，反映各项成本及生产时所发生的种种情况与问题。

（8）各项资料尽量以图表的方式表示。

5. 报告及讨论内容：

（1）各单位依其准备资料提出报告。

（2）生产进度超前、落后及各单位所发生的问题、困难等原因分析。

（3）应急措施的决定，加班、调整生产线、延期交货、外协等。

（4）应急措施的执行与检查及防止再次发生的措施。

（5）质量合格率的检查。

（6）为达成目标，各单位应协助的项目。

（7）确定及协调新接订单的生产排程。

（8）客户抱怨的情况及改善措施。

（9）作业流程及操作方法、技术等改善意见的研讨。

（10）生产计划的变更等。

6. 产销控制异常处理流程。

7 产销会议所有报告及讨论、决议事项要作会议记录并贯彻执行，并于下次会议时报告执行成果。

第四条 结论。

参加产销会议的各单位人员，要确实反映现状，全体同仁齐心协力，共同解决问题，并制定事故防范措施，使本公司发展日益进步。

第五条 本规定如有未尽事宜，应随时修改。

第六条 本规定经核准后实施，修正时亦同。

# 3.37 生产科业务管理制度描述

## 生产科业务管理制度

第一条 本公司为了加强生产管理，有效地运用物料、人力、设备（机器、工具），并使之在时间上、数量上、空间上能适当地配合，以便提高生产效率、质量并降低成本，获得最大的经济效益，特制定此规定。

第二条 业务部于下年度开始前三个月，提出年度销售计划，生产科依据年度销售计划，制订出年度生产计划，并针对主副料需要、人力、设备负荷等拟订计划。

第三条 依据年生产计划、业务部开出的制造通知单以及现有库存量（成品、半成品）拟订月生产计划。

第四条 生产管理单位于接到业务部开出的制造通知单时应：

1. 安排生产进度预定表。

2. 计算所需的主副料（何时再需要），在购备时间之前，通知存量管理单位安排原料。

3. 将外协加工计划通知给外协管理单位，以便先寻求适当的外协厂商。

第五条 生产管理单位，依据月生产计划、制造通知单、制造变更通知单、实际的生产进度以及现有人力、设备资料于每旬定期分配安排次日起10天内的生产进度表。

第六条　依预定和实际的生产进度，发出工作命令（发出前要确知物料情况）和发料单。

1. 工作命令一联给现场制造各科组（同时要附工作程序图、操作标准、检查标准等），一联通知质量管理单位。

2. 发料单，一联给现场制造各科组，一联通知库管单位备料。

3. 要在开工3天之前发出工作命令和发料单，但特殊情况不在此限。

第七条　由现场制造各科组每日报来日报表，了解实际的生产进度，且要实地追查、督促。

第八条　现场制造各科组，无法按照进度如期完成或有任何困难时（机器、模具损坏、停电等），应尽快将原因通知生产管理单位，予以调整工作。

第九条　当制造完工后，将工作命令详细填写在有关栏目处，送回生产管理单位销令。

第十条　于每批产品（订单）完工后，要将有关资料，如生产日报表、工作命令、发料单、外协加工等资料汇总，并对实际生产所发生的问题进行研讨，提出改善措施，防止再次发生。还需汇总成本分析、产能资料等，所有资料要建档备查，以利作业的进行。

第十一条　生产管理单位要经常地与业务部、存量管理单位、外协管理单位、质量管理单位、技术单位以及现场制造各科组保持密切的联系，确实了解实际情况与预定进度是否超前或落后，并要能弹性地应变。

第十二条　外协管理，在管理外协加工以及外协制造的半成品或零件时，应适时适量地配合生产进度。

第十三条　外协管理单位负责外协加工、外协制造的作业。选择外协厂商应依据下列资料：

1. 生产管理单位发出的外协计划（工程详细内容、质量要求、时限、数量）或外协申请单。

2. 协作厂商及厂商资料调查表。

3. 是否由本公司供料，供料报废率的决定。

4. 预估价格及付款条件。

第十四条　选择好适当的外协厂商，要督促、确实了解厂商的进度以及质量。

第十五条　若外协厂商为第一次承制此项外协，则必须要求其先试制，取回样品，判定是否符合要求，判定合格后，才能通知其正式承制或加工。

第十六条　确实管理本公司供料数量及承制或加工后送回本公司的半成品或零件、下脚料．废料等的详细数量及重量。

第十七条　对外协厂商交来货品的质量、交货期、价格以及内部的管理状况要做审核。

第十八条　若有模具（设备）存放于外协厂商之处，要确实管理，检查其对模具（设备）使用保养的情况。

第十九条　本公司于外协验收、生产装配或再加工时，对外协质量的抱怨以及对外协厂商的审核结果，除要存档外，应转告外协厂商。

第二十条　外协除口头方式信用约定，最好要能订立合同或简明的外协书面式的约定（内容包括工程详细内容，是否由本公司供料，以及品名、规格、数量、质量要求、验收检验标准、罚则、付款条件、奖励条款等资料）。

第二十一条　对于考核成绩好的优良外协厂商，建议公司给予其较优惠的条件及分配较多的工作。

第二十二条　配合质量管理单位，做好外协质量管理稽核工作，管理外协厂商承制货品的质量，并协助辅导厂商作好质量管理工作。

第二十三条　安排外协业务，必须要有弹性应变的能力，并要经常地与生产管理单位和外协厂商密切联系，确实了解实际情况与预定进度是否超前或落后，有困难要立即解决，并防止再发。

第二十四条　外协完工后要做成本分析（工时、数量、质量、价格、交货期等），判定外协是否有利及判定此外协厂商的能力。

第二十五条　所有的资料必须建档备查，以利作业。

第二十六条　有关外协之未详尽事宜详见外协管理规定。

第二十七条　本规定呈阅核准后实施，修改时亦同。

# 3.38 安全生产责任制描述

## 安全生产责任制

**目　的**

第一条　为落实《中华人民共和国消防法》及国家相关的法律法规。提高公司员工的安全消防意识，并明确各级安全消防责任人职责，本制度规定了各岗位的防火安全责任。

**范　围**

第二条　本制度适用于公司各岗位生产过程及其活动。

**管理规定**

第三条　安全防火工作实行“谁主管、谁负责”的原则，各部门各岗位各司其职、各负其责，将职责范围内的安全防火工作搞好。

第四条　厂长是公司的安全消防责任人，全面领导公司的安全消防工作。

第五条　部门主管安全消防责任。

1. 领导本部门的消防工作，认真执行公司有关消防规定，贯彻实施防火安全措施。

2. 负责所辖区域及员工的安全消防宣传教育及消防设施的管理等工作。

3. 定期或不定期地组织部门防火安全检查，消除火险隐患。

4. 在所辖区域内发现违反安全消防规定或其他不安全行为，应立即制止。

5. 协助追查火灾事故原因，提出处理意见。

第六条　安全消防责任人安全消防责任。

1. 贯彻执行安全消防法规，保障单位安全消防符合规定，掌握本单位的消防安全情况。

2. 为本单位的安全消防提供必要的经费和组织计划。

3. 将安全消防工作与本单位的生产、经营，管理等活动统筹安排，批准实施年度消防工作计划。

4. 组织安全防火检查，督促落实安全火险隐患整改，及时处理安全消防的重大问题。

5. 按规定建立义务消防队。

6. 组织制定符合本单位实际的灭火和应急疏散预案，并实施演练。

第七条 公司安全主任安全消防职责

1. 拟订年度消防工作计划，组织实施日常的安全消防管理工作。

2. 组织制定安全消防制度并检查督促其落实。

3. 组织实施安全消防检查和安全火灾隐患整改工作。

4. 组织实施对本单位消防设施、灭火器材和安全消防标志的维护保养，确保其完好有效，确保疏散通道和安全出口畅通。

5. 在员工中组织开展消防知识、技能的宣传教育和培训，组织灭火和应急疏散预案的实施和演练。

第八条 各班组安全消防责任

1. 负责本班组本岗位的消防工作。

2. 熟识本岗位的安全消防工作，并向本岗位员工讲解具体安全消防注意事项。

3. 及时消除岗位安全消防隐患。

4. 会报火警和使用消防灭火器材扑救初起火灾。

5. 班前班后、节前节后要对本岗位进行安全消防检查。

第九条 各岗位员工消防安全责任

1. 清楚本岗位的安全消防注意事项，对自己的行为负责。

2. 发现安全消防隐患立即报告。

3. 会报火警和使用消防灭火器材扑救初起火灾。

# 3.39 安全消防管理制度描述

## 安全消防管理制度

**目 的**

第一条 消除火灾隐患，防止火灾的发生，避免因火灾造成的人员、财产、环境的影响。

**适用范围**

第二条 适用于本公司范围内的各项消防安全方面的管理工作。

**职　责**

第三条　厂长总体负责消防安全的各事项及人力、物力、财力资源的配备，职责权限的分工及监督执行情况。

第四条　安全环保办负责对厂区内消防安全工作的执行情况进行监督检查。

第五条　各级部门负责部门范围内的消防安全工作。

第六条　安全环保办负责消防设施的管理、维护。

第七条　安全值勤小组负责在全厂范围内进行日常消防安全巡查。

**工作程序**

第八条　安全环保办协助行政部对新进员工、在职员工进行安全方面培训。

第九条　安全环保办对消防设施的保养、维护管理按《安全设施管理制度描述》中的规定进行。

第十条　各部门在日常工作中应加强消防安全管理，提高安全防火意识，通过检查及时发现、消除隐患。

第十一条　安全值勤小组进行日常消防安全巡查，并做好记录。

第十二条　在公司内施工动火时，具体操作应按照《动火安全管理制度描述》中规定执行。

第十三条　在禁火区施工应按《禁火区安全管理制度描述》中具体规定执行。

第十四条　外来人员及进厂车辆的消防安全管理详见《外来人员及车辆管理办法》。

# 3.40 安全生产档案管理制度描述

## 安全生产档案管理制度

第一条　为加强公司安全生产档案管理工作，有效地保护和利用安全生产档案，特制定本制度。

第二条　本制度所称的安全生产档案是指过去和现在的公司各级部门及员工从事安全生产工作中所直接形成的对企业有保存价值的各种文字、图表、账册、凭证、报表、技术资料、电脑盘片、声像、胶卷、荣誉实物、证件等不同形式的历史记录。

第三条　公司各部门、员工都有保护安全生产档案的义务。

第四条　安全生产档案工作由公司总经理统一领导，办公室负责接收、收集、整理、立卷、保管，并监督各部门、各分公司的安全生产档案管理工作。

第五条　办公室应逐步完善安全生产档案管理制度描述，确保档案安全和方便利用，采用科学手段，逐步实现档案管理现代化。

第六条　整理办法。

1. 方法：以问题特征为主，立小卷，一事一卷。

2. 步骤：

（1）收集文书档案：当年立前一年的卷，并预立当年的卷。企业科技档案类：立竣工工程卷，未竣工工程资料整理成册。

（2）整理：根据分类和成立时间整理。

（3）立卷：区分不同价值确定保管期限分永久、长期、短期。

第七条　过程管理。

1. 属于公司保管的安全生产档案：公司各部门的资料员做好平时文件的预立卷工作，并在事件结束后或在每季第一个月的10日前将上季需归档的预立卷的文件整理成册移交办公室保管，任何人不得据为己有。

2. 属于部门保管的安全生产档案：在每季第一个月10日前汇编成册上报办公室，各分级保管者在每年的2月10日前将安全生产档案总目录、预立卷材料的目录交办公室。

第八条　监督。办公室根据各部门和各部门上报的安全生产档案总目录、预立卷材料的目录，进行定期或不定期的检查，来监督各部门及各部门安全生产档案的管理工作。

第九条　销毁。须报总经理批准，销毁时应有两人以上负责监销，并在清单上签字。

第十条　公司安全生产档案的分类及编号。指定资料员经办公室培训后，按有关分类及编号要求操作。

第十一条　在业务中对外签署的各种涉及安全生产的经济合同按《合同管理规定》处理。

第十二条　借阅。因公司需要借阅安全生产文档的，应填好档案查阅单，员工不得将安全生产档案随意外带，确因工作需要外带，需办理档案外借手续，经办公室核准后，方可带出，用毕即归还。阅档人对所借阅档案必须妥善保管，不得私自复制、调换、涂改、污损、画线等，更不能随意乱放，以免遗失。

第十三条　公司所有有价值的安全生产档案如文件、报表、考核记录等必须备份。

第十四条　各部门应尽量采用电脑管理和工作，便于档案资料的数字化处理和保存。

第十五条　对存入电脑的有关安全生产的资料、档案，按《计算机管理办法》管理。备份盘与源盘应分开存放。

第十六条　有下列行为之一，据情节轻重，给予50～500元扣薪处理，若构成犯罪依法追究刑事责任：

1. 毁损、丢失或擅自销毁安全生产档案。

2. 擅自向外界提供、抄摘安全生产档案。

3. 涂改、伪造安全生产档案。

4. 未及时上报归档或管理不善的档案管理者。

5. 未按手续就借阅、外带者或越级查阅者（档案管理者同罚）。

第十七条　本制度适用于公司各部门、各员工。

第十八条　本制度监督责任部门为公司办公室，第一责任人为公司办公室档案管理人；第二责任人为各单位各部门指定的资料员。

# 3.41 安全生产教育培训制度描述

## 安全生产教育培训制度

第一条　为使广大员工不断提高对安全生产重大意义的认识，增强遵守规章制度和劳动纪律的自觉性，避免事故的发生，确保各项建设工程顺利进行，必须对员工普遍、深入、经常地进行安全生产思想、安全技术知识、规章制度和操作技术的教育，特制定本制度。

**三级教育**

第二条　新进员工必须经过从公司级到项目级到班组级的安全生产教育或培训。

第三条　新进员工必须接受的一级安全教育（公司级）内容有建筑业的安全生产

方针、政策、规定；本公司生产特点；各项安全生产操作细节描述；安全生产正反两方面的经验教训；公司安全通则和消防、急救常识等。

第四条 经一级教育安全知识考试合格者，由项目部进行二级教育（项目级）。内容有本工程项目特点、设备特点、事故预防方法；安全技术细节描述、制度及安全注意事项等。

第五条 经二级安全生产知识考试合格后，分配到班组进行三级教育（班组级）。内容有岗位生产特点及安全装置；工器具与个人防护用品及使用方法；本岗位发生过的事故及其教训等。

第六条 经三级安全生产教育考试合格后，方可上岗操作。

**特殊教育**

第七条 从事电工、压力容器、起重、电气焊、高空作业、爆破、机动车辆等特殊工种工人，应参加专业强化训练班，进行专业安全技术知识的强化学习。

**日常教育**

第八条 公司各级领导平时要自觉学习贯彻安全生产规章制度，坚持“五同时”，特别要加强对工人进行经常性教育，教育员工遵章守纪，履行安全职责。

第九条 各班组要根据工作性质、任务缓急、生产特点、气候变化，由班组长或班组安全员，进行班前安全讲话、班中安全喊话、班后安全讲评，抓好典型，加强经验交流，组织技术表演等。

第十条 各项目部要坚持至少双周一次安全活动，做到有计划、有目的、有要求、有步骤，要不断提高质量，防止流于形式。内容有：

1. 传达贯彻上级指示、通报及有关安全生产文件。
2. 检查有关安全生产规章制度的贯彻执行情况。
3. 分析研究事故发生情况，接受教育，提出防范措施。
4. 对员工进行有关安全技术、职业卫生知识的教育。
5. 交流推广先进的安全操作经验，进行技术表演。
6. 开展反事故斗争，进行事故演习。
7. 参观安全生产展览，开展安全生产竞赛。
8. 发动全员，讨论提出解决安全缺陷的合理化建议。
9. 总结安全生产规律，表扬好人好事，批评各种错误倾向。

安全考试：

第十一条　员工每年度进行安全技术教育1～2次，考核形式多样，考核成绩必须记录存档。

第十二条　凡考试不合格要进行补考，补考不合格，要离职进行专门安全生产学习，再进行补考，仍不合格者要根据情况调换工种及岗位。

第十三条　安全考试成绩要作为员工晋级评奖和选拔干部的标准之一。

# 3.42 安全生产检查制度描述

## 安全生产检查制度

第一条　为了及时了解和掌握安全生产情况，及时发现事故隐患，消除不安全因素，防患未然，特制订本制度。

第二条　安全生产检查的内容。

1. 查思想：查对安全生产的认识是否正确；查安全生产的责任心是否强；查对忽视安全生产的思想和行为是否敢于斗争。

2. 查制度：查安全生产制度的建立和健全情况，是否有无违章作业情况；查安全生产制度的执行情况，有没有违章冒险作业现象。

3. 查纪律：查岗位上劳动纪律的执行情况，有没有擅离岗位、做与生产无关的事。

4. 查领导：领导是否把安全生产摆到议事日程；对安全生产成绩显著的员工是否做到及时表扬和奖励；对忽视安全生产造成事故的责任者是否进行严肃处理；生产与安全是否做到了“五同时”。

5. 查隐患：是否做到了文明、安全生产；每台设备是否都有安全装置；在建工程有无不安全因素；平台、栏杆是否安全可靠。

第三条　安全生产检查的形式。

1. 综合性安全生产大检查。

（1）公司安全生产大检查：每年不少于四次，由主管安全生产的公司领导负责，召集以安全科为主的有关部门参加，组成检查组，对所有项目工程进行检查。检查和整改情况由安全科汇总上报。

（2）项目级安全生产检查：每月一次。由项目经理负责，召集有关人员组成检查组进行检查，检查和整改情况，由安全员汇总上报。

2. 专业性安全生产检查。

（1）专业性安全生产检查，由各主管部门负责，召集有关项目部参加，定期进行。并将检查和整改情况上报和抄送公司安全科。

（2）专业性安全生产检查的每一个项目，必须作好详细登记，每次检查都必须对前期检查登记的问题做出准确性的鉴定。

3. 季节性安全生产检查。

对防暑降温、防雨防洪、防雷、防电、防寒、防冻等季节性安全生产检查，由主管部门负责，组织有关单位进行，发动群众做好预防工作，并将检查和整改情况上报和抄送安全科。

4. 经常性的安全生产检查。

（1）每一个员工都必须坚持执行作业前后的安全检查制。

（2）每一个班组都必须坚持执行班前班后安全检查制。

（3）各级管理人员和专职安全员都必须结合自己的工作业务，深入生产工作现场进行安全生产检查。

（4）安全生产大检查要坚持普遍检查与专业检查相结合；经常性检查与临时性检查相结合；检查与整改相结合。

5. 对查出的不安全因素，一定要做到“三定”“二不交”，即定项目、定时间、定具体完成项目的人；“二不交”：班组能整改的不交到项目部，项目部能整改的不交到公司。

6. 安全生产检查制度还应结合安全生产奖惩制度和员工考核制度。检查结果应作为奖罚或晋级评优的标准之一。

# 3.43 安全生产奖惩制度描述

## 安全生产奖惩制度

第一条　为了加强安全生产，认真贯彻“安全生产，预防为主”方针，特制定本条例。

**学　习**

第二条　现场技术人员和班组长应按月进行安全技术交底，及时组织学习操作细节描述和有关法律等，并上报存档。否则处以现场技术员或责任班组负责人100～500元罚款。

第三条　班组长每天要做两次班前安全操作交代，否则处以班组负责人50～200元罚款。

**违规操作**

第四条　技术人员违规指导造成事故的，则该技术人员应承担10%～20%的经济责任。

第五条　作业人员在作业前不戴安全帽、系安全带及安全绳等个人防护用品，罚款50～100元。若造成事故的，其需承担20%～30%的经济责任。

第六条　现场指挥人员违规指挥造成事故的，应承担20%～50%的经济责任。

第七条　作业人员不听从指令而违规作业者，处以50～100元罚款。

第八条　擅自违规操作造成事故的，当事人应承担50%～100%的经济责任。

第九条　非上班时间违规操作发生事故的，损失一律由当事人自己承担，并处以50～200元罚款，情节严重者要予以开除。

**高处落物**

第十条　高处落物未造成事故，但影响较大的，要处以责任人50～300元罚款。

第十一条　高处落物造成事故的，责任人和责任班组要承担10～60%的经济责任。

第十二条　高处落物造成事故的，责任班组若找不出责任人，由责任班组承担50%的经济责任。

**环　境**

第十三条　施工现场必须进行每天一次的场地清理，保持场地干净整洁，并将物料合理堆放，否则处以现场技术人员和班组长10～100元罚款。

第十四条　造成严重的环境污染或材料浪费的，处以现场技术人员和班组责任人100～500元罚款。

**检　查**

第十五条　自检。

1. 在施工前班组长必须进行班前检查，看员工人身防护用品是否穿、戴、系好，作业场地是否存在隐患，并要及时进行处理，在未处理好之前不能进行施工。否则对班组负责人处以 50 ~ 200 元罚款。

2. 建立岗位管理责任制（要责任到人）和设备维护管理制度描述，以及相应资料的报、存和落实等工作。否则对相关责任人处以 50 ~ 200 元罚款。

3. 产品在使用前先进行品检，确认合格后方能使用，否则处以班组长100 ~ 200元罚款，若造成事故的按相关规定处理。

4. 发现安全隐患要及时整改，否则处现场技术人员和责任班组100 ~ 500元罚款。

第十六条　认真积极开展、贯彻、落实上级部门“安全检查”活动，按照要求进行部署、计划、安排、检查整改、落实，否则处以现场技术人员和责任班组 100 ~ 500 元罚款。

第十七条　保护、保持各种标志牌、警示牌及标识牌的完好，整洁。合理设立警示牌、警示区等，否则处以现场技术人员和班组长 50 ~ 300 元罚款，如因此导致有关事故发生的，责任技术员和责任班组承担 50% 以下的经济责任。

**责任认定**

第十八条　本公司各现场所发生的一切事故都将进行责任认定，认定后承担相应的责任（责任分 4 种：直接责任、主要责任、重要责任和领导责任）。

1. 认定负直接责任的，责任人或责任班组承担 50% ~ 80% 的经济责任。

2. 认定负主要责任的，责任人或责任班组承担 20% ~ 50% 的经济责任。

3. 认定负重要责任的，责任人或责任班组承担 5% ~ 20% 的经济责任。

4. 认定负领导责任的，相关责任人承担 20% 以下的经济责任。

5. 认定有两种或两种以上责任的，相关责任方按相关比例分担经济责任。

6. 未及时准确上报事故信息的，处以相关负责人 100 ~ 500 元罚款。

**文明施工**

第十九条　在工作中随意对他人采取不文明行为、动作、语言等，且屡教不改的，罚款当事人 50 ~ 200 元。

第二十条　随意动手打人的，罚款 100 ~ 300 元，情节严重的并予以开除。

第二十一条　对上级领导不礼貌的罚款 50 ~ 200 元。

第二十二条　在公共场所穿戴不整洁，或有不道德行为的罚款 50 ~ 100 元。

**奖　励**

第二十三条　在工作岗位带头遵守安全生产规章制度并有突出表现的个人奖励 100 ~ 200元。

第二十四条　单个项目中，在工程进度、质量、安全生产的工作成绩显著的班组奖励200～500元。

第二十五条　在季度或年度以及单个项目的安全生产考评中，对成绩突出的相关安全技术人员和班组奖励200～1000元。

# 3.45 职业危害防治制度描述

## 职业危害防治制度

**目　的**

第一条　根据《中华人民共和国职业病防治法》，为了预防、控制和消除职业病危害，防治职业病，保护劳动者健康及其相关权益，促进企业的经济发展，实现公司所确定的职业健康安全目标，特制定本制度。

1. 职业病，是指企业的劳动者在职业活动中，因接触粉尘、放射性物质和其他有毒、有害物质等因素而引起的疾病。

2. 职业病危害，是指对从事职业活动的劳动者可能导致职业病的各种危害，职业病危害因素包括：职业活动中存在的各种有害化学、物理、生物因素以及在过程中产生的其他职业有害因素。

**适用范围**

第二条　公司所属各单位和个人在从事接触粉尘、电气焊、建筑防水、防腐保温、油漆作业等有毒有害作业时均应执行本办法。

**防治方针**

第三条　职业病的防治工作要坚持预防为主、防治结合的方针。各施工项目单位应当为劳动者创造符合国家职业卫生标准和卫生要求的工作环境和条件，并采取措施保障劳动者获得职业卫生保护。

**职业病危害种类**

第四条　根据企业经营和施工现场的具体情况确定本单位的职业危害为六大类：

1. 生产性粉尘的危害：在建筑行业施工中，材料的搬运使用、石材的加工。建筑物的拆除，均可产生大量的矿物性粉尘，长期吸入这样的粉尘可发生硅肺病。

2. 缺氧和一氧化碳的危害：在建筑物地下室施工时由于作业空间相对密闭、狭窄、通风不畅，特别是在这种作业环境内使用内燃机和燃烧器，耗氧量极大，又因缺氧导致燃烧不充分，产生大量一氧化碳，从而造成施工人员缺氧窒息和一氧化碳中毒。

3. 有机溶剂的危害：建筑施工过程中常接触到多种有机溶剂，如防水施工中常常接触到苯、甲苯、二甲苯、苯乙烯，喷漆作业常常接触到苯、苯系物，还可接触到醋酸乙酯、氨类、甲苯二氰酸等，这些有机溶剂的沸点低、极易挥发，在使用过程中挥发到空气中的浓度可以达到很高，极易发生急性中毒和中毒死亡事故。

4. 焊接作业产生的金属烟雾危害；在焊接作业时可产生多种有害烟雾物质，如电气焊时使用锰焊条，除可以产生锰尘外，还可以产生锰烟、氟化物，臭氧及一氧化碳，长期吸入可导致电气工人尘肺及慢性中毒。

5. 生产性噪声和局部震动危害：建筑行业施工中使用的机械工具如钻孔机、电锯、振捣器及一些动力机械都可以产生较强的噪声和局部的震动，长期接触噪声可损害职工的听力，严重时可造成噪声性耳聋，长期接触震动能损害手的功能，严重时可导致局部震动病。

6. 高温作业危害；长期的高温作业可引起人体水电解质紊乱，损害中枢神经系统，可造成人体虚脱，昏迷甚至休克，易造成意外事故。

**防护措施**

第五条　作业场所防护措施：

1. 各单位应根据本单位的具体情况识别、确定本单位的职业病危害种类，制定相应的防治措施。

2. 在确定的职业危害作业场所的醒目位置，设置职业病危害告知警示标志。

3. 施工现场在进行石材切割加工、建筑物拆除等有大量粉尘作业时，应配备行之有效的降尘设施和设备，对施工地点和施工机械进行降尘。

4. 在地下室等封闭的作业场所进行防水作业时，要采取强制性通风措施，配备行之有效的通风设备进行通风，并派专人进行巡视。

5. 对从事高危职业危害作业的人员，工作时间应严格加以控制，并有针对性的急救措施。

第六条　个人防护措施：

1. 加强对施工作业人员的职业病危害教育，提高对职业病危害的认识，了解其危害，掌握职业病防治的方法。

2. 接触粉尘作业的施工作业人员，在施工中应尽量降低粉尘的浓度，在施工中采取不断喷水的措施降低扬尘，并正确佩戴防尘口罩。

3. 从事防水作业，喷漆作业的施工人员应严格按照操作细节描述进行施工，施工前要检查作业场所的通风是否畅通，通风设施是否运转正常，作业人员在施工作业中要正确佩戴防毒口罩。

4. 电气焊作业操作人员在施工中应注意施工作业环境的通风或设置局部排烟设备，使作业场所空气中的有害物质浓度控制在国家卫生标准之下，在难以改善通风条件的作业环境中操作时，必须佩戴有效的防毒面具和防毒口罩。

5. 进行噪声较大的施工作业时，施工人员要正确佩戴防护耳罩，并减少噪声作业的时间。

6. 长期从事高温作业的施工人员应减少工作时间，注意休息，保证充足的饮用水，并佩戴好防护用品。

7. 从事职业危害作业的职工应按照职业病防治法的规定定期进行身体健康检查，单位应将检查结果告之本人，并将体检报告存入档案。

## 3.46 劳保用品管理制度描述

### 劳保用品管理制度

**采　购**

第一条　生产所用的所有劳动保护用品，一律由公司采购部门集中统一采购。

第二条　劳动保护用品的采购必须是符合正规的采购渠道，在专门从事劳保用品生产经营的厂家或商家处采购。并办理正规合法的供购手续。

第三条　所采购的劳动保护用品，在采购前必须确认产品质量是否达到合格的标准，采购人员不得采购品质不合格的劳动保护用品。

第四条　严禁有采购人员伙同经销商徇私舞弊、以次充好的现象发生，一经查处，从严处罚，导致严重事故后果的，移交司法部门处理。

**发 放**

第五条 采购回来的劳动保护用品在办好入库手续后，由公司行政部门根据实际生产情况依以下四款按需发放。

第六条 劳保用品的发放严格遵守《员工防护用品发放标准》。

第七条 由公司制定统一的各不同工种人员的劳保用品发放办法，任何人不准随意更改。

第八条 发放的所有劳保用品应登记发放日期，经领人必须签字。

第九条 对部分易消耗磨损的劳动保护用品，应该采用定期发放的办法。

**使 用**

第十条 个人劳动保护用品由使用个人保管。

第十一条 一次性使用的劳动保护用品员工在使用后可以自行报废。

第十二条 公用的劳动保护用品由各施工队和班组集中保管，各施工队和班组对于公用的劳动保护用品要有保管制度和专人保管。

第十三条 进入作业现场，必须按规定穿戴好劳动保护用品，如因未按规定穿戴而造成事故者，后果由个人承担。

第十四条 如故意损坏劳动保护用品者，要按价赔偿或本人自己出钱购买。

第十五条 未经同意，不得使用他人的个人劳动保护用品。

**报 废**

第十六条 公司安全科平时应加强对劳动保护用品使用情况的检查和监督，对超期、失效或不能继续使用的劳保用品，应当予以报废。

第十七条 对报废的劳保用品应做报废登记，并应及时检查该品种的库存情况。对库存不足的，应及时报备相关部门进行采购。

## 3.47 电器设备安全管理制度描述

### 电器设备安全管理制度

**目 的**

第一条 安全有效地使用各种电气设备，使各种电气设备、设施达到安全可靠，减少用电设备的事故隐患。

**适用范围**

第二条　本制度适用于全公司所有的电气设备、设施。

**职　责**

第三条　维修部负责对全厂用电设备、设施的安全运行进行管理。

第四条　安全环保办负责对全厂用电设施的安全运行进行监督。

**内　容**

第五条　配电室的管理

1. 维修部电工负责对低压配电室的低压电柜按时进行检查，检查结果填入电气设备检查记录表。

2. 电工在对检查过程中发现的问题及时上报维修部主管，尽快组织维修。

3. 电工对变低压柜的检修清扫，应每周进行一次检修、清扫，确保电气设施的安全运行。

4. 检修人员在检修时，必须有两人在现场，监督作业。

5. 电工每月检查一次挡鼠板，必要时施放老鼠药。

6. 非维修人员严禁进入配电室、动力房。

7. 电工应对外包高压电房的维修、检查和管理进行监督。

第六条　生产性用电设施的管理。

维修部人员对电气设施及时巡查，排除隐患。

第七条　其他用电设施的管理。

1. 各部门、岗位的空调、风扇及其他用电办公设施要有专人管理，下班前要检查是否断电。

2. 如发现有故障隐患，应立即断电再通知维修人员进行维修，并填写制作维修单。

3. 对维修好的设施，维修人员应向负责人及部门主管交接验收，在制作维修单上签字。

# 3.48 动火安全管理制度描述

## 动火安全管理制度

**目 的**

第一条 确保公司财产及员工的生命安全，建立安全的生产作业环境。

**范 围**

第二条 适用于公司禁火区范围内的动火操作。

**工作程序**

第三条 动火类别。

1. 动火是指因工作需要而进行电焊、气焊或气割等工作。

2. 在生产现场及储库范围内使用电钻、砂轮、电烙铁或使用电热封口机（塑胶）。

3. 明火烧烤物件、弯管或熔融沥青补漏等。

4. 曾用于装载易燃易爆物料的容器或管线，即使已拆除至其他地方维修动火，也因其含残留气体或液体易燃物料而必须按要求排净。

第四条 厂内区域划分。

1. 非生产动火区：食堂、各部门办公室、休息接待室、维修长期工作专用区等。

2. 禁火区。

（1）危险区，溶剂型油漆生产车间、树脂罐区、成品仓库、原料仓库，溶剂地下罐区、车库、喷板室、堆场、化验室等。

（2）一般区域，厂区运输通道、装卸区等。

3. 动火原则。

（1）正在运转的生产装置以及盛有油漆、溶剂等物体的容器、管线与设备，严禁进行动火工作。

（2）可动火可不动火的，坚决以不在禁火区内动火为原则，即能够移去别处维修的则一律应拆除后，运到安全地点进行。

（3）在车间内能够利用螺栓等方法连接的工作，就不要动焊，以减少动火机会。

（4）现场动火，首先考虑必要隔离措施，将动火区围起来，动火部位或设备应与生产系统切断联系，必须进行空气（或氮气）吹净或水洗置换，动火时有专人和消防器材作戒备。

（5）若涉及进入容器内部维修，下水道或密室工作，则必须两个人配合工作，佩戴必要防护用品，禁止单人独自进行。

4. 办理动火手续的规定。

（1）在禁火区内动火必须在动火之前办好动火作业审批表，申报人应填明危险区的地点的详细情况及列出动火部位安全措施，送安全环保办和第一防火责任人审批，再由安全环保办送消防部门审批，等批复后方可进行动火，动火作业审批表需向安全环保办领取。

（2）动火作业审批表由需要动火部门负责填写，在送交审批前应做好各项安全措施，审批人在接到动火作业审批表后，必须亲赴动火现场，检查落实措施或建议补充必要的措施，然后才可签审批表。

（3）动火作业审批表一式两份，一份交执行动火人员，另一份交安全环保办存档。动火所在部门必须指示专人作监护人在现场监护工作，必要时亦可请消防队派员协助。

（4）若动火时，所在区域或工作内容涉及两个部门，则在申请之前应相互沟通，共同研究有关措施并取得一致意见后，方可按规定进行安排。

（5）动火人员应对安全措施逐项核实，妥善后方可工作，否则有权拒绝动火，若遇到下列三种情况之一者，不能动火：①没有办妥动火作业审批表；②安全措施不落实；③没有监护人在现场。

5. 动火注意事项。

（1）进行动火的区域，任何人严禁吸烟及带入其他火种。

（2）安全执勤员的制度照常执行，施工单位必须通知安全执勤员，他们有责任对现场工作进行监督。

（3）有关人员必须克服麻痹大意的思想，认真对待动火工作。

（4）事前组织有关人员学习安全消防知识及向他们介绍所采取安全措施，将对顺利执行任务很有利。

（5）如有违反本制度，违者将受到批评和处分。

6. 动火安全措施。

（1）将动火设备（容器、油罐、管线等）内的溶剂、油漆、树脂或其他油类等可燃物料彻底清理干净，并以空气通风吹扫至少两天，必要时水浸置换。

（2）施工前须检测施工现场可燃气体/氧气浓度，达到要求后方可开始工作。

（3）切断与动火设备相连的其他设备和管道，或者在两者间加装阻燃挡板或石棉布。

（4）动火区附近的下水道、井口、地沟、管沟或电缆沟等应注意清除其中积存之可燃物并予暂时封闭。

（5）电焊回路（地线）应接在焊件上，不得与其他设备搭火。

（6）高空动火不许有火花四处飞溅，应以石棉或铁板围接，附近一切易燃物要移开或盖好，附近不得用汽油清洗零件。

（7）动火现场要备有灭火器材，专人管理。

（8）下水道、电缆沟等动火，要清除可燃物并将沟两端隔开（封闭）。

（9）上班前检查动火条件有无变化，下班前检查有无留下火种，应引起警惕。

7. 动火中异常情况的处理。

（1）发现隔离措施脱落或破损应设法修补，并暂停工作。

（2）现场环境变化，附近有易燃物料外溅，或因风向而受到可燃气体吹袭，应立即停止工作。

（3）由于风向变化或风力过大，而使动火时所产生的火花无法控制，易被吹向生产现场，应立即停止工作。

（4）若因某些原因，消防水源中断或突接停水通知，应考虑暂停工作。

（5）动火中气焊工具或气瓶泄漏，或电焊与电器有故障，均应暂停工作，排除故障，切不可以抢时间为理由勉强地草率行事。

（6）如发生紧急事故，参照《应急准备与响应管理程序》中执行。

# 3.49 废弃物管理制度描述

## 废弃物管理制度

**目　的**

第一条　为了保持生态平衡，减少废弃物对周围生态环境的污染，对公司所排放、废弃的各种废弃物进行有效控制，从而符合国家法律法规，环保要求，制定本制度。

**适用范围**

第二条　适用于本公司在办公、生产、运输、库存等运营活动中所产生的废弃物的分类和处理。

**定　义**

第三条　废弃物。

指在生产建设、日常生活和其他活动中产生的污染环境的固态、半固态废弃物质，也包括液态废物和置于容器中的气态废物。

第四条　危险废弃物。

生产、实验产生的有毒、有害废弃物。包括：废药品、废有机溶剂废物、涂料废物、爆炸性废物、废酸碱、含有害重金属废物及上述物质的包装物等。

**职　责**

第五条　生产部负责车间、原料仓产生的危险废弃物的分类收集、存放及日常清运，并负责协助各实验室危险废弃物的清运，负责危险废弃物堆场的日常管理。

第六条　行政部/安全环保办负责日常办公产生的生活废弃物及少量电池、灯管、墨盒、硒鼓、色带等危险废弃物的分类收集、存放及日常清理，负责所有废弃物最终的委外处理，对外来废弃物处理单位的资质审核，并与其签订相关处理协议。

第七条　维修部负责本部门产生废弃物的收集、存放及日常清理，监督在公司施工的单位产生废弃物的细节描述处理。

第八条　服务部负责成品仓、旧漆堆放区废弃物的分类收集、存放及日常清理、清运。

第九条　技术部负责实验室产生的危险废弃物的收集、存放、并集中清理至生产部指定区域。

第十条　各部门负责本部门的废弃物的分类收集并依据本制度进行处理。

第十一条　安全环保办负责对废弃物管理的监督。

**工作内容**

第十二条　废弃物的分类说明：

1. 危险废弃物：（1）废包装物；（2）防毒面具废配件（滤棉、滤盒）；（3）除尘装置收集的粉尘；（4）废清洗溶剂；（5）报废涂料；（6）其他沾有油漆的废弃物；

（7）废试样试剂罐；（8）酸碱废液；（9）废电池；（10）废硒鼓、色带；（11）废灯管；（12）废机油；（13）废水处理污泥。

2. 可回收废弃物：（1）废弃金属；（2）塑料零部件；（3）废纸张；（4）无害废包装物。

3. 一般废弃物：（1）泔脚；（2）其他生活垃圾。

第十三条 废弃物的分类收集。

1. 各部门根据分类在本部门现场放置废弃物收集点，并作好明确标识；并根据废弃物的种类、数量，配置三种颜色的收集桶（绿色标识：可回收废弃物；黄色标识：一般废弃物；红色标识：危险废弃物）；行政部负责确定最后废弃物的全公司集中存放位置，作好明确标识。

2. 公司全体员工应按分类，将废弃物分别放置在规定的收集容器内；各部门根据废弃物的种类、性质，规定相应的收集桶和存放位置，并负责收集、搬运集中至指定地点；在废弃物搬运过程中要防止废弃物的散落、污水滴漏，如有散落滴漏等现象，应及时处理干净。

3. 危险废弃物堆场同样分为三大类标识，各废弃物产生部门按规定将已分好类的废弃物清运至指定地点，分类投放，由生产部负责管理。

第十四条 废弃物的处理。

1. 各废弃物产生部门（生产部、服务部等）将本部门各岗位设置废物存放区，分三类标识，投放时按第十三条分类正确投放，并定时清运至堆场。

2. 堆场负责人将各部门移交的已分类好的废弃物按要求投放到堆场的三大类投放区中，保证投放准确无误。

第十五条 废弃物堆放点的管理。

1. 各部门负责本部门废弃物存放点的日常检查、清理。

2. 废弃物存放点必须做好防止污水外流、暴雨时的异常污水外流的防护措施。

3. 废弃物投入收集桶后必须将桶盖盖好，应防止桶内的废弃物过满、漫溢。

4. 危险废弃物堆场附近20米范围内必须放置消防器材，防止意外火灾。

5. 各废弃物堆放点都需有清晰的标识，标明废弃物类别。

第十六条 废弃物处置。

1. 安全环保办负责废弃物的委外最终处理，并向危险废弃物处理商提供相关 MSDS

资料。

2. 可回收废弃物可由废品回收公司回收或内部回收利用，以达到减少资源消耗的目的。

3. 危险废弃物应由环保局认可的废弃物处理相关方处理，必要时由安全环保办组织人员跟踪了解其处理过程，评估其处理能力。

第十七条　对于危险废弃物的清运、处理应做好记录，记录由生产部填写和保存。每月统计全厂废弃物产生量，记录保存。安全环保办填写并留存危险废物转移联单。

第十八条　异常处理。

1. 发生废弃化学品外泄时可按照参照应急准备与响应管理程序进行处理。

2. 对于废弃物散落、漫溢等应及时处理，以避免对环境的影响。

3. 定期检查发现不符规定事项，按照《纠正和预防措施控制程序》中规定进行整改。

4. 遇雨季、台风等情况应加强检查，增加废弃物清运频率。

# 3.50 废水排放控制制度描述

## 废水排放控制制度

**目　的**

第一条　为对生活污水和工业污水进行排放管理，减少废水对水体的污染，制定本制度。

**适用范围**

第二条　适用于本公司污水处理及排放管理。

**职责范围**

第三条　维修部负责废水的处理及排放管理，生产部配合。

第四条　安全环保办负责联系环保局环境监测站进行排放检测。

**程　序**

第五条　本公司废水包括生活废水和工业废水。

第六条　生活废水的排放管理。

1. 生活废水包括食堂排放废水、洗澡水、洗手间和厕所产生的生活污水。

2. 公司生活污水排放标准执行《水污染物排放限值》（DB44/26—2001）中二级排放标准：PH：6～9、CODcr≤130mg/L、BOD5≤30mg/L、SS≤100mg/L。

3. 生活污水的排放直接与市政排污管路连接，直接排放，由污水处理厂集中处理。

第七条　工业污水的管理。

1. 企业的工业污水主要来自于生产部乳胶漆车间、技术部、喷板室。

2. 公司工业污水排放标准执行《水污染物排放限值》（DB44/26—2001）中二级排放标准：PH：6～9、CODcr≤130mg/L、BOD5≤30mg/L、SS≤100mg/L。

3. 工业废水的处理：本公司的工业废水经污水处理设备处理后直接排放。

4. 维修部负责工业污水的日常处理和污水处理设施的日常维护。负责污水处理的人员应严格按《污水处理操作细节描述》对污水进行处理，每次处理时必须填写污水处理记录表。

5. 安全环保办负责保存检测报告及验证报告。

# 3.51 化学品管理制度描述

## 化学品管理制度

**目　的**

第一条　细节描述化学品的运输、装卸、贮存、使用、废弃及处理，避免对环境造成影响和对人员造成伤害。

**适用范围**

第二条　适用于本公司经营活动中使用的所有化学品的管理。

**定　义**

第三条　化学品：在本体系中是指有易燃易爆有毒有害性质的物质。包括爆炸品，压缩气体和液化气体，易燃液体；易燃固体、自燃物品和遇湿易燃物品，氧化剂和有机过氧化物，有毒品、放射性物品和腐蚀品等。

**职　责**

第四条　技术部负责收集、编制 MSDS 和化学品清单，并负责本部门化学品的使用、贮存管理。

第五条　采购部负责采购、运输化学品及与相关方的沟通。

第六条　生产部负责本部门化学品的使用、贮存管理。

第七条　服务部负责销售的化学品的贮存、运输管理。

第八条　安全环保办负责对外委托服务承包商处理化学品废弃物。

第九条　其他有化学品的部门负责本部门的化学品的管理。

第十条　安全环保办负责对有关化学品的各环节情况进行监督。

**工作程序**

第十一条　分类。

1. 易燃液体（如各种树脂、溶剂、成品油漆等）闪点较低的有机试剂（如乙醚、乙醇、丙酮、苯等）。

2. 易燃固体（如铝粉）、自燃物品和遇湿易燃物品（锌粉及投料抽风机抽出的粉尘）。

3. 氧化剂和有机过氧化物，化验室的化学试剂中某些强氧化剂（如氯酸钾、硝酸钾、高锰酸钾等）或其混合物、强腐蚀性酸、碱等。生产使用原料有机过氧化物（如过氧化环乙酮、过氧化苯甲酰）。

4. 毒害品中防污漆的毒料（如有机锡化合物，蛋白质凝固剂等）有毒药品（如重铬酸钾、钡盐、铅盐、砷化物、汞的化合物）。

5. 技术部应制定目前本公司所使用的化学品的分类明细表，该表每年修订一次。

第十二条　化学品安全技术说明书。

1. 采购部在签订化学品购买协议时，须向供应商索取原料安全技术说明书。如供应商无法提供原料安全技术说明书，则须提供该化学物质的成分、化学名称及其危险特性。

2. 采购部、技术部及生产部均有责任通过其他可能的渠道，获取化学品的原料安全技术说明书。

3. 技术部负责确认各部门收集的原料安全技术说明书及相关资料，根据实际情况制定适用格式，并统一存档管理。

4. 安全环保办应组织对化学品使用及保管人员进行化学品的原料安全技术说明书的培训。

第十三条 化学品的标识。

1. 根据化学品的原料安全技术说明书或其危险特性，安全环保办应制定包括化学品的名称、危险特性、防护措施、急救、储运、泄漏处置等内容在内的化学品标牌内容草稿，并将该标牌草稿提交行政部制定相应标牌。

2. 主要化学品的贮存、使用场所都应设置有效的并经安全环保办批准的化学品标牌。

第十四条 化学品管理。

1. 易燃液体（如各种树脂、溶剂、成品油漆等）。在生产储存时，应杜绝一切火源，严禁烟火。电器设备、照明等应采用防爆装置，不发生跑、冒、滴、漏现象，做好防静电措施，不能与氧化剂及氧化性酸类混存，通风要良好。

2. 易燃固体（如铝粉），遇湿易燃物品（锌粉及投料抽风机抽出的粉尘）。生产和储存，应杜绝一切火源，严禁烟火，严防有水渗入，生产时要轻拿轻放，防止撞击，拖拉摩擦等。储存地方必须干燥，不准露天堆放，不能和含水的液体及其他化学品混存，特别是要与酸类物品隔存，灭火时严禁用水扑救。

3. 生产使用原料有机过氧化物（如过氧化环乙酮、过氧化苯甲酰）。有着氧化性和着火爆炸并存的双重危险性，在生产和储存中，应杜绝一切火源，严禁受热，生产时要轻拿轻放，防止撞击，拖拉摩擦等，避免与可燃物、还原剂（如铝粉、锌粉）、酸碱接触。有机过氧化物对眼睛有严重的伤害作用，要避免与眼睛接触。

4. 化验室的化学试剂中某些强氧化剂（如氯酸钾、硝酸钾、高锰酸钾等）或其混合物不允许随意混存，以免起化学反应后发生火灾和爆炸事故。闪点较低的有机试剂（如乙醚、乙醇、丙酮、苯等）极易引燃，储存和使用时应严禁火种，并妥为保管。有毒药品（如重铬酸钾、钡盐、铅盐、砷化物、汞的化合物）要严格管理，切勿触及伤口和误入口内，其废液严禁倒入下水道。使用和保存上述物品，应了解其性能和保存方法，实行专人负责管理，对试剂的名称、数量、规格以及进出时间，必须进行详细记录，任何人不得擅自取用贮存室内的化学试剂，贮存室内严禁烟火，保持室内通风良好，确保安全。

5. 毒害品中防污漆的毒料（如有机锡化合物，蛋白质凝固剂等），接触皮肤后会破坏皮肤组织，一些树脂（如低分子量异氰酸酯）对身体有很大危害，切勿吞入或接触皮肤。使用时一定要按规定做好防护措施。

6. 化学品使用部门的人员应按照相关作业细节描述要求，使用时须注意个人防护。参照各岗位操作细节描述。

第十五条　化学品的运输和装卸。

1. 由供应商或委托外方提供运输的化学品，采购部、服务部必须确认其具有资质，服务部须检查其是否三证齐全。

2. 运输、装卸参照《运输管理规定》及《成品仓操作细节描述》。

第十六条　化学品的废弃物必须按照《废弃物管理制度描述》的规定进行，不得任意抛弃废弃物，污染环境。

第十七条　化学品的异常、紧急事件处理。

1. 泄漏或渗漏化学品的包装容器应迅速移至安全区域；如发生人员受到伤害或环境受到污染的事件时；发生严重环境污染或起火、爆炸等严重事件时，应按照《应急准备与响应管理程序》的规定实施。

2. 对化学品的异常、紧急事件后必须按照《纠正和预防措施控制程序》进行纠正，并做出预防措施。

# 3.52 禁火区安全管理制度描述

## 禁火区安全管理制度

**目　的**

第一条　加强重点消防部位管理，保证厂区安全，消除火灾隐患。

**适应范围**

第二条　适用于公司内禁火区（车间、仓库、溶剂罐区、实验室、厂区运输通道、装卸区）的安全管理。

**职　责**

第三条　门卫应在外来人员及车辆进入厂区前告之相关注意事项。

第四条　生产部/服务部应遵守本制度。

第五条　公司员工及相关人员应严格按照本制度要求执行。

**注意事项**

第六条　厂内所有通道和场地、生产车间、仓库、地下缸区、树脂罐区、堆场及化验室范围内一律严禁吸烟，严防携带火种进入上述禁火区。禁带BB机、手机等不防爆电器进入的区域有溶剂型生产车间、喷板室。

第七条　严禁工作人员穿钉鞋进入生产场所，以免产生火花。

第八条　生产过程中不能用铁器相互撞击，如要敲击物体，则必须使用胶锤或铜棒。

第九条　凡洒落在地面上的油漆或溶剂，必须立刻清理，所用过的沾有油漆、树脂或溶剂的碎布、废丝或纸团都必须放置在专用废料桶内，并要加盖。严禁将上述杂物随意弃置在任何角落，以免引起自燃。

第十条　禁火区内电源线接头不能裸露，如遇有电线破损或脱落，应立即切断电源，停机，通知维修部门进行更换或处理，所有插头与插座均应采用防爆类型，不得随意使用电钻电锯或砂轮等工具。

第十一条　凡遇有扩建工程或重大维修工作在生产区内进行时，一切要动火的工作（如电焊、打磨、电锯、气割等）都必须通知安全环保办，维修部负责人应填写动火作业审批表，详见《动火安全管理制度描述》。

第十二条　禁止叉车停在车间内利用外接电池打火起动，空置蓄电池不准放置车间或仓库内以免因意外短路而打火花。

第十三条　进出生产场所的叉车必须装妥废气排出口的防火罩，如遇脱落应及时重装，叉车驾驶人员需经常检查。

第十四条　一切遇水有反应的原料和物料一律不得放置露天场地上，放置室内也应有防水浸的措施。

第十五条　对温度日光照射敏感的物料，不允许被放置于露天场地，以免发生危险。

第十六条　绝不允许任何人将废溶剂、废漆或其他易燃和有毒物料倒入下水道，以免引起下水道燃烧或爆炸，波及邻近企业，违者必究，当事人要负法律责任。

第十七条　厂区内许可吸烟的地方包括生产部2个工人休息室、服务部1个工人休息室、维修间办公室、写字楼各办公室、会客室。其他场所一律不准吸烟。

# 3.53 劳保用品管理制度描述

## 劳保用品管理制度

**目　的**

第一条　公司员工在生产、活动过程中。接触有毒有害物质、接触粉尘及其他有害因素，容易危害到员工的健康安全。为保障公司员工的身体健康，特制定劳保用品管理制度描述。

**适用范围**

第二条　适用于本公司内劳动防护用品的管理。

**职　责**

第三条　行政部负责个人防护用品的统一采购及按厂部规定标准发放。

第四条　安全环保办负责个人防护用品质量控制。

第五条　安全环保办、各部门主管、安全执勤员负责对员工个人防护用品的使用情况进行监督。

**工作程序**

第六条　公司行政部按规定外根据员工岗位不同配置不同的个人防护用品。安全环保办根据危害因素的变化情况提出变更防护用品建议并报厂长室批准，以降低有毒有害因素对员工的伤害。

第七条　行政部总务根据《劳动保护用品发放标准》分发个人防护用品。

第八条　使用范围包括所有生产车间，原料仓、成品仓、装卸组、技术部、研发部。

第九条　护目镜的使用规定：

1. 投料岗位、研磨岗位、调色岗位的员工在投料、清洗过程中必须佩戴护目镜。
2. 包装岗位控制称量的员工必须佩戴护目镜。
3. 原料仓员工在分装各种液体原料和有毒原料时必须佩戴护目镜。
4. 成品仓在成品转桶及清理泄漏油漆时必须佩戴护目镜。
5. 装卸组在装卸有毒原料时必须佩戴护目镜。

6. 技术部、研发部员工在接触各种液体原料、毒料、成品时必须佩戴护目镜。

第十条　劳动保护手套的使用规定。

1. 所有投料岗位、研磨岗位、调色岗位、包装岗位在生产过程中必须佩戴胶手套。

2. 原料仓在溶剂转桶或灌桶，搬动有毒原料，秤溶剂、助剂时必须佩戴胶手套。

3. 成品仓在搬动油漆成品或清理泄漏油漆成品时必须佩戴胶手套。

4. 装卸组在装卸有毒原料，装卸油漆成品时必须佩戴胶手套。装卸一般原料必须佩戴棉纱手套。

5. 技术部、研发部在喷板、试制、测试以及接触强腐蚀性或有毒物料过程中必须佩戴胶手套。

6. 标贴、乳胶漆、粉料岗位在工作过程中必须佩戴棉纱手套。

第十一条　防尘、防毒口罩的使用规定。

1. 溶剂型生产车间投料岗位员工在生产过程中必须佩戴防毒口罩。

2. 溶剂型生产车间包装岗位控制称量的员工必须佩戴防毒口罩。

3. 溶剂型生产车间研磨岗位、调色岗位在操作时必须佩戴防毒口罩。

4. 乳胶漆车间、粉料加工车间各岗位员工在生产过程中必须佩戴防尘口罩。

5. 原料仓员工在溶剂转桶或灌桶，搬动有毒原料，秤溶剂、助剂时必须佩戴防毒口罩。在搬动一般原料必须佩戴防尘口罩。

6. 成品仓在油漆成品转桶、清理泄漏油漆时必须佩戴防毒口罩。

7. 装卸组在装卸有毒原料或油漆成品时必须佩戴防毒口罩。在装卸一般原料时必须佩戴防尘口罩。

8. 技术部、研发部在喷板、试制、测试过程中，若所处环境中含有毒有害气体较多时必须佩戴防毒口罩。

第十二条　工作服、防护围裙、防护服的使用规定。

1. 所有生产第一线员工在工作过程中都必须穿工作服。

2. 原料仓、成品仓、装卸组及车间部分岗位员工下雨时露天工作必须穿防护服（雨衣）。

3. 生产车间配料、调色、原料仓在接触有毒原料或成品时必须穿防护服工作。

4. 生产车间研磨、包装在接触有毒原料或成品时必须穿防护围裙工作。

5. 成品仓、装卸组在接触有毒原料或成品时必须穿围裙工作。

6. 工作服的清洗按厂规定集中进行，不准自行带出厂外。

第十三条　工作鞋的使用规定。

1. 原料仓、溶剂型车间投料组、装卸组在接触有毒物料时必须穿水鞋工作。

2. 所有一线员工在工作时间内必须穿公司规定的工作鞋工作。

第十四条　个人防护用品将根据损坏程度或失效情况进行更换。

1. 员工首先需填写劳保用品领用单，由部门主管签名同意后，总务将根据品种发放。

2. 到所在部门领取。

# 3.54 事故调查与报告制度描述

## 事故调查与报告制度

**目　的**

第一条　使发生的事故得到及时报告、统计、调查和处理，并积极采取预防措施，防止类似事故的再次发生。

**适用范围**

第二条　本制度适用于公司在管理、服务和储存、生产过程中，发生的直接影响环境、人身安全、健康和财产损失的事故。

**职　责**

第三条　厂长组织成立事故调查组，并对事故责任者做出处理决定。

第四条　部门主管及时通知或报告管辖范围内发生本制度规定的各类事故；组织管辖范围内的事故调查或如实反映事故情况，协助事故调查。

第五条　安全环保办参与事故调查；制定、修订本制度，协助行政部组织员工学习、培训并熟悉本制度；建立事故档案，综合统计各类事故。

第六条　员工代表在事故的调查处理过程中，维护员工正当利益。

第七条　员工及时如实逐级通知或报告发生的各类事故，协助事故调查。

**工作程序**

第八条　事故分类（包括因第三者责任造成的事故）。

1. 生产（工艺）事故：因违反工艺操作细节描述和误操作等造成物料损失或影响生产运行和停产的事故。

2. 设备事故：指设备因非正常损坏，造成停机 2 小时以上和修复费用达 200 元（不含本数）以上的事故。

3. 交通事故：凡涉及公司车辆因违反交通规则或由于其他原因，造成车辆损坏、人员伤亡或财产损失的事故。

4. 伤亡事故：指公司雇佣员工在生产劳动和工作过程中，发生的人身伤害、急性中毒等事故，具体认定如下：

（1）员工在企业生产活动场所涉及的区域，由于生产存在的危险因素的影响而发生伤亡。

（2）员工在生产区域外，执行公司所交给的工作任务时，在其工作时间和工作地点内，由于企业设备或劳动条件不良而引起的伤亡。

（3）员工由甲地赴乙地执行工作任务或上下班途中发生非本人应负责的伤亡事故。

（4）经请示劳动部门确认的其他伤亡事故。

（5）第（1）条规定以外的员工伤亡，可否享受工伤保险待遇，应根据国家相关工伤保险条例有关规定处理。

5. 泄漏（环境污染）事故：因意外或违章作业、误操作造成物料泄漏或污染水域、大气事故。

6. 火灾事故：指凡失去控制并对财物和人身造成损害的燃烧现象，为火灾事故。

7. 爆炸事故：指发生化学或物理爆炸，造成人身伤害或财物损失的事故。

8. 未遂事故：由于各种原因，已构成发生事故条件，因及时发现处理，未造成后果的为未遂事故。

**事故等级**

第九条　一级事故。

1. 人员死亡、重伤、急性中毒和轻伤休息超过 105 个工作日以上的。

2. 火灾、爆炸造成直接经济损失 1000 元以上的（不含本数）。

3. 因物料泄漏对环境造成危害或直接经济损失 5 万元以上的。

4. 环境污染造成较大或严重危害和引起厂群冲突的。

5. 人群发生中毒症状或人员中毒死亡的。

6. 其他经济损失10000元（不含本数）以上的事故。

第十条　二级事故。

1. 轻伤休息7个工作日以上（不含本数），105个工作日以下的。

2. 火灾、爆炸造成直接经济1000元以下的（含本数）。

3. 泄漏物料50公斤以上的。

4. 发生中毒症状的。

5. 经济损失1000元（不含本数）以上，10000元（含本数）以下的。

第十一条　三级事故。

1. 轻伤休息在7个工作日（含本数）以下的。

2. 泄漏物料50公斤以下的。

3. 其他损失在200元以上（不含本数）1000元（含本数）以下。

4. 未遂事故。

**事故报告**

第十二条　发生三级事故，当事人或发现者应立即向班组长、部门经理报告；部门经理在了解事故概况后，应在4小时内向安全环保办报告，并在2日内完成事故调查报告表的填写交安全环保办确认，结果由事故发生部门和安全环保办统计保存。

第十三条　发生二级以上事故，必须保护好现场，所在部门经理应立即向公司厂长报告，并通知安全环保办，部门经理在3日之内完成事故调查报告表的填写交安全环保办确认，结果由事故发生部门和安全环保办统计保存。

第十四条　发生火灾、爆炸事故按应急计划报警。

第十五条　发生死亡、重大死亡事故和重（特）大环境污染事故，由公司立即向政府有关部门报告。

**事故调查**

第十六条　一、二级事故调查。

1. 员工必须在3天内填写事故调查报告表，应清楚写明事故发生的经过，特殊情况可叫其他人代写，组长和部门主管签署意见后，再交安全环保办认定；

2. 厂部指定由事故调查小组调查的事故，调查小组负责查明事故发生的过程、原因和人员伤亡、经济损失；确定事故的直接责任者和领导责任者；提出事故处理意见和防范措施或建议。事故调查组有权向发生事故的有关部门和人员了解情况和索取有关资料，任何部门和个人不得拒绝。事故调查人员应与发生的事故无利害关系。

第十七条　三级事故由各事故管理部门负责调查，员工必须在2天内填写事故调查报告表，应清楚写明事故发生的经过，特殊情况可叫其他人代写，组长和部门主管签署意见后，再交安全环保办认定。

第十八条　各类事故调查完成后，必要时将书面意见交公司安全第一责任人确认。对于伤亡事故在有需要时由行政部填写工伤事故职工伤（亡）报告书，按规定时间送报社会保险公司。

第十九条　需由政府部门调查的事故，依照法律、法规由本公司事故调查组协助政府部门进行事故调查。

**事故处理**

第二十条　事故发生后，相关部门应按照《纠正预防措施控制程序》，采取相应措施，防止类似事故再次发生，并对员工进行安全教育，吸取事故教训。

第二十一条　有下列情况之一的、应当追究有关领导的责任。

1. 因未研究解决存在安全隐患而造成事故的。

2. 因操作细节描述不健全，员工无章可循造成事故的。

3. 未按要求对员工进行安全教育或员工未经三级安全教育培训合格即上岗作业，造成事故的。

4. 因设备超过检修期限运行或设备有缺陷，又不采取措施，造成事故的。

5. 作业环境不安全，又不采取措施，造成事故的。

第二十二条　有下列情况之一的，应当追究责任者或有关人员的责任。

1. 因违章指挥或违章作业，冒险作业，造成事故的。

2. 因玩忽职守，违反安全生产责任制和操作细节描述，造成事故的。

3. 因不服从管理，违反劳动纪律，擅离职守，擅自启动设备，造成事故的。

4. 发现有发生事故危险的紧急情况，不立即报告，不积极采取措施，因而未避免事故发生或减轻损失的。

5. 未按本制度及时报告事故的。

第二十三条　有下列情况之一的，应当对有关人员从重处罚。

1. 对发生的事故，隐瞒不报，虚报或故意拖延报告的。

2. 在事故调查中，隐瞒事故真相，弄虚作假或嫁祸于人的。

3. 事故发生后，因不负责任，不积极组织抢救或抢救不力，造成更大事故的。

4. 事故发生后，所在部门管理人员和作业人员未认真吸取教训，采取防范措施，致使同类事故重复发生的。

5. 滥用职权，擅自处理或袒护包庇事故责任者的。

第二十四条　对事故责任者视其情节轻重和责任大小给予通报批评、警告、记过、撤职、留厂察看、辞退或开除等行政处分，可并处经济处罚。

第二十五条　事故责任者触犯法律的交由公安机关依法追究刑事责任。

第二十六条　对于比较严重的事故，公司安全环保办要发布通告，以便广大员工吸取教训。

第二十七条　事故处理结果及相应记录交安全环保办汇总保存，建立事故档案。

## 3.55 相关方安全、环境管理办法描述

### 相关方安全、环境管理办法

**目　的**

第一条　使供方、合同方或承包方增强安全环保意识，防止、避免、减少安全危险和环境影响。

**适用范围**

第二条　本程序适用本公司所有与外部供方、合同方或承包方及对其有联系的部门。

**职　责**

第三条　采购部负责协同国内供方和国外供方的安全环保管理。

第四条　维修部负责相关工程施工方的安全环保管理。

第五条　安全环保办负责废弃物回收方的安全环保管理。

第六条　行政部负责进驻公司保安人员、清洁人员的安全环保管理。

第七条　服务部负责对运输供方和装卸方的安全环保管理。

**术语/定义**

供方：为本公司提供原材物料的单位。

承包方：

a. 建筑工程、厂内设施施工和维修方；

b. 有害废弃物的处理方；

c. 运输方、装卸方；

d. 保安公司、清洁公司。

**程 序**

第八条 对供方的控制。

1. 由采购部门分别对供应方实施控制，每年十二月份从所有供方中选出对安全环境有较大影响的供方，加入对安全环境有较大影响的重要供方清单，具体选择的标准如下：

（1）本公司订购量较大。

（2）对安全环境影响巨大。

2. 对重要供方以传真或信函等方式进行 ISO 14001/OHSAS 18001 的宣传。

3. 每年十二月份制订下一年度的重要供方评估计划。

4. 按照供方评估计划，采购部、研发部、技术部、生产部对供方进行评定，每年年初进行。具体程序按照《采购控制程序》进行。

5. 评定时评估供方是否合格，如不合格，则要求被评定方提供改善报告，并将其加入明年评定计划。

6. 将评定报告及供方的改善报告归档。

7. 对供方提供货物的包装提出要求，尽量使用可回收利用的包装材料，化学品的包装需防撒漏。

第九条 对工程施工方的控制。

1. 由负责工程的部门对施工方和维修方实施控制，对其资格进行验证。

2. 对施工方和维修方的选择标准如下：

（1）具备施工或维修的许可证明。

（2）设计方案、材料符合安全环保要求。

（3）人员必须经过安全环保知识培训。

3. 由负责工程的部门对建筑施工人员进行安全环保宣传和培训后方可进行施工。

4. 安全环保办负责对进驻施工队和维修方在工程过程中的环境和安卫活动进行监

督，如发现不合格，则要求建筑施工方进行改善，并提出改善意见；

第十条　有毒有害废弃物处理方的控制。

1. 安全环保办对有毒有害废弃物处理方实施控制。

2. 选择有毒有害废弃物处理方的标准，必须是市环保部门认可。

3. 有毒有害废弃物的处理方的行动必须按照规定的控制细节描述进行。

第十一条　对化学危险品运输方的控制。

1. 由采购部、服务部对化学危险品的运输方实施控制。

2. 对化学危险品的运输方的选择标准：

（1）具有运输化学危险品的资格证明。

（2）化学危险品运输方的运输车辆有明显的标识。

（3）化学危险品运输方的运输人员经过基本消防知识培训。

（4）化学危险品运输方在运输过程中一旦遇到紧急情况有相应的应急措施。

3. 化学品运输方由供应方来确定时，要求供应方对运输方进行评定确保运输安全。

第十二条　在可能的情况下，要求供应方进行 ISO 14001/OHSAS 18001 认证。

第十三条　安全环保办负责废弃物回收方的环保管理，执行《废弃物管理制度描述》。

第十四条　安全环保办负责同进驻本公司的工程方、维修方、保洁公司、保安公司和负责长期装卸的公司签订安全环保协议。

# 3.56 用电安全管理制度描述

## 用电安全管理制度

**目　的**

第一条　为保证安全用电，防止事故发生。

**适用范围**

第二条　本制度适用于本公司的所有用电活动。

**工作制度**

第三条　非有关人员不得进入电房。

第四条　高压电房只准合格电工操作，并严格按照电工操作细节描述进行，经常监视变电房和低压室运行情况，并做好记录。发生故障由电工处理。

第五条　变电室接地检查每年自行进行一次。避雷器每年请指定认可机构检测一次。

第六条　配电房操作，必须按照以下操作程序：

1. 送电时，先合上闸刀开关。

2. 停电时，先停空气开关，后停闸刀开关。

3. 设备运行时，严禁带负荷拉闸刀开关。

第七条　每台生产设备应设专人负责，开机送电前，要检查所开设备是否正常。如正常可以合闸送电。

第八条　设备使用完毕，长期不用或下班时，要断开电源开关。

1. 每天下班前，车间岗位的班组长负责检查、停开关、关电房门。

2. 遇上加班时，加班后由组长或带班负责人检查是否停电、关电房门。

第九条　按安全消防规定，有防静电接地夹的设备，使用前一定要夹上接地夹才能开机，使用者要经常检查接地夹两端接触金属的情况。

第十条　要经常检查树脂、溶剂输送管的防静电钢丝是否妥善接到管头上。

第十一条　输送泵、风扇接地电源线，严禁人踩车压，有违反者，一经发现，要立即报告及检查处理，所造成一切后果，由当事人负全部责任。

**注意事项**

第十二条　车间电气设备发生故障时，要立即通知维修部，不得私自处理。

第十三条　严禁任何岗位将溶剂洒在电缆桥架或电缆沟内，如发生此类事件，必须及时通知维修部处理，当事人负全部责任。

第十四条　配电房不能堆放杂物，要定期做清洁，经常检查设备运行及电线线路情况，消除事故隐患。

第十五条　出入变电房或配电房，大门必须随手关上，以防老鼠或其他小动物溜入电房，造成线路被咬损或短路等故障。

# 3.57 外协厂商考核及等级评定制度描述

## 外协厂商考核及等级评定制度

第一条　适用范围。

1. 本公司对现有的协作厂商实施考核及等级评定，依等级的升降，作为外协定制及付款办法的依据。

2. 依协作厂商的要求，对提出申请的厂商重新进行等级鉴定。

3. 对试用厂商实施考核，当试用期间结束时，其考核评分达到70分以上时，则正式成为本公司的协作厂商，并划分其等级。

4. 协作厂商交货验收不良率过高时或在本公司生产装配造成重大问题，经通知亦未能有效改进时，则予以重新考核评定等级。

第二条　目的。

1. 掌握协作厂商的经营概况，确保其供应的产品质量符合本公司的需要。

2. 了解协作厂商的能力和潜力，提供外协管理单位选择的依据。

3. 协助协作厂商改善质量，提高交货能力。

第三条　考核及等级评定小组的组成。

须由质量管理、生产管理、技术、外协管理等单位会同前往。

第四条　考核及等级评定的项目与标准。

1. 项目。

（1）质　量，45%；

（2）交货期，20%；

（3）价　格，15%；

（4）管理及其他，20%；

2. 对试用厂商试用期满或协作厂商每年要进行一次全部项目的审核，包括考核质量，交货期价格、管理及其他等内容，并将考核结果划分等级以及做出升等或降等的处理。

3. 考核表格式说明：

（1）质量。

| 合格率（%） | 95 以上 | 90～95 | 85～95 | 80～85 | 80～75 | 70～75 | 65～70 | 60 以下 |
|---|---|---|---|---|---|---|---|---|
| 得分 | 35 | 30 | 25 | 20 | 15 | 10 | 5 | 3 |

批数合格率＝合格总数/交货总数

（2）交货期。

| 逾期率（%） | 0.1<br>以下 | 0.1～<br>2.0 | 2.1～<br>4.0 | 4.1～<br>6.0 | 6.1～<br>8.0 | 8.1～<br>10.0 | 10.1～<br>12 | 12 以上 |
|---|---|---|---|---|---|---|---|---|
| 得分 | 7 | 6 | 5 | 4 | 3 | 2 | 1 | 0 |

①逾期率＝逾期批数/交货总数

②逾期日数＝每逾期 1 日扣 1 分

③本公司因协作厂商逾期而生产线停工待料次数：

| 次数 | 0 | 1 | 2 |
|---|---|---|---|
| 得分 | 6 | 3 | 0 |

（3）价格。

| 比较结果（%） | 低于 5% | 相同 | 高于 5% | 高于 10% | 高出 10% |
|---|---|---|---|---|---|
| 得分 | 15 | 12 | 8 | 4 | 0 |

4. 考核及等级评定的划分。

| 等级 | A | B | C | 不适合为本公司的协作厂商 |
|---|---|---|---|---|
| 总分 | 90 | 80～89 | 70～78 | 70 以下 |

第五条　本制度如有其他未尽事宜，经研讨后修订。

# 3.58 外协厂商管理制度描述

## 外协厂商管理制度

第一条　适用范围。

1. 用于本公司人员、设备不足，生产能力负荷已达饱和时。

2. 特殊零件无法购得现货，也无法自制时。

3. 协作厂商有专门性的技术，利用外协质量较佳且价格较廉。

第二条 选定方法及基准。

1. 审查方式：书面审查及实地调查。

（1）外协加工及外协制造的申请，是否符合规定，数量方面是否适宜。

（2）申请核准后，由外协管理人员判定是否有协作厂商承制，若没有则选择三家以上厂商的资料，填具厂商资料调查表。

（3）实地调查时，由质量管理委员会指定质量管理、生产管理、技术、外协管理等单位派员组成调查小组，但每一次不一定所有人员都要参加，要视加工或零件制造的重要性而定，将调查结果填入厂商资料调查表中。

（4）实地调查后可选定其中一家厂商试用。

2. 审查基准。

（1）质量；

（2）供应能力；

（3）价格；

（4）管理。

选择其中评分最高者作为适用的协作厂商。

3. 审查流程。

第三条 试用。

当选择最佳厂商之后，必须经过试用，待试用考核达到标准以上时，才能正式成为本公司的协作厂商。

1. 试用合同：规定试用期为三个月，每个月要考核一次，并将结果通知试用厂商。

2. 试用考核：试用期间要对试用厂商进行考核。

3. 试用开始时，试用厂商要将样品送来检查，经判定合格才能继续大量地加工或制造。

第四条 正式设立。

1. 正式设立判定基准：试用考核期间的成绩达 70 分以上者则正式判定为本公司的协作厂商。

2. 正式合同内容：与试用合同格式相同。

第五条　外协。

1. 负责单位：由外协管理员负责外协加工或外协制造的事务。

2. 外协资料：外协加工或外协制造时要给试用厂商或协作厂商的资料：

（1）蓝图。

（2）工程程序图。

（3）操作标准。

（4）检查标准。

（5）检验标准。

（6）材料的规格、数量。

3. 外协指导管理。

（1）使其确实按照我们的规定来加工或制造。

（2）协助其提高质量。

（3）经常联系协调，了解外协的进度、质量。

（4）指导教育与考核。

4. 外协核价。

当由本公司供料时：

总价 = 单价 × 数量 ×（1 − 报废率）

（1）数量必须要经负责的生产管理员签证，有时可由过磅员重新核算。

（2）报废率（抽样测量）或报废数的资料由质量管理部门提供。

5. 外协督促，确使外协加工或外协制造的货品如期交来。

第六条　质量管理。

1. 入厂检验：

（1）按双方协定的验收标准及抽样计划来验收。

（2）进料管理流程。

2. 外协质量管理和定期考核。

确使试用厂商或协作厂商供应的产品符合要求，对其必须检查。每月巡回检查各协作厂商，对每个协作厂商，三个月中至少要做一次至两次以上的检查，对试用的厂商，三个月内要做两次检查。

第七条　不良抱怨。

1. 抱怨程序。

（1）验收的抱怨：

①验收人员将检验报告通知外协管理人员，并将资料存档，作为下次验收的依据。

②外协管理人员将验收情况通知协作厂商或试用厂商，使其针对缺陷进行改进，资料存档，作为考核依据。

（2）生产时的抱怨：

①生产中发现不良的主要原因是由于外协而发生时，制造各科组通知生产管理单位。

②生产管理单位通知质量管理员再重检外协厂商交来的半成品或零件，并通知外协管理人员，资料存档，作为验收依据。

③外协管理员通知协作厂商，资料存档，并作为考核的依据。

（3）尚有质量管理日常检查抱怨及国内外客户诉怨等。

2. 责任分担。

不良抱怨发生时，除要通知协作厂商或试用厂商针对缺陷进行改进外，自身更要做好质量检查考核管理工作，若有生产时的抱怨发生，还要依照合同内的规定罚款。

第八条　指导教育与考核。

1. 负责单位：有关外协的质量管理、生产管理、设计，外协管理的单位均有负责指导教育考核的责任。

2. 进行方式：首先必须健全本厂的质量管理组织。

（1）指导教育方面。

①协作厂商高阶层人员观念训练：鼓励其接受新观念或参加本厂召开的产品开发座谈会、质量管理座谈会。

②协作厂商质量管理人员训练：鼓励其参加专业训练或质量管理训练或安排其参加本厂所举办的专业质量管理班，使其了解：a. 本厂的质量管理政策及组织；b. 本厂的进料验收、制程及成品的质量管理及最后检验等；c. 本厂验收使用何种验收规格、仪器、量规、抽验表以及如何判定合格。

（2）其他协助方面。

管理制度描述、质量管理制度描述的建立实施，原料管理、工作方法改善等。

（3）考核方面。

详见协作厂商考核及等级评定办法。

第九条 本规定如有其他未尽事宜，需经研讨后修订。外协加工合同书，见表4-157所示。

# 3.59 生产委托加工管理制度描述

## 生产委托加工管理制度

第一条 目的。

为使公司外制开发及半成品、成品外协处理有所遵循，特定本制度。

第二条 范围。

本制度是指配合本公司销售、生产上需要，需通过协作厂商完成新产品零配件的试做、量试及认可后的大量外协制造等作业均属此范围。

第三条 外协类别。

外协依其加工性质的不同区分为：

1. 成品外协。

是指由本公司提供材料或半成品供协作厂商制成成品，其外协加工即可缴交物量部门当作成品销售或可直接由协作厂商交运。

2. 半成品外协。

是指由本公司提供材料、模具或半成品供协作厂商制造，其外协加工后尚需送回本公司再经过加工始能完成成品的。

3. 材料外协。

产品制造所需经过的某段加工过程必需的材料，由于本公司无此种设备（或设备不足），需要外协加工才能在公司内使用均属这种情况。

第四条 经办部门。

外协加工事务由下列部门办理。

外协经办表

| 项目 | 申请部门 | 承办部门 | 发收料部门 | 检验部门 |
|---|---|---|---|---|
| 试做 | | | | |
| 量试 | | | | |
| 成品外协 | | | | |
| 半成品外协 | | | | |
| 材料外协 | | | | |

注：各相关部门由公司自定。

第五条　核决权限。

外协核决表

| 项目 | 申请部门核决 |
|---|---|
| 试做 | |
| 量试 | |
| 成品外协 | |
| 半成品外协 | |
| 材料外协 | |

注：申请部门及核决权限由各公司自定。

**试做与量试外协**

第六条　厂商调查。

1. 为了解外协厂商的动态及产品质量，采购外制人员应随时调查，凡欲与本公司建立外协关系并符合条件者，应填具协作厂商调查表以建立征信资料，作为日后选择协作厂商的参考。协作厂商调查表一式一份呈主管核准后，自存。

2. 采购外制人员应依据协作厂商调查表每半年复查一次，以了解厂商的动态，同时依变动情况，更正原有资料内容。

3. 每批号结束后，将协作厂商试做、外协的实绩转记在协作厂商调查表，以供日后选择厂商的参考。

第七条　申请。

1. 试做。

采购外制人员依据产品设计人员所填制的开发通报书、开发进度表、新开发零件部门进度追踪报告、零件表及图详细审核规划外制的零配件等资料是否齐全、清晰，并立即按进度要求分别开立外协加工申请单一式四联，呈总经理核准后，第一联送会计部门，第二联自存，第三、四联送物量部门，待试制品合格收料后，第三联附发票、收料单送会计部门整理付款。

2. 量试。

（1）采购外制人员于第一批小量试作品完成并送交工程设计人员经确认正常后（如需修改，则再通知外协厂商重新送样，直到正常为止），立即进行第二阶段的量试，其中申请手续同第七条第一项作业。

（2）如在量试与试做过程中，产品设计人员为求产品增加美观与功能，必须增减或修改某些零配件时，应统一由产品设计人员重新绘制零配件成品图，遵循第七条第一项作业程序，除非必须重新开发模具的，才应再和协作厂商洽谈提供损失的费用。

第八条　询价。

1. 采购外制人员提出外协加工申请单前，应依需要日期及协作厂商资料进行询价，询价对象以两家以上为原则（最好三家）并需提供估价单，其内容有模具与零件的材料、人工、税金、利润等资料，每家填写一张外包零件模具估价表及估价分析表。

2. 经办人员审核估价明细表后按照议价、比价方式（以确保质量交货期为前提），将询价记录填写于外协加工申请单内，呈主管核准后，外制人员需将承制厂商、外协工资及约定交货期转记于外协加工控制表凭以控制外协品的交货期。

3. 为配合工程设计部门的要求或制造部门的紧急需求，采购外制人员应参考以往类似品的外协价格，可免去议价、比价手续，直接指定信用可靠的厂商先行加工作业，但事后亦应补办外协申请单及签订合同的手续。

第九条　外协内容与厂商变更。

1. 外协询价经核准后，如需变更外协内容或承制厂商时，承办部门应开立外协内容变更申请表一式四联，注明变更的原因及更改的厂商呈主管核准，第一联送会计部门，第二联送物料管理，第三联办理付款时与发票一并附出，第四联自存。

2. 变更内容应转记在外协加工控制表内凭以管理进度。

第十条　签订合同。

1. 询价完成后，采购外制人员应于外协零配件交运前与协作厂商签订外制品制作进度追踪表一式二联，一联自存，一联送协作厂商据此依进度作业，同时订立模具开发及制品委托制作契约书。

2. 模具开发及制品委托制作契约书一式三份，由协作厂商用印后，送呈科长、总经理核准用印后，一份送协作厂商，一份送会计部门，一份自存。

3. 协作厂商履行合同情况如有异常致使本公司遭受损失时，采购外制人员应立即设法改善依约追偿，并立即签呈主管核示处理，如损失金额超过××元以上时，应转呈总经理核示。

第十一条　质量检查。

1. 检查依据。

协作厂商就依据采购外制人员所提供的正式工程图或样品，先行以检查记录表检查通过后，连同零配件（以塑胶透明袋装妥，并在袋上标明：①零配件名称；②数量；③厂商）一并送交物料管理单位及外制人员登记，并转交产品设计人员检验。

2. 试样检查。

工程产品设计人员在接到采购外制人员所转来的样品后，应依原工程图的要求检查其规格与物性，其处理方式如下：

（1）检验合格者：

经检验合格者，应立即填写检查记录表连同试样送交采购外制人员转记于外协加工控制表结案，并将零配件连同检查记录表送物料管理单位办理入库收料，待通知试装。

（2）检验不合格者：

其检验不合格的零配件，应由产品设计人员于检查记录表内注明不合格的原因，送回采购外制人员转记于外协进度表内，继续追踪协作厂商如期（或延期）完成。

（3）如在检验过程中发生设计变更等事项，仍应通过采购外制人员向协作厂商联系要求变更事宜。

第十二条　付款。

1. 试做与量试的外协加工零配件经检验合格由物料管理单位办理入库后，采购外制人员应将外协申请单第三联，收料单第一联及发票一并核对无误，并呈核后，转会计部门审查凭以付款。

2. 若需由本公司支付模具费用的，除前述的付款凭证外，另由协作厂商提供模具、机具的图片各一张，粘贴于模具履历表内连同发票一并送交本公司整理，并建卡列入资产管理。

3. 采购外制人员每半年整理一次各协作厂商到期应付未付的试做、量试、模具费用于外制零配件逾期支付费用明细表内一式二联，提出原因对策后呈主管核示，一份自存，凭以追踪，一份送会计部门备查。

第十三条 模具管理。

1. 建档。

按照固定资产管理办法，凡经本公司支付模具费的任何模具均应按其编号类别（按固定资产电脑编号说明书原则编定）列账管理，每一模具以一张固定资产登记卡列管。

2. 变动。

（1）配合外协零配件质量与交货期等因素的变动，必须将模具由原协作厂变动到其他（或新开发）的协作厂或使用结案需移回本厂保管时，应按出入厂管理办法填写物品出入厂凭单一式三联，于出（入）厂内注明变动原因后呈主管核准，第一联自存，第二、三联送交原协作厂商签名后，第二联连同物品送回本厂（或新协作厂商），第三联存原协作厂商。

（2）凡变动后的资料均应详细记载于固定资产登记卡内，若因产品停止生产、制程变更、设备更新等原因而闲置时，采购外制人员应以闲置固定资产处理表一式三联，提报模具闲置原因及研拟处理对策后，会业务部门呈总经理核准，第一联送会计部门，第二联送物料管理单位，第三联自存。

第十四条 协作厂商绩效评核。

1. 为使协作厂商适时交运优良质量的零配件给予本公司生产使用，采购外制人员应每月整理外协品新开发评分表，区分为A、B、C、D品种等级，呈主管核准后，考核质量交货A级者，其货款以现金方式支付以示奖励；B级者货款以一个月票期支付；C级者以两个月票期支付（含新开发的协作商厂）；D级者以三个月票期支付，而列入D级的协作厂商连续超过三次者，应予淘汰重新寻觅新协作厂商代替。

2. 采购外制人员为便于外协加工申请作业应于每月底将各协作厂所交的项目规格、材质、加工条件、价格等记录于外制零配件交运动态表，依机种分类归档，以利于查询。

**量试外协**

第十五条 生产资料通知。

经量试的样品，经工程设计人员认可后，由采购外制人员主动联系生产部人员领取相关资料（产品零件表、零件图、组合图、标准规格及用料清单、零件产品的流程图及说明书、制程能力分析、产能设定资料、样品及各项操作、质量的基准等)，（若因业务需要，可由采购外制人员继续量产采购）并应立即由采购外制人员主动召开此项检查会，提出量试期间发生的各项修正与变化，详细列入会议记录。

第十六条　量产订购、询价、收料、付款作业。

1. 采购外制人员于接获产销部门通知生产后，应立即（按交货期间）适当安排各项外制零配件的交货进度，其手续同前第八条的询价作业，如价格与对象不变，不必再填外协申请单，而直接在订购单的单价栏注明是外协单价并按正常采购方式作业。

2. 由本公司提供原物料者，由生产部门提出申请核准后，填写外协出厂单连同原料、半成品随车交运，外协出厂单一式四联，第一联自存，第二联存会计，第三、四联送厂商，第四联由厂商签回，待加工完成并检验合格后，由物料管理单位填写外协收料单一式四联，第二联送会计，第一、三联自存，待收到发票后，连第一联整理付款，第四联送厂商。

**附　则**

第十七条　本办法呈总经理核准后实施，增设修改时亦同。

# 3.60 委托制造、外加工管理制度描述

## 委托制造、外加工管理制度

**总　则**

第一条　目的。

为使本公司外制开发及半成品、成品外协加工有章可循，特制定本制度。

第二条　适用范围。

本制度是指配合本公司销售、生产上需要，需通过协作厂商完成新成品零配件的试作、量试及认可后的大量外协制造等作业。

第三条　外协类别。

1. 成品外协。

指由本公司提供材料或半成品供协作厂商制成成品，加工后即可交由质量部门当作成品销售或可直接由协作厂商交由物流部门。

2. 半成品外协。

指由本公司提供材料、模具或半成品供协作厂商制造，其外协加工后尚需送回本公司再经过加工成品者。

3. 材料外协。

产品制造某段加工过程必需的材料，由于本公司无此种设备需要外协加工者。

第四条 选定方法及基准。

1. 审查方式：书面审查及实地调查。

（1）外协加工及外协制造的申请，是否符合规定，数量方面是否适宜。

（2）申请核准后，由外协管理人员判定是否有协作厂商承制，若没有则选择三家以上厂商的资料，填具厂商资料调查表。

（3）实地调查时，由质量管理委员会指定质量管理、生产管理、技术、外协管理等单位派员组成调查小组，但每一次不一定所有人员都要参加，要视加工或零件制造的重要性而定。

将调查结果填入厂商资料调查表中。

（4）实地调查后可选定其中一家厂商试用。

2. 审查基准：

（1）质量。

（2）供应能力。

（3）价格。

（4）管理。

（5）信誉。

**试作与量试外协**

第五条 厂商调查。

1. 为了解外协厂商的动态及产品质量，采购外制人员应随时调查，凡欲与本公司建立外协关系而能符合条件者应填具协作厂商调查表以建立征信资料，作为日后选择协作厂商的参考。协作厂商调查表一式一份呈主管核准后，自存。

2. 采购外制人员应依据协作厂商调查表每半年复查一次以了解厂商的动态，同时依变动情况，更正原有资料内容。

3. 于每批号结束后，将协作厂商试作、外协的实绩转记于协作厂商调查表以供日后选择厂商的参考。

第六条 申请。

1. 试作。

采购外制人员依据产品设计人员所填制的开发通报书、开发进度表、新开发零件部门进度追踪报告、零件表及图详细审核规划外制的零配件等资料是否齐全、清晰，并即按进度要求分别开立外协加工申请单二式四联，呈总经理核准后，第一联送会计部门，第二联自存，第三、四联物量，待试制品合格收料后，第三联附发票、收料单送会计部门整理付款。

2. 量试。

（1）采购外制人员于第一批小量试作品完成并送交工程设计人员经确认正常后（如需修改，则再通知外协厂商重新送样，至正常为止），即进行第二阶段的试量，其中申请手续同第六条第1项作业。

（2）如于量试与试作过程中，产品设计人员为求产品增加美观与功能必须增减或修改某些零配件时，应统一由产品设计人员重新绘制零配件成品图，循第六条第1项作业，若必须重新开发模具者，应洽协作厂商提供损失的费用。

第七条 询价。

1. 采购外制人员提出外协加工申请单前，应依需要日期及协作厂商资料进行询价，询价对象以两家以上为原则并需提供估价单，其内容有模具与零件的材料、人工、税金、利润等资料，每家填一张外包零件模具估价表及估价分析表。

2. 经办人员审核估价明细表后循议价、比价方式将询价记录填写于外协加工申请单内呈主管核准后，外制人员需将承制厂商约定交货期转记于外协加工控制表凭以控制外协品的交货期。

3. 为配合工程设计部门要求或制造部门的紧急需求，采购外制人员得参考以往类似品的外协价格，可以不经过议价、比价手续，直接指定信用可靠的厂商先行加工作业，但应事后补办外协申请单及签订合同的手续。

第八条 外协内容与厂商变更。

1. 外协询价经核准后，如需变更外协内容或承制厂商时，承办部门应开立外协内容变更申请表一式四联，注明变更的原因及更改的厂商呈主管核准，第一联送会计部门，第二联送物料管理，第三联办理付款时与发票一并附出，第四联自存。

2. 变更内容应转记于外协加工控制表内管理进度。

第九条 签订合同。

1. 询价完成后，采购外制人员应于外协零配件交运前与协作厂商签订外制品制作进度追踪表一式二联，一联自存，一联送协作厂商据此依进度作业，同时订立《模具开发及制品委托制作契约书》。

2. 《模具开发及制品委托制作契约书》一式三份，由协作厂商盖章后，送呈科长、总经理核准盖章后，一份送协作厂商，一份送会计部门，一份自存。

3. 协作厂商履行合同情况如有异常致使本公司遭受损失时，采购外制人员应立即设法改善，依约追偿，并上报主管。

**质量管理**

第十条 质量检查。

1. 入厂检验。

按双方协定的验收标准及抽样计划来验收。

2. 外协质量管理和定期考核。

为使试用厂商或协作厂商供应的产品符合要求，对其必须检查。每月巡回检查各协作厂商，对每个协作厂商，三个月中至少要做一次至两次以上的检查，对试用的厂商，三个月内要做两次检查。

第十一条 质量不良。

1. 质量不良通知。

（1）验收通知。

①验收人员将检验报告通知外协管理人员，并将资料存档，作为下次验收的依据。

②外协管理人员将验收情况通知协作厂商或试用厂商，使其针对缺陷进行改进，资料存档，作为考核依据。

（2）生产时的通知。

①生产中发现不良的主要原因是由于外协而发生时，制造各科组通知生产管理单位。

②生产管理单位通知质量管理员再重检外协厂商交来的半成品或零件，并通知外协管理人员，资料存档，作为验收依据。

③外协管理员通知协作厂商，资料存档，并作为考核的依据。

2. 责任分担。

质量不良发生时，除要通知协作厂商或试用厂商针对缺陷进行改进外，自身更要做好质量检查考核管理工作，若有生产时的质量问题发生，还要依照合同内的规定罚款。

**付　款**

第十二条　试作与量试外协加工零配件经检验合格由物料管理单位办理入库后，采购外制人员应将外协申请单第三联，收料单第一联及发票一并核对无误，并呈核后，转会计部门审查付款。

第十三条　若需由本公司支付模具费用者，除前述的付款凭证外，另由协作厂商提示模具、机具的照片各一祯粘贴于模具履历表内连同发票一并送交本公司整理，并建卡列入资产管理。

第十四条　采购外制人员每半年整理一次各协作厂商到期应付未付的试作、量试、模具费用于外制零配件逾期支付费用明细表内一式二联，提出原因对策后呈主管核示，一份自存，一份送会计部门备查。

**模具及其他资料管理**

第十五条　模具管理。

1. 建档。

按照固定资产管理办法，凡经本公司支付模具费的任何模具均应按其编号别（按固定资产电脑编号说明书原则编定）列账管理，每一模具以一张固定资产登记卡列管。

2. 异动。

（1）配合外协零配件质量与交货期等因素的变动，必须将模具由原协作厂异动到其他（或新开发）的协作厂或使用结案需移回本厂保管时，应按出入厂管理办法填写物品出入厂凭单一式三联，于出（入）厂内注明异动原因后呈主管核准，第一联自存，第二、三联送交原协作厂商签名后，第二联连同物品送回本厂（或新协作厂商），第三联存原协作厂商。

（2）凡异动后的资料均应详细记载于固定资产登记卡内，若因产品停止生产、制程变更、设备更新等原因而闲置时，采购外制人员应以闲置固定资产处理表一式三联，提报模具闲置原因及研拟处理对策后，会业务部门呈总经理核准，第一联送会计部门，第二联送物料管理单位，第三联自存。

第十六条　外协资料：外协加工或外协制造时需要提供给试用厂商或协作厂商的资

料还有：

1. 蓝图。

2. 工程程序图。

3. 操作标准。

4. 检查标准。

5. 检验标准。

6. 材料的规格、数量。

**外协厂商教育指导**

第十七条　指导教育。

1. 负责单位：有关外协的质量管理、生产管理、设计，外协管理的单位均有负责指导教育考核的责任。

2. 进行方式：首先必须健全本公司的质量管理组织。

（1）指导教育方面。

①协作厂商高阶层人员观念训练：鼓励其接受新观念或参加本公司召开的产品开发座谈会、质量管理座谈会。

②协作厂商质量管理人员训练：鼓励其参加专业训练或质量管理训练或安排其参加本厂所举办的专业质量管理班，使其了解：本厂的质量管理政策及组织；本厂的进料验收、制程及成品的质量管理及最后检验等；本厂验收使用何种验收规格、仪器、量规、抽验表以及如何判定合格。

第十八条　外协指导管理。

1. 使其确实按照我们的规定来加工或制造。

2. 协助其提高质量。

3. 经常联系协调，了解外协的进度、质量。

**附　则**

第十九条　本规定如有其他未尽事宜，需经研讨后修改。

第二十条　本规定呈总经理核准后实施，增删修改时亦同。

# 3.61 中华人民共和国安全生产法描述

## 中华人民共和国安全生产法

### 第一章 总 则

第一条 为了加强安全生产监督管理，防止和减少生产安全事故，保障人民群众生命和财产安全，促进经济发展，制定本法。

第二条 在中华人民共和国领域内从事生产经营活动的单位（以下统称生产经营单位）的安全生产，适用本法；有关法律、行政法规对消防安全和道路交通安全、铁路交通安全、水上交通安全、民用航空安全另有规定的，适用其规定。

第三条 安全生产管理，坚持安全第一、预防为主的方针。

第四条 生产经营单位必须遵守本法和其他有关安全生产的法律、法规，加强安全生产管理，建立、健全安全生产责任制度描述，完善安全生产条件，确保安全生产。

第五条 生产经营单位的主要负责人对本单位的安全生产工作全面负责。

第六条 生产经营单位的从业人员有依法获得安全生产保障的权利，并应当依法履行安全生产方面的义务。

第七条 工会依法组织职工参加本单位安全生产工作的民主管理和民主监督，维护职工在安全生产方面的合法权益。

第八条 国务院和地方各级人民政府应当加强对安全生产工作的领导，支持、督促各有关部门依法履行安全生产监督管理职责。县级以上人民政府对安全生产监督管理中存在的重大问题应当及时予以协调、解决。

第九条 国务院负责安全生产监督管理的部门依照本法，对全国安全生产工作实施综合监督管理；县级以上地方各级人民政府负责安全生产监督管理的部门依照本法，对本行政区域内安全生产工作实施综合监督管理。

国务院有关部门依照本法和其他有关法律、行政法规的规定，在各自的职责范围内对有关的安全生产工作实施监督管理；县级以上地方各级人民政府有关部门依照本法和其他有关法律、法规的规定，在各自的职责范围内对有关的安全生产工作实施监督管理。

第十条 国务院有关部门应当按照保障安全生产的要求，依法及时制定有关的国家标准或者行业标准，并根据科技进步和经济发展适时修订。

生产经营单位必须执行依法制定的保障安全生产的国家标准或者行业标准。

第十一条 各级人民政府及其有关部门应当采取多种形式，加强对有关安全生产的法律、法规和安全生产知识的宣传，提高职工的安全生产意识。

第十二条 依法设立的为安全生产提供技术服务的中介机构，依照法律、行政法规和执业准则，接受生产经营单位的委托为其安全生产工作提供技术服务。

第十三条 国家实行生产安全事故责任追究制度，依照本法和有关法律、法规的规定，追究生产安全事故责任人员的法律责任。

第十四条 国家鼓励和支持安全生产科学技术研究和安全生产先进技术的推广应用，提高安全生产水平。

第十五条 国家对在改善安全生产条件、防止生产安全事故、参加抢险救护等方面取得显著成绩的单位和个人，给予奖励。

第二章 生产经营单位的安全生产保障

第十六条 生产经营单位应当具备本法和有关法律、行政法规和国家标准或者行业标准规定的安全生产条件；不具备安全生产条件的，不得从事生产经营活动。

第十七条 生产经营单位的主要负责人对本单位安全生产工作负有下列职责：

（一）建立、健全本单位安全生产责任制。

（二）组织制定本单位安全生产规章制度和操作细节描述。

（三）保证本单位安全生产投入的有效实施。

（四）督促、检查本单位的安全生产工作，及时消除生产安全事故隐患。

（五）组织制定并实施本单位的生产安全事故应急救援预案。

（六）及时、如实报告生产安全事故。

第十八条 生产经营单位应当具备的安全生产条件所必需的资金投入，由生产经营单位的决策机构、主要负责人或者个人经营的投资人予以保证，并对由于安全生产所必需的资金投入不足导致的后果承担责任。

第十九条 矿山、建筑施工单位和危险物品的生产、经营、储存单位，应当设置安全生产管理机构或者配备专职安全生产管理人员。

前款规定以外的其他生产经营单位，从业人员超过三百人的，应当设置安全生产管理机构或者配备专职安全生产管理人员；从业人员在三百人以下的，应当配备专职或者兼职的安全生产管理人员，或者委托具有国家规定的相关专业技术资格的工程技术人员提供安全生产管理服务。

生产经营单位依照前款规定委托工程技术人员提供安全生产管理服务的，保证安全生产的责任仍由本单位负责。

第二十条　生产经营单位的主要负责人和安全生产管理人员必须具备与本单位所从事的生产经营活动相应的安全生产知识和管理能力。

危险物品的生产、经营、储存单位以及矿山、建筑施工单位的主要负责人和安全生产管理人员，应当由有关主管部门对其安全生产知识和管理能力考核合格后方可任职。考核不得收费。

第二十一条　生产经营单位应当对从业人员进行安全生产教育和培训，保证从业人员具备必要的安全生产知识，熟悉有关的安全生产规章制度和安全操作细节描述，掌握本岗位的安全操作技能。未经安全生产教育和培训合格的从业人员，不得上岗作业。

第二十二条　生产经营单位采用新工艺、新技术、新材料或者使用新设备，必须了解、掌握其安全技术特性，采取有效的安全防护措施，并对从业人员进行专门的安全生产教育和培训。

第二十三条　生产经营单位的特种作业人员必须按照国家有关规定经专门的安全作业培训，取得特种作业操作资格证书，方可上岗作业。

特种作业人员的范围由国务院负责安全生产监督管理的部门会同国务院有关部门确定。

第二十四条　生产经营单位新建、改建、扩建工程项目（以下统称建设项目）的安全设施，必须与主体工程同时设计、同时施工、同时投入生产和使用。安全设施投资应当纳入建设项目概算。

第二十五条　矿山建设项目和用于生产、储存危险物品的建设项目，应当分别按照国家有关规定进行安全条件论证和安全评价。

第二十六条　建设项目安全设施的设计人、设计单位应当对安全设施设计负责。

矿山建设项目和用于生产、储存危险物品的建设项目的安全设施设计应当按照国家有关规定报经有关部门审查，审查部门及其负责审查的人员对审查结果负责。

第二十七条　矿山建设项目和用于生产、储存危险物品的建设项目的施工单位必须按照批准的安全设施设计施工，并对安全设施的工程质量负责。

矿山建设项目和用于生产、储存危险物品的建设项目竣工投入生产或者使用前，必须依照有关法律、行政法规的规定对安全设施进行验收；验收合格后，方可投入生产和使用。验收部门及其验收人员对验收结果负责。

第二十八条　生产经营单位应当在有较大危险因素的生产经营场所和有关设施、设备上，设置明显的安全警示标识。

第二十九条　安全设备的设计、制造、安装、使用、检测、维修、改造和报废，应当符合国家标准或者行业标准。

生产经营单位必须对安全设备进行经常性维护、保养，并定期检测，保证正常运转。维护、保养、检测应当做好记录，并由有关人员签字。

第三十条　生产经营单位使用的涉及生命安全、危险性较大的特种设备，以及危险物品的容器、运输工具，必须按照国家有关规定，由专业生产单位生产，并经取得专业资质的检测、检验机构检测、检验合格，取得安全使用证或者安全标识，方可投入使用。检测、检验机构对检测、检验结果负责。

涉及生命安全、危险性较大的特种设备的目录由国务院负责特种设备安全监督管理的部门制定，报国务院批准后执行。

第三十一条　国家对严重危及生产安全的工艺、设备实行淘汰制度。

生产经营单位不得使用国家明令淘汰、禁止使用的危及生产安全的工艺、设备。

第三十二条　生产、经营、运输、储存、使用危险物品或者处置废弃危险物品的，由有关主管部门依照有关法律、法规的规定和国家标准或者行业标准审批并实施监督管理。

生产经营单位生产、经营、运输、储存、使用危险物品或者处置废弃危险物品，必须执行有关法律、法规和国家标准或者行业标准，建立专门的安全管理制度描述，采取可靠的安全措施，接受有关主管部门依法实施的监督管理。

第三十三条　生产经营单位对重大危险源应当登记建档，进行定期检测、评估、监控，并制定应急预案，告知从业人员和相关人员在紧急情况下应当采取的应急措施。

生产经营单位应当按照国家有关规定将本单位重大危险源及有关安全措施、应急措施报有关地方人民政府负责安全生产监督管理的部门和有关部门备案。

第三十四条　生产、经营、储存、使用危险物品的车间、商店、仓库不得与员工宿舍在同一座建筑物内，并应当与员工宿舍保持安全距离。

生产经营场所和员工宿舍应当设有符合紧急疏散要求、标识明显、保持畅通的出口。禁止封闭、堵塞生产经营场所或者员工宿舍的出口。

第三十五条 生产经营单位进行爆破、吊装等危险作业，应当安排专门人员进行现场安全管理，确保操作细节描述的遵守和安全措施的落实。

第三十六条 生产经营单位应当教育和督促从业人员严格执行本单位的安全生产规章制度和安全操作细节描述；并向从业人员如实告知作业场所和工作岗位存在的危险因素、防范措施以及事故应急措施。

第三十七条 生产经营单位必须为从业人员提供符合国家标准或者行业标准的劳动防护用品，并监督、教育从业人员按照使用规则佩戴、使用。

第三十八条 生产经营单位的安全生产管理人员应当根据本单位的生产经营特点，对安全生产状况进行经常性检查；对检查中发现的安全问题，应当立即处理；不能处理的，应当及时报告本单位有关负责人。检查及处理情况应当记录在案。

第三十九条 生产经营单位应当安排用于配备劳动防护用品、进行安全生产培训的经费。

第四十条 两个以上生产经营单位在同一作业区域内进行生产经营活动，可能危及对方生产安全的，应当签订安全生产管理协议，明确各自的安全生产管理职责和应当采取的安全措施，并指定专职安全生产管理人员进行安全检查与协调。

第四十一条 生产经营单位不得将生产经营项目、场所、设备发包或者出租给不具备安全生产条件或者相应资质的单位或者个人。

生产经营项目、场所有多个承包单位、承租单位的，生产经营单位应当与承包单位、承租单位签订专门的安全生产管理协议，或者在承包合同、租赁合同中约定各自的安全生产管理职责；生产经营单位对承包单位、承租单位的安全生产工作统一协调、管理。

第四十二条 生产经营单位发生重大生产安全事故时，单位的主要负责人应当立即组织抢救，并不得在事故调查处理期间擅离职守。

第四十三条 生产经营单位必须依法参加工伤社会保险，为从业人员缴纳保险费。

## 第三章 从业人员的权利和义务

第四十四条 生产经营单位与从业人员订立的劳动合同，应当载明有关保障从业人员劳动安全、防止职业危害的事项，以及依法为从业人员办理工伤社会保险的事项。

生产经营单位不得以任何形式与从业人员订立协议，免除或者减轻其对从业人员因生产安全事故伤亡依法应承担的责任。

第四十五条　生产经营单位的从业人员有权了解其作业场所和工作岗位存在的危险因素、防范措施及事故应急措施，有权对本单位的安全生产工作提出建议。

第四十六条　从业人员有权对本单位安全生产工作中存在的问题提出批评、检举、控告；有权拒绝违章指挥和强令冒险作业。

生产经营单位不得因从业人员对本单位安全生产工作提出批评、检举、控告或者拒绝违章指挥、强令冒险作业而降低其工资、福利等待遇或者解除与其订立的劳动合同。

第四十七条　从业人员发现直接危及人身安全的紧急情况时，有权停止作业或者在采取可能的应急措施后撤离作业场所。

生产经营单位不得因从业人员在前款紧急情况下停止作业或者采取紧急撤离措施而降低其工资、福利等待遇或者解除与其订立的劳动合同。

第四十八条　因生产安全事故受到损害的从业人员，除依法享有工伤社会保险外，依照有关民事法律尚有获得赔偿的权利的，有权向本单位提出赔偿要求。

第四十九条　从业人员在作业过程中，应当严格遵守本单位的安全生产规章制度和操作细节描述，服从管理，正确佩戴和使用劳动防护用品。

第五十条　从业人员应当接受安全生产教育和培训，掌握本职工作所需的安全生产知识，提高安全生产技能，增强事故预防和应急处理能力。

第五十一条　从业人员发现事故隐患或者其他不安全因素，应当立即向现场安全生产管理人员或者本单位负责人报告；接到报告的人员应当及时予以处理。

第五十二条　工会有权对建设项目的安全设施与主体工程同时设计、同时施工、同时投入生产和使用进行监督，提出意见。

工会对生产经营单位违反安全生产法律、法规，侵犯从业人员合法权益的行为，有权要求纠正；发现生产经营单位违章指挥、强令冒险作业或者发现事故隐患时，有权提出解决的建议，生产经营单位应当及时研究答复；发现危及从业人员生命安全的情况时，有权向生产经营单位建议组织从业人员撤离危险场所，生产经营单位必须立即做出处理。

工会有权依法参加事故调查，向有关部门提出处理意见，并要求追究有关人员的责任。

## 第四章　安全生产的监督管理

第五十三条　县级以上地方各级人民政府应当根据本行政区域内的安全生产状况，组织有关部门按照职责分工，对本行政区域内容易发生重大生产安全事故的生产经营单位进行严格检查；发现事故隐患，应当及时处理。

第五十四条　依照本法第九条规定对安全生产负有监督管理职责的部门（以下统称负有安全生产监督管理职责的部门）依照有关法律、法规的规定，对涉及安全生产的事项需要审查批准（包括批准、核准、许可、注册、认证、颁发证照等，下同）或者验收的，必须严格依照有关法律、法规和国家标准或者行业标准规定的安全生产条件和程序进行审查；不符合有关法律、法规和国家标准或者行业标准规定的安全生产条件的，不得批准或者验收通过。对未依法取得批准或者验收合格的单位擅自从事有关活动的，负责行政审批的部门发现或者接到举报后应当立即予以取缔，并依法予以处理。对已经依法取得批准的单位，负责行政审批的部门发现其不再具备安全生产条件的，应当撤销原批准。

第五十五条　负有安全生产监督管理职责的部门对涉及安全生产的事项进行审查、验收，不得收取费用；不得要求接受审查、验收的单位购买其指定品牌或者指定生产、销售单位的安全设备、器材或者其他产品。

第五十六条　负有安全生产监督管理职责的部门依法对生产经营单位执行有关安全生产的法律、法规和国家标准或者行业标准的情况进行监督检查，行使以下职权：

（一）进入生产经营单位进行检查，调阅有关资料，向有关单位和人员了解情况。

（二）对检查中发现的安全生产违法行为，当场予以纠正或者要求限期改正；对依法应当给予行政处罚的行为，依照本法和其他有关法律、行政法规的规定作出行政处罚决定。

（三）对检查中发现的事故隐患，应当责令立即排除；重大事故隐患排除前或者排除过程中无法保证安全的，应当责令从危险区域内撤出作业人员，责令暂时停产停业或者停止使用；重大事故隐患排除后，经审查同意，方可恢复生产经营和使用。

（四）对有根据认为不符合保障安全生产的国家标准或者行业标准的设施、设备、器材予以查封或者扣押，并应当在十五日内依法做出处理决定。

监督检查不得影响被检查单位的正常生产经营活动。

第五十七条 生产经营单位对负有安全生产监督管理职责的部门的监督检查人员（以下统称安全生产监督检查人员）依法履行监督检查职责，应当予以配合，不得拒绝、阻挠。

第五十八条 安全生产监督检查人员应当忠于职守，坚持原则，秉公执法。安全生产监督检查人员执行监督检查任务时，必须出示有效的监督执法证件；对涉及被检查单位的技术秘密和业务秘密，应当为其保密。

第五十九条 安全生产监督检查人员应当将检查的时间、地点、内容、发现的问题及其处理情况，做出书面记录，并由检查人员和被检查单位的负责人签字；被检查单位的负责人拒绝签字的，检查人员应当将情况记录在案，并向负有安全生产监督管理职责的部门报告。

第六十条 负有安全生产监督管理职责的部门在监督检查中，应当互相配合，实行联合检查；确需分别进行检查的，应当互通情况，发现存在的安全问题应当由其他有关部门进行处理的，应当及时移送其他有关部门并形成记录备查，接受移送的部门应当及时进行处理。

第六十一条 监察机关依照行政监察法的规定，对负有安全生产监督管理职责的部门及其工作人员履行安全生产监督管理职责实施监察。

第六十二条 承担安全评价、认证、检测、检验的机构应当具备国家规定的资质条件，并对其做出的安全评价、认证、检测、检验的结果负责。

第六十三条 负有安全生产监督管理职责的部门应当建立举报制度，公开举报电话、信箱或者电子邮件地址，受理有关安全生产的举报；受理的举报事项经调查核实后，应当形成书面材料；需要落实整改措施的，报经有关负责人签字并督促落实。

第六十四条 任何单位或者个人对事故隐患或者安全生产违法行为，均有权向负有安全生产监督管理职责的部门报告或者举报。

第六十五条 居民委员会、村民委员会发现其所在区域内的生产经营单位存在事故隐患或者安全生产违法行为时，应当向当地人民政府或者有关部门报告。

第六十六条 县级以上各级人民政府及其有关部门对报告重大事故隐患或者举报安全生产违法行为的有功人员，给予奖励。具体奖励办法由国务院负责安全生产监督管理的部门会同国务院财政部门制定。

第六十七条 新闻、出版、广播、电影、电视等单位有进行安全生产宣传教育的义务，有对违反安全生产法律、法规的行为进行舆论监督的权利。

第五章　生产安全事故的应急救援与调查处理

第六十八条　县级以上地方各级人民政府应当组织有关部门制定本行政区域内特大生产安全事故应急救援预案，建立应急救援体系。

第六十九条　危险物品的生产、经营、储存单位以及矿山、建筑施工单位应当建立应急救援组织；生产经营规模较小，可以不建立应急救援组织的，应当指定兼职的应急救援人员。

危险物品的生产、经营、储存单位以及矿山、建筑施工单位应当配备必要的应急救援器材、设备，并进行经常性维护、保养，保证正常运转。

第七十条　生产经营单位发生生产安全事故后，事故现场有关人员应当立即报告本单位负责人。单位负责人接到事故报告后，应当迅速采取有效措施，组织抢救，防止事故扩大，减少人员伤亡和财产损失，并按照国家有关规定立即如实报告给当地负有安全生产监督管理职责的部门，不得隐瞒不报、谎报或者拖延不报，不得故意破坏事故现场、毁灭有关证据。

第七十一条　负有安全生产监督管理职责的部门接到事故报告后，应当立即按照国家有关规定上报事故情况。负有安全生产监督管理职责的部门和有关地方人民政府对事故情况不得隐瞒不报、谎报或者拖延不报。

第七十二条　有关地方人民政府和负有安全生产监督管理职责的部门的负责人接到重大生产安全事故报告后，应当立即赶到事故现场，组织事故抢救。

任何单位和个人都应当支持、配合事故抢救，并提供一切便利条件。

第七十三条　事故调查处理应当按照实事求是、尊重科学的原则，及时、准确地查清事故原因，查明事故性质和责任，总结事故教训，提出整改措施，并对事故责任者提出处理意见。事故调查和处理的具体办法由国务院制定。

第七十四条　生产经营单位发生生产安全事故，经调查确定为责任事故的，除应当查明事故单位的责任并依法予以追究外，还应当查明对安全生产的有关事项负有审查批准和监督职责的行政部门的责任，对有失职、渎职行为的，依照本法第七十七条的规定追究法律责任。

第七十五条　任何单位和个人不得阻挠和干涉对事故的依法调查处理。

第七十六条　县级以上地方各级人民政府负责安全生产监督管理的部门应当定期统

计分析本行政区域内发生生产安全事故的情况，并定期向社会公布。

## 第六章 法律责任

第七十七条 负有安全生产监督管理职责的部门的工作人员，有下列行为之一的，给予降级或者撤职的行政处分；构成犯罪的，依照刑法有关规定追究刑事责任：

（1）对不符合法定安全生产条件的涉及安全生产的事项予以批准或者验收通过的；

（2）发现未依法取得批准、验收的单位擅自从事有关活动或者接到举报后不予取缔或者不依法予以处理的；

（3）对已经依法取得批准的单位不履行监督管理职责，发现其不再具备安全生产条件而不撤销原批准或者发现安全生产违法行为不予查处的。

第七十八条 负有安全生产监督管理职责的部门，要求被审查、验收的单位购买其指定的安全设备、器材或者其他产品的，在对安全生产事项的审查、验收中收取费用的，由其上级机关或者监察机关责令改正，责令退还收取的费用；情节严重的，对直接负责的主管人员和其他直接责任人员依法给予行政处分。

第七十九条 承担安全评价、认证、检测、检验工作的机构，出具虚假证明，构成犯罪的，依照刑法有关规定追究刑事责任；尚不够刑事处罚的，没收违法所得，违法所得在五千元以上的，并处违法所得二倍以上五倍以下的罚款，没有违法所得或者违法所得不足五千元的，单处或者并处五千元以上二万元以下的罚款，对其直接负责的主管人员和其他直接责任人员处五千元以上五万元以下的罚款；给他人造成损害的，与生产经营单位承担连带赔偿责任。

对有前款违法行为的机构，撤销其相应资格。

第八十条 生产经营单位的决策机构、主要负责人、个人经营的投资人不依照本法规定保证安全生产所必需的资金投入，致使生产经营单位不具备安全生产条件的，责令限期改正，提供必需的资金；逾期未改正的，责令生产经营单位停产停业整顿。

有前款违法行为，导致发生生产安全事故，构成犯罪的，依照刑法有关规定追究刑事责任；尚不够刑事处罚的，对生产经营单位的主要负责人给予撤职处分，对个人经营的投资人处二万元以上二十万元以下的罚款。

第八十一条 生产经营单位的主要负责人未履行本法规定的安全生产管理职责的，责令限期改正；逾期未改正的，责令生产经营单位停产停业整顿。

生产经营单位的主要负责人有前款违法行为，导致发生生产安全事故，构成犯罪的，依照刑法有关规定追究刑事责任；尚不够刑事处罚的，给予撤职处分或者处二万元以上二十万元以下的罚款。

生产经营单位的主要负责人依照前款规定受刑事处罚或者撤职处分的，自刑罚执行完毕或者受处分之日起，五年内不得担任任何生产经营单位的主要负责人。

第八十二条　生产经营单位有下列行为之一的，责令限期改正；逾期未改正的，责令停产停业整顿，可以并处二万元以下的罚款：

（一）未按照规定设立安全生产管理机构或者配备安全生产管理人员的；

（二）危险物品的生产、经营、储存单位以及矿山、建筑施工单位的主要负责人和安全生产管理人员未按照规定经考核合格的；

（三）未按照本法第二十一条、第二十二条的规定对从业人员进行安全生产教育和培训，或者未按照本法第三十六条的规定如实告知从业人员有关的安全生产事项的；

（四）特种作业人员未按照规定经专门的安全作业培训并取得特种作业操作资格证书，上岗作业的。

第八十三条　生产经营单位有下列行为之一的，责令限期改正；逾期未改正的，责令停止建设或者停产停业整顿，可以并处五万元以下的罚款；造成严重后果，构成犯罪的，依照刑法有关规定追究刑事责任：

（一）矿山建设项目或者用于生产、储存危险物品的建设项目没有安全设施设计或者安全设施设计未按照规定报经有关部门审查同意的；

（二）矿山建设项目或者用于生产、储存危险物品的建设项目的施工单位未按照批准的安全设施设计施工的；

（三）矿山建设项目或者用于生产、储存危险物品的建设项目竣工投入生产或者使用前，安全设施未经验收合格的；

（四）未在有较大危险因素的生产经营场所和有关设施、设备上设置明显的安全警示标识的；

（五）安全设备的安装、使用、检测、改造和报废不符合国家标准或者行业标准的；

（六）未对安全设备进行经常性维护、保养和定期检测的；

（七）未为从业人员提供符合国家标准或者行业标准的劳动防护用品的；

（八）特种设备以及危险物品的容器、运输工具未经取得专业资质的机构检测、检验合格，取得安全使用证或者安全标识，投入使用的；

（九）使用国家明令淘汰、禁止使用的危及生产安全的工艺、设备的。

第八十四条 未经依法批准，擅自生产、经营、储存危险物品的，责令停止违法行为或者予以关闭，没收违法所得，违法所得十万元以上的，并处违法所得一倍以上五倍以下的罚款，没有违法所得或者违法所得不足十万元的，单处或者并处二万元以上十万元以下的罚款；造成严重后果，构成犯罪的，依照刑法有关规定追究刑事责任。

第八十五条 生产经营单位有下列行为之一的，责令限期改正；逾期未改正的，责令停产停业整顿，可以并处二万元以上十万元以下的罚款；造成严重后果，构成犯罪的，依照刑法有关规定追究刑事责任：

（一）生产、经营、储存、使用危险物品，未建立专门安全管理制度描述、未采取可靠的安全措施或者不接受有关主管部门依法实施的监督管理的；

（二）对重大危险源未登记建档，或者未进行评估、监控，或者未制定应急预案的；

（三）进行爆破、吊装等危险作业，未安排专门管理人员进行现场安全管理的。

第八十六条 生产经营单位将生产经营项目、场所、设备发包或者出租给不具备安全生产条件或者相应资质的单位或者个人的，责令限期改正，没收违法所得；违法所得五万元以上的，并处违法所得一倍以上五倍以下的罚款；没有违法所得或者违法所得不足五万元的，单处或者并处一万元以上五万元以下的罚款；导致发生生产安全事故给他人造成损害的，与承包方、承租方承担连带赔偿责任。

生产经营单位未与承包单位、承租单位签订专门的安全生产管理协议或者未在承包合同、租赁合同中明确各自的安全生产管理职责，或者未对承包单位、承租单位的安全生产统一协调、管理的，责令限期改正；逾期未改正的，责令停产停业整顿。

第八十七条 两个以上生产经营单位在同一作业区域内进行可能危及对方安全生产的生产经营活动，未签订安全生产管理协议或者未指定专职安全生产管理人员进行安全检查与协调的，责令限期改正；逾期未改正的，责令停产停业。

第八十八条 生产经营单位有下列行为之一的，责令限期改正；逾期未改正的，责令停产停业整顿；造成严重后果，构成犯罪的，依照刑法有关规定追究刑事责任：

（一）生产、经营、储存、使用危险物品的车间、商店、仓库与员工宿舍在同一座建筑内，或者与员工宿舍的距离不符合安全要求的；

（二）生产经营场所和员工宿舍未设有符合紧急疏散需要、标识明显、保持畅通的出口，或者封闭、堵塞生产经营场所或者员工宿舍出口的。

第八十九条　生产经营单位与从业人员订立协议，免除或者减轻其对从业人员因生产安全事故伤亡依法应承担的责任的，该协议无效；对生产经营单位的主要负责人、个人经营的投资人处二万元以上十万元以下的罚款。

第九十条　生产经营单位的从业人员不服从管理，违反安全生产规章制度或者操作细节描述的，由生产经营单位给予批评教育，依照有关规章制度给予处分；造成重大事故，构成犯罪的，依照刑法有关规定追究刑事责任。

第九十一条　生产经营单位主要负责人在本单位发生重大生产安全事故时，不立即组织抢救或者在事故调查处理期间擅离职守或者逃匿的，给予降职、撤职的处分，对逃匿的处十五日以下拘留；构成犯罪的，依照刑法有关规定追究刑事责任。

生产经营单位主要负责人对生产安全事故隐瞒不报、谎报或者拖延不报的，依照前款规定处罚。

第九十二条　有关地方人民政府、负有安全生产监督管理职责的部门，对生产安全事故隐瞒不报、谎报或者拖延不报的，对直接负责的主管人员和其他直接责任人员依法给予行政处分；构成犯罪的，依照刑法有关规定追究刑事责任。

第九十三条　生产经营单位不具备本法和其他有关法律、行政法规和国家标准或者行业标准规定的安全生产条件，经停产停业整顿仍不具备安全生产条件的，予以关闭；有关部门应当依法吊销其有关证照。

第九十四条　本法规定的行政处罚，由负责安全生产监督管理的部门决定；予以关闭的行政处罚由负责安全生产监督管理的部门报请县级以上人民政府按照国务院规定的权限决定；给予拘留的行政处罚由公安机关依照治安管理处罚条例的规定决定。有关法律、行政法规对行政处罚的决定机关另有规定的，依照其规定。

第九十五条　生产经营单位发生生产安全事故造成人员伤亡、他人财产损失的，应当依法承担赔偿责任；拒不承担或者其负责人逃匿的，由人民法院依法强制执行。

生产安全事故的责任人未依法承担赔偿责任，经人民法院依法采取执行措施后，仍不能对受害人给予足额赔偿的，应当继续履行赔偿义务；受害人发现责任人有其他财产的，可以随时请求人民法院执行。

第七章 附 则

第九十六条 本法下列用语的含义：

危险物品，是指易燃易爆物品、危险化学品、放射性物品等能够危及人身安全和财产安全的物品。

重大危险源，是指长期地或者临时地生产、搬运、使用或者储存危险物品，且危险物品的数量等于或者超过临界量的单元（包括场所和设施）。

第九十七条 本法自某年某月某日起施行。

## 3.62 中华人民共和国职业病防治法描述

### 中华人民共和国职业病防治法

第一章 总 则

第一条 为了预防、控制和消除职业病危害，防治职业病，保护劳动者健康及其相关权益，促进经济发展，根据宪法，制定本法。

第二条 本法适用于中华人民共和国领域内的职业病防治活动。

本法所称职业病，是指企业、事业单位和个体经济组织（以下统称用人单位）的劳动者在职业活动中，因接触粉尘、放射性物质和其他有毒、有害物质等因素而引起的疾病。

职业病的分类和目录由国务院卫生行政部门会同国务院劳动保障行政部门规定、调整并公布。

第三条 职业病防治工作坚持预防为主、防治结合的方针，实行分类管理、综合治理。

第四条 劳动者依法享有职业卫生保护的权利。

用人单位应当为劳动者创造符合国家职业卫生标准和卫生要求的工作环境和条件，并采取措施保障劳动者获得职业卫生保护。

第五条 用人单位应当建立、健全职业病防治责任制，加强对职业病防治的管理，提高职业病防治水平，对本单位产生的职业病危害承担责任。

第六条 用人单位必须依法参加工伤社会保险。

国务院和县级以上地方人民政府劳动保障行政部门应当加强对工伤社会保险的监督管理，确保劳动者依法享受工伤社会保险待遇。

第七条　国家鼓励研制、开发、推广、应用有利于职业病防治和保护劳动者健康的新技术、新工艺、新材料，加强对职业病的机理和发生规律的基础研究，提高职业病防治科学技术水平；积极采用有效的职业病防治技术、工艺、材料；限制使用或者淘汰职业病危害严重的技术、工艺、材料。

第八条　国家实行职业卫生监督制度。

国务院卫生行政部门统一负责全国职业病防治的监督管理工作。国务院有关部门在各自的职责范围内负责职业病防治的有关监督管理工作。

县级以上地方人民政府卫生行政部门负责本行政区域内职业病防治的监督管理工作。县级以上地方人民政府有关部门在各自的职责范围内负责职业病防治的有关监督管理工作。

第九条　国务院和县级以上地方人民政府应当制定职业病防治规划，将其纳入国民经济和社会发展计划，并组织实施。

乡、民族乡、镇的人民政府应当认真执行本法，支持卫生行政部门依法履行职责。

第十条　县级以上人民政府卫生行政部门和其他有关部门应当加强对职业病防治的宣传教育，普及职业病防治的知识，增强用人单位的职业病防治观念，提高劳动者的自我健康保护意识。

第十一条　有关防治职业病的国家职业卫生标准，由国务院卫生行政部门制定并公布。

第十二条　任何单位和个人有权对违反本法的行为进行检举和控告。

对防治职业病成绩显著的单位和个人，给予奖励。

## 第二章　前期预防

第十三条　产生职业病危害的用人单位的设立除应当符合法律、行政法规规定的设立条件外，其工作场所还应当符合下列职业卫生要求：

（一）职业病危害因素的强度或者浓度符合国家职业卫生标准；

（二）有与职业病危害防护相适应的设施；

（三）生产布局合理，符合有害与无害作业分开的原则；

（四）有配套的更衣间、洗浴间、孕妇休息间等卫生设施；

（五）设备、工具、用具等设施符合保护劳动者生理、心理健康的要求；

（六）法律、行政法规和国务院卫生行政部门关于保护劳动者健康的其他要求。

第十四条　在卫生行政部门中建立职业病危害项目的申报制度。

用人单位设有依法公布的职业病目录所列职业病的危害项目的，应当及时、如实向卫生行政部门申报，接受监督。

职业病危害项目申报的具体办法由国务院卫生行政部门制定。

第十五条　新建、扩建、改建建设项目和技术改造、技术引进项目（以下统称建设项目）可能产生职业病危害的，建设单位在可行性论证阶段应当向卫生行政部门提交职业病危害预评价报告。卫生行政部门应当自收到职业病危害预评价报告之日起三十日内，做出审核决定并书面通知建设单位。未提交预评价报告或者预评价报告未经卫生行政部门审核同意的，有关部门不得批准该建设项目。

职业病危害预评价报告应当对建设项目可能产生的职业病危害因素及其对工作场所和劳动者健康的影响做出评价，确定危害类别和职业病防护措施。

建设项目职业病危害分类目录和分类管理办法由国务院卫生行政部门制定。

第十六条　建设项目的职业病防护设施所需费用应当纳入建设项目工程预算，并与主体工程同时设计，同时施工，同时投入生产和使用。

职业病危害严重的建设项目的防护设施设计，应当经卫生行政部门进行卫生审查，符合国家职业卫生标准和卫生要求的，方可施工。

建设项目在竣工验收前，建设单位应当进行职业病危害控制效果评价。建设项目竣工验收时，其职业病防护设施经卫生行政部门验收合格后，方可投入正式生产和使用。

第十七条　职业病危害预评价、职业病危害控制效果评价由依法设立的取得省级以上人民政府卫生行政部门资质认证的职业卫生技术服务机构进行。职业卫生技术服务机构所作评价应当客观、真实。

第十八条　国家对从事放射、高毒等作业实行特殊管理。具体管理办法由国务院制定。

## 第三章　劳动过程中的防护与管理

第十九条　用人单位应当采取下列职业病防治管理措施：

（一）设置或者指定职业卫生管理机构或者组织，配备专职或者兼职的职业卫生专业人员，负责本单位的职业病防治工作；

（二）制定职业病防治计划和实施方案；

（三）建立、健全职业卫生管理制度描述和操作细节描述；

（四）建立、健全职业卫生档案和劳动者健康监护档案；

（五）建立、健全工作场所职业病危害因素监测及评价制度；

（六）建立、健全职业病危害事故应急救援预案。

第二十条　用人单位必须采用有效的职业病防护设施，并为劳动者提供个人使用的职业病防护用品。

用人单位为劳动者个人提供的职业病防护用品必须符合防治职业病的要求；不符合要求的，不得使用。

第二十一条　用人单位应当优先采用有利于防治职业病和保护劳动者健康的新技术、新工艺、新材料，逐步替代职业病危害严重的技术、工艺、材料。

第二十二条　产生职业病危害的用人单位，应当在醒目位置设置公告栏，公布有关职业病防治的规章制度、操作细节描述、职业病危害事故应急救援措施和工作场所职业病危害因素检测结果。

对产生严重职业病危害的作业岗位，应当在其醒目位置，设置警示标识和中文警示说明。警示说明应当载明产生职业病危害的种类、后果、预防以及应急救治措施等内容。

第二十三条　对可能发生急性职业损伤的有毒、有害工作场所，用人单位应当设置报警装置，配置现场急救用品、冲洗设备、应急撤离通道和必要的泄险区。

对放射工作场所和放射性同位素的运输、贮存，用人单位必须配置防护设备和报警装置，保证接触放射线的工作人员佩戴个人剂量计。

对职业病防护设备、应急救援设施和个人使用的职业病防护用品，用人单位应当进行经常性的维护、检修，定期检测其性能和效果，确保其处于正常状态，不得擅自拆除或者停止使用。

第二十四条　用人单位应当实施由专人负责的职业病危害因素日常监测，并确保监测系统处于正常运行状态。

用人单位应当按照国务院卫生行政部门的规定，定期对工作场所进行职业病危害因素检测、评价。检测、评价结果存入用人单位职业卫生档案，定期向所在地卫生行政部门报告并向劳动者公布。

职业病危害因素检测、评价由依法设立的取得省级以上人民政府卫生行政部门资质认证的职业卫生技术服务机构进行。职业卫生技术服务机构所作检测、评价应当客观、真实。

发现工作场所职业病危害因素不符合国家职业卫生标准和卫生要求时，用人单位应当立即采取相应治理措施，仍然达不到国家职业卫生标准和卫生要求的，必须停止存在职业病危害因素的作业；职业病危害因素经治理后，符合国家职业卫生标准和卫生要求的，方可重新作业。

第二十五条　向用人单位提供可能产生职业病危害的设备的，应当提供中文说明书，并在设备的醒目位置设置警示标识和中文警示说明。警示说明应当载明设备性能、可能产生的职业病危害、安全操作和维护注意事项、职业病防护以及应急救治措施等内容。

第二十六条　向用人单位提供可能产生职业病危害的化学品、放射性同位素和含有放射性物质的材料的，应当提供中文说明书。说明书应当载明产品特性、主要成分、存在的有害因素、可能产生的危害后果、安全使用注意事项、职业病防护以及应急救治措施等内容。产品包装应当有醒目的警示标识和中文警示说明。贮存上述材料的场所应当在规定的部位设置危险物品标识或者放射性警示标识。

国内首次使用或者首次进口与职业病危害有关的化学材料，使用单位或者进口单位按照国家规定经国务院有关部门批准后，应当向国务院卫生行政部门报送该化学材料的毒性鉴定以及经有关部门登记注册或者批准进口的文件等资料。

进口放射性同位素、射线装置和含有放射性物质的物品的，按照国家有关规定办理。

第二十七条　任何单位和个人不得生产、经营、进口和使用国家明令禁止使用的可能产生职业病危害的设备或者材料。

第二十八条　任何单位和个人不得将产生职业病危害的作业转移给不具备职业病防护条件的单位和个人。不具备职业病防护条件的单位和个人不得接受产生职业病危害的作业。

第二十九条　用人单位对采用的技术、工艺、材料，应当知悉其产生的职业病危害，对有职业病危害的技术、工艺、材料隐瞒其危害而采用的，对所造成的职业病危害后果承担责任。

第三十条　用人单位与劳动者订立劳动合同（含聘用合同，下同）时，应当将工作过程中可能产生的职业病危害及其后果、职业病防护措施和待遇等如实告知劳动者，并在劳动合同中写明，不得隐瞒或者欺骗。

劳动者在已订立劳动合同期间因工作岗位或者工作内容变更，从事与所订立劳动合同中未告知的存在职业病危害的作业时，用人单位应当依照前款规定，向劳动者履行如实告知的义务，并协商变更原劳动合同相关条款。

用人单位违反前两款规定的，劳动者有权拒绝从事存在职业病危害的作业，用人单位不得因此解除或者终止与劳动者所订立的劳动合同。

第三十一条　用人单位的负责人应当接受职业卫生培训，遵守职业病防治法律、法规，依法组织本单位的职业病防治工作。

用人单位应当对劳动者进行上岗前的职业卫生培训和在岗期间的定期职业卫生培训，普及职业卫生知识，督促劳动者遵守职业病防治法律、法规、规章和操作规程，指导劳动者正确使用职业病防护设备和个人使用的职业病防护用品。

劳动者应当学习和掌握相关的职业卫生知识，遵守职业病防治法律、法规、规章和操作细节描述，正确使用、维护职业病防护设备和个人使用的职业病防护用品，发现职业病危害事故隐患应当及时报告。

劳动者不履行前款规定义务的，用人单位应当对其进行教育。

第三十二条　对从事接触职业病危害的作业的劳动者，用人单位应当按照国务院卫生行政部门的规定组织上岗前、在岗期间和离岗时的职业健康检查，并将检查结果如实告知劳动者。职业健康检查费用由用人单位承担。

用人单位不得安排未经上岗前职业健康检查的劳动者从事接触职业病危害的作业；不得安排有职业禁忌的劳动者从事其所禁忌的作业；对在职业健康检查中发现有与所从事的职业相关的健康损害的劳动者，应当调离原工作岗位，并妥善安置；对未进行离岗前职业健康检查的劳动者不得解除或者终止与其订立的劳动合同。

职业健康检查应当由省级以上人民政府卫生行政部门批准的医疗卫生机构承担。

第三十三条　用人单位应当为劳动者建立职业健康监护档案，并按照规定的期限妥善保存。

职业健康监护档案应当包括劳动者的职业史、职业病危害接触史、职业健康检查结果和职业病诊疗等有关个人健康资料。

劳动者离开用人单位时，有权索取本人职业健康监护档案复印件，用人单位应当如实、无偿提供，并在所提供的复印件上签章。

第三十四条 发生或者可能发生急性职业病危害事故时，用人单位应当立即采取应急救援和控制措施，并及时报告所在地卫生行政部门和有关部门。卫生行政部门接到报告后，应当及时会同有关部门组织调查处理；必要时，可以采取临时控制措施。

对遭受或者可能遭受急性职业病危害的劳动者，用人单位应当及时组织救治、进行健康检查和医学观察，所需费用由用人单位承担。

第三十五条 用人单位不得安排未成年工从事接触职业病危害的作业；不得安排孕期、哺乳期的女职工从事对本人和胎儿、婴儿有危害的作业。

第三十六条 劳动者享有下列职业卫生保护权利：

（一）获得职业卫生教育、培训；

（二）获得职业健康检查、职业病诊疗、康复等职业病防治服务；

（三）了解工作场所产生或者可能产生的职业病危害因素、危害后果和应当采取的职业病防护措施；

（四）要求用人单位提供符合防治职业病要求的职业病防护设施和个人使用的职业病防护用品，改善工作条件；

（五）对违反职业病防治法律、法规以及危及生命健康的行为提出批评、检举和控告；

（六）拒绝违章指挥和强令进行没有职业病防护措施的作业；

（七）参与用人单位职业卫生工作的民主管理，对职业病防治工作提出意见和建议。

用人单位应当保障劳动者行使前款所列权利。因劳动者依法行使正当权利而降低其工资、福利等待遇或者解除、终止与其订立的劳动合同的，其行为无效。

第三十七条 工会组织应当督促并协助用人单位开展职业卫生宣传教育和培训，对用人单位的职业病防治工作提出意见和建议，与用人单位就劳动者反映的有关职业病防治的问题进行协调并督促解决。

工会组织对用人单位违反职业病防治法律、法规，侵犯劳动者合法权益的行为，有权要求纠正；产生严重职业病危害时，有权要求采取防护措施，或者向政府有关部门建议采取强制性措施；发生职业病危害事故时，有权参与事故调查处理；发现危及劳动者生命健康的情形时，有权向用人单位建议组织劳动者撤离危险现场，用人单位应当立即做出处理。

第三十八条　用人单位按照职业病防治要求，用于预防和治理职业病危害、工作场所卫生检测、健康监护和职业卫生培训等费用，按照国家有关规定，在生产成本中据实列支。

第四章　职业病诊断与职业病病人保障

第三十九条　职业病诊断应当由省级以上人民政府卫生行政部门批准的医疗卫生机构承担。

第四十条　劳动者可以在用人单位所在地或者本人居住地依法承担职业病诊断的医疗卫生机构进行职业病诊断。

第四十一条　职业病诊断标准和职业病诊断、鉴定办法由国务院卫生行政部门制定。职业病伤残等级的鉴定办法由国务院劳动保障行政部门会同国务院卫生行政部门制定。

第四十二条　职业病诊断，应当综合分析下列因素：

（一）病人的职业史；

（二）职业病危害接触史和现场危害调查与评价；

（三）临床表现以及辅助检查结果等。

没有证据否定职业病危害因素与病人临床表现之间的必然联系的，在排除其他致病因素后，应当诊断为职业病。

承担职业病诊断的医疗卫生机构在进行职业病诊断时，应当组织三名以上取得职业病诊断资格的执业医师集体诊断。

职业病诊断证明书应当由参与诊断的医师共同签署，并经承担职业病诊断的医疗卫生机构审核盖章。

第四十三条　用人单位和医疗卫生机构发现职业病病人或者疑似职业病病人时，应当及时向所在地卫生行政部门报告。确诊为职业病的，用人单位还应当向所在地劳动保障行政部门报告。

卫生行政部门和劳动保障行政部门接到报告后，应当依法做出处理。

第四十四条　县级以上地方人民政府卫生行政部门负责本行政区域内的职业病统计报告的管理工作，并按照规定上报。

第四十五条　当事人对职业病诊断有异议的，可以向做出诊断的医疗卫生机构所在地地方人民政府卫生行政部门申请鉴定。

职业病诊断争议由设区的市级以上地方人民政府卫生行政部门根据当事人的申请，组织职业病诊断鉴定委员会进行鉴定。

当事人对设区的市级职业病诊断鉴定委员会的鉴定结论不服的，可以向省、自治区、直辖市人民政府卫生行政部门申请再鉴定。

第四十六条　职业病诊断鉴定委员会由相关专业的专家组成。

省、自治区、直辖市人民政府卫生行政部门应当设立相关的专家库，需要对职业病争议做出诊断鉴定时，由当事人或者当事人委托有关卫生行政部门从专家库中以随机抽取的方式确定参加诊断鉴定委员会的专家。

职业病诊断鉴定委员会应当按照国务院卫生行政部门颁布的职业病诊断标准和职业病诊断、鉴定办法进行职业病诊断鉴定，向当事人出具职业病诊断鉴定书。职业病诊断鉴定费用由用人单位承担。

第四十七条　职业病诊断鉴定委员会组成人员应当遵守职业道德，客观、公正地进行诊断鉴定，并承担相应的责任。职业病诊断鉴定委员会组成人员不得私下接触当事人，不得收受当事人的财物或者其他好处，与当事人有利害关系的，应当回避。

人民法院受理有关案件需要进行职业病鉴定时，应当从省、自治区、直辖市人民政府卫生行政部门依法设立的相关的专家库中选取参加鉴定的专家。

第四十八条　职业病诊断、鉴定需要用人单位提供有关职业卫生和健康监护等资料时，用人单位应当如实提供，劳动者和有关机构也应当提供与职业病诊断、鉴定有关的资料。

第四十九条　医疗卫生机构发现疑似职业病病人时，应当告知劳动者本人并及时通知用人单位。

用人单位应当及时安排对疑似职业病病人进行诊断；在疑似职业病病人诊断或者医学观察期间，不得解除或者终止与其订立的劳动合同。

疑似职业病病人在诊断、医学观察期间的费用，由用人单位承担。

第五十条　职业病病人依法享受国家规定的职业病待遇。

用人单位应当按照国家有关规定，安排职业病病人进行治疗、康复和定期检查。

用人单位对不适宜继续从事原工作的职业病病人，应当调离原岗位，并妥善安置。

用人单位对从事接触职业病危害的作业的劳动者，应当给予适当岗位津贴。

第五十一条　职业病病人的诊疗、康复费用，伤残以及丧失劳动能力的职业病病人的社会保障，按照国家有关工伤社会保险的规定执行。

第五十二条　职业病病人除依法享有工伤社会保险外，依照有关民事法律，尚有获得赔偿的权利的，有权向用人单位提出赔偿要求。

第五十三条　劳动者被诊断患有职业病，但用人单位没有依法参加工伤社会保险的，其医疗和生活保障由最后的用人单位承担；最后的用人单位有证据证明该职业病是先前用人单位的职业病危害造成的，由先前的用人单位承担。

第五十四条　职业病病人变动工作单位，其依法享有的待遇不变。

用人单位发生分立、合并、解散、破产等情形的，应当对从事接触职业病危害的作业的劳动者进行健康检查，并按照国家有关规定妥善安置职业病病人。

## 第五章　监督检查

第五十五条　县级以上人民政府卫生行政部门依照职业病防治法律、法规、国家职业卫生标准和卫生要求，依据职责划分，对职业病防治工作及职业病危害检测、评价活动进行监督检查。

第五十六条　卫生行政部门履行监督检查职责时，有权采取下列措施：

（一）进入被检查单位和职业病危害现场，了解情况，调查取证；

（二）查阅或者复制与违反职业病防治法律、法规的行为有关的资料和采集样品；

（三）责令违反职业病防治法律、法规的单位和个人停止违法行为。

第五十七条　发生职业病危害事故或者有证据证明危害状态可能导致职业病危害事故发生时，卫生行政部门可以采取下列临时控制措施：

（一）责令暂停导致职业病危害事故的作业；

（二）封存造成职业病危害事故或者可能导致职业病危害事故发生的材料和设备；

（三）组织控制职业病危害事故现场。

在职业病危害事故或者危害状态得到有效控制后，卫生行政部门应当及时解除控制措施。

第五十八条　职业卫生监督执法人员依法执行职务时，应当出示监督执法证件。

职业卫生监督执法人员应当忠于职守，秉公执法，严格遵守执法细节描述；涉及用人单位的秘密的，应当为其保密。

第五十九条　职业卫生监督执法人员依法执行职务时，被检查单位应当接受检查并予以支持配合，不得拒绝和阻碍。

第六十条　卫生行政部门及其职业卫生监督执法人员履行职责时，不得有下列行为：

（一）对不符合法定条件的，发给建设项目有关证明文件、资质证明文件或者予以批准；

（二）对已经取得有关证明文件的，不履行监督检查职责；

（三）发现用人单位存在职业病危害的，可能造成职业病危害事故，不及时依法采取控制措施；

（四）其他违反本法的行为。

第六十一条　职业卫生监督执法人员应当依法经过资格认定。

卫生行政部门应当加强队伍建设，提高职业卫生监督执法人员的政治、业务素质，依照本法和其他有关法律、法规的规定，建立、健全内部监督制度，对其工作人员执行法律、法规和遵守纪律的情况，进行监督检查。

第六章　法律责任

第六十二条　建设单位违反本法规定，有下列行为之一的，由卫生行政部门给予警告，责令限期改正；逾期不改正的，处十万元以上五十万元以下的罚款；情节严重的，责令停止产生职业病危害的作业，或者提请有关人民政府按照国务院规定的权限责令停建、关闭：

（一）未按照规定进行职业病危害预评价或者未提交职业病危害预评价报告，或者职业病危害预评价报告未经卫生行政部门审核同意，擅自开工的；

（二）建设项目的职业病防护设施未按照规定与主体工程同时投入生产和使用的；

（三）职业病危害严重的建设项目，其职业病防护设施设计不符合国家职业卫生标准和卫生要求施工的；

（四）未按照规定对职业病防护设施进行职业病危害控制效果评价、未经卫生行政部门验收或者验收不合格，擅自投入使用的。

第六十三条　违反本法规定，有下列行为之一的，由卫生行政部门给予警告，责令限期改正；逾期不改正的，处二万元以下的罚款：

（一）工作场所职业病危害因素检测、评价结果没有存档、上报、公布的；

（二）未采取本法第十九条规定的职业病防治管理措施的；

（三）未按照规定公布有关职业病防治的规章制度、操作细节描述、职业病危害事故应急救援措施的；

（四）未按照规定组织劳动者进行职业卫生培训，或者未对劳动者个人职业病防护采取指导、督促措施的；

（五）国内首次使用或者首次进口与职业病危害有关的化学材料，未按照规定报送毒性鉴定资料以及经有关部门登记注册或者批准进口的文件的。

第六十四条　用人单位违反本法规定，有下列行为之一的，由卫生行政部门责令限期改正，给予警告，可以并处二万元以上五万元以下的罚款：

（一）未按照规定及时、如实向卫生行政部门申报产生职业病危害的项目的；

（二）未实施由专人负责的职业病危害因素日常监测，或者监测系统不能正常监测的；

（三）订立或者变更劳动合同时，未告知劳动者职业病危害真实情况的；

（四）未按照规定组织职业健康检查、建立职业健康监护档案或者未将检查结果如实告知劳动者的。

第六十五条　用人单位违反本法规定，有下列行为之一的，由卫生行政部门给予警告，责令限期改正，逾期不改正的，处五万元以上二十万元以下的罚款；情节严重的，责令停止产生职业病危害的作业，或者提请有关人民政府按照国务院规定的权限责令关闭：

（一）工作场所职业病危害因素的强度或者浓度超过国家职业卫生标准的；

（二）未提供职业病防护设施和个人使用的职业病防护用品，或者提供的职业病防护设施和个人使用的职业病防护用品不符合国家职业卫生标准和卫生要求的；

（三）对职业病防护设备、应急救援设施和个人使用的职业病防护用品未按照规定进行维护、检修、检测，或者不能保持正常运行、使用状态的；

（四）未按照规定对工作场所职业病危害因素进行检测、评价的；

（五）工作场所职业病危害因素经治理仍然达不到国家职业卫生标准和卫生要求时，未停止存在职业病危害因素的作业的；

（六）未按照规定安排职业病病人、疑似职业病病人进行诊治的；

（七）发生或者可能发生急性职业病危害事故时，未立即采取应急救援和控制措施或者未按照规定及时报告的；

（八）未按照规定在产生严重职业病危害的作业岗位醒目位置设置警示标识和中文警示说明的；

（九）拒绝卫生行政部门监督检查的。

第六十六条 向用人单位提供可能产生职业病危害的设备、材料，未按照规定提供中文说明书或者设置警示标识和中文警示说明的，由卫生行政部门责令限期改正，给予警告，并处五万元以上二十万元以下的罚款。

第六十七条 用人单位和医疗卫生机构未按照规定报告职业病、疑似职业病的，由卫生行政部门责令限期改正，给予警告，可以并处一万元以下的罚款；弄虚作假的，并处二万元以上五万元以下的罚款；对直接负责的主管人员和其他直接责任人员，可以依法给予降级或者撤职的处分。

第六十八条 违反本法规定，有下列情形之一的，由卫生行政部门责令限期治理，并处五万元以上三十万元以下的罚款；情节严重的，责令停止产生职业病危害的作业，或者提请有关人民政府按照国务院规定的权限责令关闭：

（一）隐瞒技术、工艺、材料所产生的职业病危害而采用的；

（二）隐瞒本单位职业卫生真实情况的；

（三）可能发生急性职业损伤的有毒、有害工作场所、放射工作场所或者放射性同位素的运输、贮存不符合本法第二十三条规定的；

（四）使用国家明令禁止使用的可能产生职业病危害的设备或者材料的；

（五）将产生职业病危害的作业转移给没有职业病防护条件的单位和个人，或者没有职业病防护条件的单位和个人接受产生职业病危害的作业的；

（六）擅自拆除、停止使用职业病防护设备或者应急救援设施的；

（七）安排未经职业健康检查的劳动者、有职业禁忌的劳动者、未成年工或者孕期、哺乳期女职工从事接触职业病危害的作业或者禁忌作业的；

（八）违章指挥和强令劳动者进行没有职业病防护措施的作业的。

第六十九条 生产、经营或者进口国家明令禁止使用的可能产生职业病危害的设备或者材料的，依照有关法律、行政法规的规定给予处罚。

第七十条 用人单位违反本法规定，已经对劳动者生命健康造成严重损害的，由卫生行政部门责令停止产生职业病危害的作业，或者提请有关人民政府按照国务院规定的权限责令关闭，并处十万元以上三十万元以下的罚款。

第七十一条　用人单位违反本法规定，造成重大职业病危害事故或者其他严重后果，构成犯罪的，对直接负责的主管人员和其他直接责任人员，依法追究刑事责任。

第七十二条　未取得职业卫生技术服务资质认证擅自从事职业卫生技术服务的，或者医疗卫生机构未经批准擅自从事职业健康检查、职业病诊断的，由卫生行政部门责令立即停止违法行为，没收违法所得；违法所得五千元以上的，并处违法所得二倍以上十倍以下的罚款；没有违法所得或者违法所得不足五千元的，并处五千元以上五万元以下的罚款；情节严重的，对直接负责的主管人员和其他直接责任人员，依法给予降级、撤职或者开除的处分。

第七十三条　从事职业卫生技术服务的机构和承担职业健康检查、职业病诊断的医疗卫生机构违反本法规定，有下列行为之一的，由卫生行政部门责令立即停止违法行为，给予警告，没收违法所得；违法所得五千元以上的，并处违法所得二倍以上五倍以下的罚款；没有违法所得或者违法所得不足五千元的，并处五千元以上二万元以下的罚款；情节严重的，由原认证或者批准机关取消其相应的资格；对直接负责的主管人员和其他直接责任人员，依法给予降级、撤职或者开除的处分；构成犯罪的，依法追究刑事责任：

（一）超出资质认证或者批准范围从事职业卫生技术服务或者职业健康检查、职业病诊断的；

（二）不按照本法规定履行法定职责的；

（三）出具虚假证明文件的。

第七十四条　职业病诊断鉴定委员会组成人员收受职业病诊断争议当事人的财物或者其他好处的，给予警告，没收收受的财物，可以并处三千元以上五万元以下的罚款，取消其担任职业病诊断鉴定委员会组成人员的资格，并从省、自治区、直辖市人民政府卫生行政部门设立的专家库中予以除名。

第七十五条　卫生行政部门不按照规定报告职业病和职业病危害事故的，由上一级卫生行政部门责令改正，通报批评，给予警告；虚报、瞒报的，对单位负责人、直接负责的主管人员和其他直接责任人员依法给予降级、撤职或者开除的行政处分。

第七十六条　卫生行政部门及其职业卫生监督执法人员有本法第六十条所列行为之一，导致职业病危害事故发生，构成犯罪的，依法追究刑事责任；尚不构成犯罪的，对单位负责人、直接负责的主管人员和其他直接责任人员依法给予降级、撤职或者开除的行政处分。

第七章 附 则

第七十七条 本法下列用语的含义：

职业病危害，是指对从事职业活动的劳动者可能导致职业病的各种危害。职业病危害因素包括：职业活动中存在的各种有害的化学、物理、生物因素以及在作业过程中产生的其他职业有害因素。

职业禁忌，是指劳动者从事特定职业或者接触特定职业病危害因素时，比一般职业人群更易于遭受职业病危害和罹患职业病或者可能导致原有自身疾病病情加重，或者在从事作业过程中诱发可能导致对他人生命健康构成危险的疾病的个人特殊生理或者病理状态。

第七十八条 本法第二条规定的用人单位以外的单位，产生职业病危害的，其职业病防治活动可以参照本法执行。

中国人民解放军参照执行本法的办法，由国务院、中央军事委员会制定。

第七十九条 本法自 2002 年 5 月 1 日起施行。

# 3.63 安全生产许可证条例描述

## 安全生产许可证条例

第一条 为了严格细节描述安全生产条件，进一步加强安全生产监督管理，防止和减少生产安全事故，根据《中华人民共和国安全生产法》的有关规定，制定本条例。

第二条 国家对矿山企业、建筑施工企业和危险化学品、烟花爆竹、民用爆破器材生产企业（以下统称企业）实行安全生产许可制度。

企业未取得安全生产许可证的，不得从事生产活动。

第三条 国务院安全生产监督管理部门负责中央管理的非煤矿矿山企业和危险化学品、烟花爆竹生产企业安全生产许可证的颁发和管理。

省、自治区、直辖市人民政府安全生产监督管理部门负责前款规定以外的非煤矿矿山企业和危险化学品、烟花爆竹生产企业安全生产许可证的颁发和管理，并接受国务院安全生产监督管理部门的指导和监督。

国家煤矿安全监察机构负责中央管理的煤矿企业安全生产许可证的颁发和管理。

在省、自治区、直辖市设立的煤矿安全监察机构负责前款规定以外的其他煤矿企业安全生产许可证的颁发和管理，并接受国家煤矿安全监察机构的指导和监督。

第四条　国务院建设主管部门负责中央管理的建筑施工企业安全生产许可证的颁发和管理。

省、自治区、直辖市人民政府建设主管部门负责前款规定以外的建筑施工企业安全生产许可证的颁发和管理，并接受国务院建设主管部门的指导和监督。

第五条　国务院国防科技工业主管部门负责民用爆破器材生产企业安全生产许可证的颁发和管理。

第六条　企业取得安全生产许可证，应当具备下列安全生产条件：

（一）建立、健全安全生产责任制，制定完备的安全生产规章制度和操作细节描述；

（二）安全投入符合安全生产要求；

（三）设置安全生产管理机构，配备专职安全生产管理人员；

（四）主要负责人和安全生产管理人员经考核合格；

（五）特种作业人员经有关业务主管部门考核合格，取得特种作业操作资格证书；

（六）从业人员经安全生产教育和培训合格；

（七）依法参加工伤保险，为从业人员缴纳保险费；

（八）厂房、作业场所和安全设施、设备、工艺符合有关安全生产法律、法规、标准和细节描述的要求；

（九）有职业危害防治措施，并为从业人员配备符合国家标准或者行业标准的劳动防护用品；

（十）依法进行安全评价；

（十一）有重大危险源检测、评估、监控措施和应急预案；

（十二）有生产安全事故应急救援预案、应急救援组织或者应急救援人员，配备必要的应急救援器材、设备；

（十三）法律、法规规定的其他条件。

第七条　企业进行生产前，应当依照本条例的规定向安全生产许可证颁发管理机关申请领取安全生产许可证，并提供本条例第六条规定的相关文件、资料。安全生产许可证颁发管理机关应当自收到申请之日起 45 日内审查完毕，经审查符合本条例规定的安全生产条件的，颁发安全生产许可证；不符合本条例规定的安全生产条件的，不予颁发安全生产许可证，书面通知企业并说明理由。

煤矿企业应当以矿（井）为单位，在申请领取煤炭生产许可证前，依照本条例的规定取得安全生产许可证。

第八条　安全生产许可证由国务院安全生产监督管理部门规定统一的式样。

第九条　安全生产许可证的有效期为3年。安全生产许可证有效期满需要延期的，企业应当于期满前3个月向原安全生产许可证颁发管理机关办理延期手续。

企业在安全生产许可证有效期内，严格遵守有关安全生产的法律法规，未发生死亡事故的，安全生产许可证有效期届满时，经原安全生产许可证颁发管理机关同意，不再审查，安全生产许可证有效期延期3年。

第十条　安全生产许可证颁发管理机关应当建立、健全安全生产许可证档案管理制度描述，并定期向社会公布企业取得安全生产许可证的情况。

第十一条　煤矿企业安全生产许可证颁发管理机关、建筑施工企业安全生产许可证颁发管理机关、民用爆破器材生产企业安全生产许可证颁发管理机关，应当每年向同级安全生产监督管理部门通报其安全生产许可证颁发和管理情况。

第十二条　国务院安全生产监督管理部门和省、自治区、直辖市人民政府安全生产监督管理部门对建筑施工企业、民用爆破器材生产企业、煤矿企业取得安全生产许可证的情况进行监督。

第十三条　企业不得转让、冒用安全生产许可证或者使用伪造的安全生产许可证。

第十四条　企业取得安全生产许可证后，不得降低安全生产条件，并应当加强日常安全生产管理，接受安全生产许可证颁发管理机关的监督检查。

安全生产许可证颁发管理机关应当加强对取得安全生产许可证的企业的监督检查，发现其不再具备本条例规定的安全生产条件的，应当暂扣或者吊销安全生产许可证。

第十五条　安全生产许可证颁发管理机关工作人员在安全生产许可证颁发、管理和监督检查工作中，不得索取或者接受企业的财物，不得谋取其他利益。

第十六条　监察机关依照《中华人民共和国行政监察法》的规定，对安全生产许可证颁发管理机关及其工作人员履行本条例规定的职责实施监察。

第十七条　任何单位或者个人对违反本条例规定的行为，有权向安全生产许可证颁发管理机关或者监察机关等有关部门举报。

第十八条　安全生产许可证颁发管理机关工作人员有下列行为之一的，给予降级或者撤职的行政处分；构成犯罪的，依法追究刑事责任：

（一）向不符合本条例规定的安全生产条件的企业颁发安全生产许可证的；

（二）发现企业未依法取得安全生产许可证擅自从事生产活动，不依法处理的；

（三）发现取得安全生产许可证的企业不再具备本条例规定的安全生产条件，不依法处理的；

（四）接到对违反本条例规定行为的举报后，不及时处理的；

（五）在安全生产许可证颁发、管理和监督检查工作中，索取或者接受企业的财物，或者谋取其他利益的。

第十九条　违反本条例规定，未取得安全生产许可证擅自进行生产的，责令停止生产，没收违法所得，并处 10 万元以上 50 万元以下的罚款；造成重大事故或者其他严重后果，构成犯罪的，依法追究刑事责任。

第二十条　违反本条例规定，安全生产许可证有效期满未办理延期手续，继续进行生产的，责令停止生产，限期补办延期手续，没收违法所得，并处 5 万元以上 10 万元以下的罚款；逾期仍不办理延期手续，继续进行生产的，依照本条例第十九条的规定处罚。

第二十一条　违反本条例规定，转让安全生产许可证的，没收违法所得，处 10 万元以上 50 万元以下的罚款，并吊销其安全生产许可证；构成犯罪的，依法追究刑事责任；接受转让的，依照本条例第十九条的规定处罚。

冒用安全生产许可证或者使用伪造的安全生产许可证的，依照本条例第十九条的规定处罚。

第二十二条　本条例施行前已经进行生产的企业，应当自本条例施行之日起 1 年内，依照本条例的规定向安全生产许可证颁发管理机关申请办理安全生产许可证；逾期不办理安全生产许可证，或者经审查不符合本条例规定的安全生产条件，未取得安全生产许可证，继续进行生产的，依照本条例第十九条的规定处罚。

第二十三条　本条例规定的行政处罚，由安全生产许可证颁发管理机关决定。

第二十四条　本条例自公布之日起施行。

# 第4章

# 生产管理工作日常用表图例

# 4.1 生产计划科月报表（表4－1）

**表4－1　生产计划科月报表**

月份：　　年　　月

| 科 | 组 | 本期累计实绩（期间） | 计划达成率 | 本月计划目标额 | | 生产实绩 | | 月份计划达成率 | 期末库存量 | 安全库存 | 交货延迟件数 | | 步　留 | | 客诉索赔 | | |
|---|---|---|---|---|---|---|---|---|---|---|---|---|---|---|---|---|---|
| | | | | 数量 | 金额 | 数量 | 金额 | | | | 目标 | 实绩 | 目标 | 实绩 | 发生作数 | 退货金额 | 备考 |
| | | | | | | | | | | | | | | | | | |
| | | | | | | | | | | | | | | | | | |
| | | | | | | | | | | | | | | | | | |
| | | | | | | | | | | | | | | | | | |
| | | | | | | | | | | | | | | | | | |

# 4.2 成品入库单（表4－2）

**表4－2　成品入库单**

年　月　日　　　　　　　　　　　　　　　　　　　　　　编号：

| 生产号码 | | 入库单位 | | | | 存放位置 | |
|---|---|---|---|---|---|---|---|
| 产品名称 | 产品号码 | 单位 | 入库数量 | | | 合　计 | 备　注 |
| | | | 良品 | 次品 | 等外品 | | |
| | | | | | | | |
| | | | | | | | |
| | | | | | | | |
| | | | | | | | |
| | | | | | | | |

# 4.3 产销计划拟定表（表4－3）

**表4－3 产销计划拟定表**

月份：

| 产品名称 | 单价 | 销售数量 | 销售金额 | 生产数量 | 生产金额 | 存货数量 | 存货金额 | 本月材料成本 | 本月人工费用 | 生产费月预计 | 销售费用预计 | 利益 |
|---|---|---|---|---|---|---|---|---|---|---|---|---|
| | | | | | | | | | | | | |
| | | | | | | | | | | | | |
| | | | | | | | | | | | | |
| | | | | | | | | | | | | |
| | | | | | | | | | | | | |

总经理：　　副总经理：　　审核：　　填表：

# 4.4 月份产销计划汇总表（表4－4）

**表4－4 月份产销计划汇总表**

类别：　　页数：

| 产品名称规格 | 本月销售预测 | 本月库存数量 | 本月生产数量 | 预计生产日数 | 开机台数 | 原料用量计划 | | |
|---|---|---|---|---|---|---|---|---|
| | | | | | | | | |
| | | | | | | | | |
| | | | | | | | | |
| | | | | | | | | |
| | | | | | | | | |
| | | | | | | | | |

审核：　　拟定：

# 4.5 作业改善计划表（表4-5）

表4-5 作业改善计划表

| 项次 | 产品名称 | 预定生产日程 | | 作业名称 | 改进理由 | | | | | 作业时间 | 目标 | 负责人 | 配合人员 |
|---|---|---|---|---|---|---|---|---|---|---|---|---|---|
| | | 起 | 至 | | 瓶颈 | 费力 | 配合 | 质量 | 人力 | | | | |
| | | | | | | | | | | | | | |
| | | | | | | | | | | | | | |
| | | | | | | | | | | | | | |

# 4.6 搬运设备计划表（表4-6）

表4-6 搬运设备计划表

年　月　日　　　　　　　　　　　　　　　　　　页 次

| | | | | | |
|---|---|---|---|---|---|
| 设备名称 | | | 规格 | | |
| 装置地点或位使用单位 | | | | | |
| | 初 试 | | 增 添 | | 改 良 |
| 设备能量 | | | 搬运地点 | | |
| | | | | | |
| 用途 | | | 使用容器说明 | | |
| | | | | | |
| 改变设施 | | | 人力及工资计算 | | |
| | | | | | |
| 设备投资 | | | 成本及收益分析 | | |
| | | | | | |

# 4.7 生产月报表（表4－7）

**表4－7　生产月报表**

月份：　　　年　　月

<table>
<tr><td colspan="5">品名：</td><td colspan="3">（　日　数　日）</td></tr>
<tr><td>制单号码</td><td>制造数</td><td>不良数</td><td>完成数</td><td>完成率</td><td colspan="3">工数的成果</td></tr>
<tr><td></td><td></td><td></td><td></td><td></td><td colspan="2">总工数</td><td></td></tr>
<tr><td></td><td></td><td></td><td></td><td></td><td colspan="2">总时间</td><td></td></tr>
<tr><td></td><td></td><td></td><td></td><td></td><td rowspan="2">每一人</td><td>制造数</td><td></td></tr>
<tr><td></td><td></td><td></td><td></td><td></td><td>完成数</td><td></td></tr>
<tr><td></td><td></td><td></td><td></td><td></td><td rowspan="2">每一小时</td><td>制造数</td><td></td></tr>
<tr><td></td><td></td><td></td><td></td><td></td><td>完成数</td><td></td></tr>
<tr><td></td><td></td><td></td><td></td><td></td><td rowspan="2">生产记号</td><td>制造数</td><td></td></tr>
<tr><td></td><td></td><td></td><td></td><td></td><td>完成数</td><td></td></tr>
<tr><td></td><td></td><td></td><td></td><td></td><td colspan="3" rowspan="2"></td></tr>
<tr><td></td><td></td><td></td><td></td><td></td></tr>
<tr><td colspan="5">品名：</td><td colspan="3">（　日　数　日）</td></tr>
<tr><td>制单号码</td><td>制造数</td><td>不良数</td><td>完成数</td><td>完成率</td><td colspan="3">工数的成果</td></tr>
<tr><td></td><td></td><td></td><td></td><td></td><td colspan="2">总工数</td><td></td></tr>
<tr><td></td><td></td><td></td><td></td><td></td><td colspan="2">总时间</td><td></td></tr>
<tr><td></td><td></td><td></td><td></td><td></td><td rowspan="2">每一人</td><td>制造数</td><td></td></tr>
<tr><td></td><td></td><td></td><td></td><td></td><td>完成数</td><td></td></tr>
<tr><td></td><td></td><td></td><td></td><td></td><td rowspan="2">每一小时</td><td>制造数</td><td></td></tr>
<tr><td></td><td></td><td></td><td></td><td></td><td>完成数</td><td></td></tr>
<tr><td></td><td></td><td></td><td></td><td></td><td rowspan="2">生产记号</td><td>制造数</td><td></td></tr>
<tr><td></td><td></td><td></td><td></td><td></td><td>完成数</td><td></td></tr>
<tr><td></td><td></td><td></td><td></td><td></td><td colspan="3" rowspan="2"></td></tr>
<tr><td></td><td></td><td></td><td></td><td></td></tr>
</table>

# 4.8 制造月报表（表4－8）

**表4－8　制造月报表**

| 制造号码 | 品名 | 订购数量 | 完成率 | 工时 | 总计 | | 备注 |
|---|---|---|---|---|---|---|---|
| | | | | | 完成数 | 工时 | |
| | | | | | | | |
| | | | | | | | |
| | | | | | | | |
| | | | | | | | |
| | | | | | | | |
| | | | | | | | |
| 合计 | | | | | | | |
| 本月累计金额（元） | | | | | | | |

经理：　　　　科长：　　　　组长：　　　　制表：

# 4.9 车间综合生产计划表（表4－9）

**表4－9　车间综合生产计划表**

车间：　　　　计划时间：　　年　月—　　年　月

| 产品 | 当前库存 | 单价 | 库存量 | 估计日销量 | 可销售日数 | 经济产量 | 每日产量 | 需生产日数 | 预定生产日程 | | | |
|---|---|---|---|---|---|---|---|---|---|---|---|---|
| | | | | | | | | | 自 | 至 | 日数 | 产量 |
| | | | | | | | | | | | | |
| | | | | | | | | | | | | |
| | | | | | | | | | | | | |
| 合计 | | — | | | | — | — | — | — | — | — | — |

# 4.10 车间月生产计划表（表4-10）

**表4-10 车间月生产计划表**

| 产品名称 | | 产品A | | 产品B | | 产品C | |
|---|---|---|---|---|---|---|---|
| | | 计划产量 | 实际产量 | 计划产量 | 实际产量 | 计划产量 | 实际产量 |
| 工作日期 | 1 | | | | | | |
| | 2 | | | | | | |
| | 3 | | | | | | |
| | … | | | | | | |
| | 31 | | | | | | |
| 全月任务合计 | | | | | | | |

# 4.11 车间周生产计划表（表4-11）

**表4-11 车间周生产计划表**

生产线号： 生产配备人数： 编制日期： 年 月 日

| 生产单号 | 产品型号 | 批量 | 周计划产量 | 交货日期 | 日生产计划产量（____年__月—____年__月） | | | | | | | 相关说明 |
|---|---|---|---|---|---|---|---|---|---|---|---|---|
| | | | | | 周一 | 周二 | 周三 | 周四 | 周五 | 周六 | 周日 | |
| | | | | | | | | | | | | |
| | | | | | | | | | | | | |
| | | | | | | | | | | | | |

审核： 复核： 编制人：

# 4.12 生产线日计划表（表4－12）

**表4－12　生产线日计划表**

生产线号：　　　　　　　　　　　　　　　　　生产日期：　　年　月　日

| 产品名称 | 产品型号 | 交货期 | 批号 | 生产单号 | 生产工序 | 共用人数 | 计划产量 | 累计数量 | 进度控制数据 | | | | | | | |
|---|---|---|---|---|---|---|---|---|---|---|---|---|---|---|---|---|
| | | | | | | | | | 上午 | | | | 下午 | | | |
| | | | | | | | | | 9点 | 10点 | 11点 | 12点 | 2点 | 3点 | 4点 | 5点 |
| | | | | | | | | | | | | | | | | |
| | | | | | | | | | | | | | | | | |
| | | | | | | | | | | | | | | | | |

复核：　　　　　　　　　　审核：　　　　　　　　　　编制：

# 4.13 班组日产量记录表（表4－13）

**表4－13　班组日产量记录表**

编号：　　　　　　　　　　　　　记录人：　生产日期：　　年　月　日

| 生产班次 | 产品名称 | 上班结存产量 | 本班产量 | 本班结存产量 | 移交时间 | 移交人 | 点收人 | 备注 |
|---|---|---|---|---|---|---|---|---|
| 早班 | | | | | | | | |
| | | | | | | | | |
| 中班 | | | | | | | | |
| | | | | | | | | |
| 晚班 | | | | | | | | |
| | | | | | | | | |

# 4.14 生产计划变更通知单（表4-14）

**表4-14 生产计划变更通知单**

收文单位：　　　　　　　　　　　　填写日期：　　年　月　日

| 工令号码 | 生产线别 | 原计划 | | | 变　更 | | | 备注 |
|---|---|---|---|---|---|---|---|---|
| | | 品名 | 数量 | 完成日期 | 品名 | 数量 | 完成日期 | |
| | | | | | | | | |
| | | | | | | | | |
| | | | | | | | | |

# 4.15 生产指令单（表4-15）

**表4-15 生产指令单**

生产单位：　　　　　　　　指令对象：　指令日期：　　年　月　日

| | | | |
|---|---|---|---|
| 制单编号 | | 指令编号 | |
| 客户名称 | | 订单编号 | |
| 产品名称 | | 产品编号 | |
| 产品规格 | | 数　　量 | |
| 发工日期 | ___年_月_日 | 完成日期 | ___年_月_日 |
| 投产日期 | ___年_月_日 | 实际完成日期 | ___年_月_日 |
| 材料使用情况 | | | |
| 材料名称 | | 领用日期 | |
| 领 用 量 | | 实际用量 | |
| 领 用 人 | | 出库检验员 | |
| 制造方法 | | | |
| | | | |
| 移交情况说明 | | | |
| 移交单位 | | 移交日期 | |
| 厂　长 | | 生产管理科 | |

# 4.16 生产任务分派单（表4－16）

**表4－16　生产任务分派单**

编号：　　　　　　　　　　　　日期：　　年　月　日

| | | | | |
|---|---|---|---|---|
| 产品名称 | | | 产品数量 | |
| 产品规格 | | | 包装形式 | |
| 开工时间 | | | 完工时间 | |
| 任务完成情况 | 数量 | | | |
| | 质量 | | | |
| 任务下达人 | | | 任务完成人 | |
| 备注 | | | | |

厂长：　　　　　　　　主管：　　　　　　　　拟定：

# 4.17 班组效率日报表（表4－17）

**表4－17　班组效率日报表**

| 产品编号 | 产品名称 | 对比项 | | | 对比项 | | | 合计 | | | 说明 |
|---|---|---|---|---|---|---|---|---|---|---|---|
| | | 标准工时 | 实际工时 | 生产产量 | 标准工时 | 实际工时 | 生产产量 | 标准工时 | 实际工时 | 生产产量 | |
| | | | | | | | | | | | |
| | | | | | | | | | | | |
| | | | | | | | | | | | |
| 生产效率 | | | | | | | | | | | |
| 备　注 | | | | | | | | | | | |

# 4.18 班组生产日报表（表4－18）

**表4－18 班组生产日报表**

车间：　　　　　　　　　　　　　　　　班组：　　生产日期：　　年　月　日

| | | | | |
|---|---|---|---|---|
| 产品名称 | | | | |
| 预计产量 | | | | |
| 实际产量 | | | | |
| 产品合格率 | | | | |
| 废品数 | | | | |
| 生产工时 | | | | |
| 停工工时 | | | | |
| 辅助工时 | | | | |
| 已加工在制品转移 | 上班结存 | | | |
| | 交下工序 | | | |
| | 本班结存 | | | |
| 待加工在制品转移 | 上班结存 | | | |
| | 本班领料 | | | |
| | 本班结存 | | | |
| 出勤情况 | 实有人数 | | | |
| | 缺勤人数 | | | |

# 4.19 异常停工报告单（表4－19）

**表4－19 异常停工报告单**

编号：　　　　　　　　　　　　　　　　　　　　日期：　　年　月　日

| | | | | |
|---|---|---|---|---|
| 停工部门 | | | 停工范围 | |
| 停工时间 | ___年__月__日__时__分—___年__月__日__时__分 | | | |
| 停工人数 | | 停工损失(元) | | 产品订单号 |

续表

| 停工时间 | | 停工产品 | | 进度状况 |
|---|---|---|---|---|
| 停工原因 | □机器故障 □质量异常 □待料 □安全事故 □其他 | | | |
| 停工应对措施 | | | | |
| 责任者 | | 主管 | | 厂长 |

# 4.20 存货数量记录表（表4－20）

**表4－20　存货数量记录表**

年　月　日

| 产品名称 | 月日存货 | 进货销货预定表 | | | | | | | | | | | | 进货销货记录表 | | | | | | | | |
|---|---|---|---|---|---|---|---|---|---|---|---|---|---|---|---|---|---|---|---|---|---|---|
| | | 日期 | 数量 | 日期 | 数量 | 日期 | 数量 | 日期 | 数量 | 日期 | 数量 | 日期 | 数量 | 日期 | 数量 | 存货 | 日期 | 数量 | 存货 | 日期 | 数量 | 存货 |
| | | | | | | | | | | | | | | | | | | | | | | |
| | | | | | | | | | | | | | | | | | | | | | | |
| | | | | | | | | | | | | | | | | | | | | | | |

# 4.21 入库验收单（表4－21）

**表4－21　入库验收单**

年　月　日　　　　　　　　　　　　　　　　　　编号：

<table>
<tr><td colspan="2">入库名称</td><td colspan="2"></td><td>数量</td><td></td></tr>
<tr><td colspan="2">验收部门</td><td></td><td>验收人员</td><td colspan="2"></td></tr>
<tr><td>验收记录</td><td colspan="3"></td><td>结果</td><td>□合格<br>□不合格</td></tr>
<tr><td rowspan="2">入库记录</td><td colspan="2">入　库　　单位</td><td colspan="3">入　库　　部　门</td></tr>
<tr><td colspan="2">主　管　　经办</td><td colspan="3">主　管　　入库人</td></tr>
</table>

# 4.22 外厂加工成品入库单（表4－22）

**表4－22 外厂加工成品入库单**

年 月 日　　　　　　　　　　　　　　　　　　　　　　编号：

<table>
<tr><td>成品名称</td><td colspan="3"></td><td>数量</td><td colspan="2"></td><td>单价</td><td></td></tr>
<tr><td>承制厂商</td><td colspan="3"></td><td>总价</td><td colspan="4"></td></tr>
<tr><td>点收记录</td><td colspan="4">□短交　□超交　□正确</td><td>点收人</td><td colspan="3"></td></tr>
<tr><td>检验记录</td><td colspan="4"></td><td>检验人</td><td colspan="3"></td></tr>
<tr><td rowspan="2">入库记录</td><td colspan="4">成品　仓库</td><td colspan="4">生产管理科</td></tr>
<tr><td>主管</td><td></td><td>经手人</td><td></td><td>主管</td><td></td><td>入库人</td><td></td></tr>
</table>

# 4.23 样品成本统计表（表4－23）

**表4－23 样品成本统计表**

月份：　　　　　　　　　　　　　　　　　　　　　　页次：

| 样品名称 | 数量 | 客户 | 原料成本 | 物料成本 | 工时 | 工资 | 分摊费用 | 合计 |
|---|---|---|---|---|---|---|---|---|
| | | | | | | | | |
| | | | | | | | | |
| | | | | | | | | |
| | | | | | | | | |
| | | | | | | | | |

# 4.24 样品修改通知单（表4－24）

**表4－24　样品修改通知单**

月　　日　　　　　　　　　　　　　　　　　　　　　　编号：

| 样品名称 | | 客　　户 | |
|---|---|---|---|
| 修改说明 | 原　　订 | 修　　改 | 说　　明 |
| 数量 | | | |
| 期限 | | | |
| 制作方法 | | | |

审核：　　　　　　　　　　　　　　　　　　　　　　填表：

# 4.25 样品制作单（表4－25）

**表4－25　样品制作单**

月　　日　　　　　　　　　　　　　　　　　　　　制作编号：

<table>
<tr><td>样品名称</td><td></td><td>数　量</td><td colspan="2"></td><td>需要日期</td><td colspan="2"></td></tr>
<tr><td>客　户</td><td></td><td>目　的</td><td colspan="6">□确认　□开发　□试作</td></tr>
<tr><td colspan="4" rowspan="2">制作方法</td><td colspan="4">参考资料</td></tr>
<tr><td>审核</td><td></td><td>填单</td><td></td></tr>
</table>

# 4.26 样品制作管制单（表4－26）

**表4－26 样品制作管制单**

| 接单日期 | 制作单号 | 品名 | 数量 | 客户 | 材料 | | | 预定制作日期 | | 制作人员 | 实际完工 | 确认 | 寄发 | 样品索费 |
|---|---|---|---|---|---|---|---|---|---|---|---|---|---|---|
| | | | | | 已足 | 已订 | 入库 | 起 | 止 | | | | | |
| | | | | | | | | | | | | | | |
| | | | | | | | | | | | | | | |
| | | | | | | | | | | | | | | |
| | | | | | | | | | | | | | | |
| | | | | | | | | | | | | | | |

# 4.27 样品追踪单（表4－27）

**表4－27 样品追踪单**

送： 日期：

| 制造单号码 | 客户 | 产品名称 | 数量 | 预定完成 | 预定交货 | 制 作 状况及日 期记录 | | | | | | |
|---|---|---|---|---|---|---|---|---|---|---|---|---|
| | | | | | | 原料 | 模子 | 物料 | 形成 | 加工 | 试用 | 完成 |
| | | | | | | | | | | | | |
| | | | | | | | | | | | | |
| | | | | | | | | | | | | |
| | | | | | | | | | | | | |
| | | | | | | | | | | | | |

# 4.28 产量记录表（表4－28）

**表4－28　产量记录表**

年　月　日

<table>
<tr><th>班　别</th><th>品　名</th><th>前班结存</th><th>前部门移交</th><th>本班生产</th><th>本班结存</th><th>移交人</th><th>总收人</th></tr>
<tr><td rowspan="3">早<br>班</td><td></td><td></td><td></td><td></td><td></td><td></td><td rowspan="3"></td></tr>
<tr><td></td><td></td><td></td><td></td><td></td><td></td></tr>
<tr><td></td><td></td><td></td><td></td><td></td><td></td></tr>
<tr><td rowspan="3">中班</td><td></td><td></td><td></td><td></td><td></td><td></td><td rowspan="3"></td></tr>
<tr><td></td><td></td><td></td><td></td><td></td><td></td></tr>
<tr><td></td><td></td><td></td><td></td><td></td><td></td></tr>
<tr><td rowspan="3">夜班</td><td></td><td></td><td></td><td></td><td></td><td></td><td rowspan="3"></td></tr>
<tr><td></td><td></td><td></td><td></td><td></td><td></td></tr>
<tr><td></td><td></td><td></td><td></td><td></td><td></td></tr>
</table>

# 4.29 产品包装记录卡（表4－29）

**表4－29　产品包装记录卡**

<table>
<tr><td colspan="3">客户</td><td colspan="2">订单号码</td><td colspan="2">订量</td><td>箱数</td><td>交货日期</td><td>页次</td></tr>
<tr><td>色号</td><td>订量</td><td>箱号</td><td colspan="5">包装　　进量</td><td colspan="2"></td></tr>
<tr><td rowspan="4"></td><td rowspan="4"></td><td rowspan="4"></td><td>日期</td><td colspan="2"></td><td colspan="2"></td><td>合计</td><td rowspan="4"></td></tr>
<tr><td>数量</td><td colspan="2"></td><td colspan="2"></td><td></td></tr>
<tr><td>累积</td><td colspan="2"></td><td colspan="2"></td><td></td></tr>
<tr><td>箱号</td><td colspan="2"></td><td colspan="2"></td><td></td></tr>
<tr><td>箱子<br>外表</td><td colspan="2">（正）侧</td><td>注意<br>事项</td><td colspan="6"></td></tr>
</table>

审核：　　　　　　　　　　　　　　　　　　　　　　　　　　　　填表：

# 4.30 产品包装进度记录卡（表4－30）

**表4－30 产品包装进度记录卡**

客户：　　订单号码：　　订量：　　箱数：　　交货日期：　　页次：

| 色号 | 订量 | 箱号 | 包装进度 | | | | | | | | | | | | 备注 |
|---|---|---|---|---|---|---|---|---|---|---|---|---|---|---|---|
| | | | 日期 | | | | | | | | | | | | |
| | | | 数量 | | | | | | | | | | | | |
| | | | 累积 | | | | | | | | | | | | |
| | | | 箱号 | | | | | | | | | | | | |

| | | | | |
|---|---|---|---|---|
| 装箱标志 | （正） | （侧） | 注意事项 | |

# 4.31 年度综合计划表（表4－31）

**表4－31 年度综合计划表**

| 1. 年度经营目标 | | | | | |
|---|---|---|---|---|---|
| 月份 | 生产计划 | 存货数量 | 销售计划 | 估计利润 | 说　明 |
| 1月 | | | | | |
| 2月 | | | | | |
| 3月 | | | | | |
| 合计 | | | | | |
| 分析及说明 | | | | | |

| 2. 产销计划 | | | | | | | | |
|---|---|---|---|---|---|---|---|---|
| 产品名称 | | | | | | | | |
| 月份 | 产量 | 销量 | 存量 | 单价 | 毛利 | 利润 | 利润率 | 说明 |
| 1月 | | | | | | | | |
| 2月 | | | | | | | | |

续表

| | |
|---|---|
| 3 月 | |
| … | |
| 合　计 | |
| 分析及说明 | |

3. 原物料采购计划

| 采购项目 | 1 月 | 2 月 | 3 月 | 4 月 | 5 月 | 6 月 | 7 月 | 8 月 | 9 月 | 10 月 | 11 月 | 12 月 | 累计 |
|---|---|---|---|---|---|---|---|---|---|---|---|---|---|
| | | | | | | | | | | | | | |
| | | | | | | | | | | | | | |
| | | | | | | | | | | | | | |

4. 员工计划

| | |
|---|---|
| 定员定岗 | |
| 工资福利 | |

5. 费用预算

| 制造费用 | 每月 | 全年 | 销售费用 | 每月 | 全年 |
|---|---|---|---|---|---|
| 间接工资 | | | 工　资 | | |
| 间接材料 | | | 佣　金 | | |
| 动力费 | | | 文具印刷 | | |
| 水电费 | | | 邮电费 | | |
| 折　旧 | | | 租　金 | | |
| 交际费 | | | 旅差费 | | |
| 保险费 | | | 广告费 | | |
| 邮电费 | | | 保险费 | | |
| 修缮费 | | | 其他费用 | | |
| 杂　费 | | | | | |
| 合　计 | | | 合　计 | | |

6. 新建投资与技改计划

| 项目 | 金额 | 说明 |
|---|---|---|
| | | |
| | | |

续表

| 7. 本年度管理方针政策 | |
|---|---|
| 生产方面 | |
| 销售方面 | |
| 机构人事方面 | |
| 其　他 | |

# 4.32 年度产销计划表（表4－32）

**表4－32　年度产销计划表**

| 产品名称 | | | | 产品规格 | | | 产品售价 | | |
|---|---|---|---|---|---|---|---|---|---|
| 项目 | | 数量 | 金额 | 数量 | 金额 | 数量 | 金额 | 数量 | 金额 |
| 第一季度 | 全年 | | | | | | | | |
| | 旺季每月 | | | | | | | | |
| | 淡季每月 | | | | | | | | |
| | 设计产量 | | | | | | | | |
| 第二季度 | 全年 | | | | | | | | |
| | 旺季每月 | | | | | | | | |
| | 淡季每月 | | | | | | | | |
| | 设计产量 | | | | | | | | |
| 第三季度 | 全年 | | | | | | | | |
| | 旺季每月 | | | | | | | | |
| | 淡季每月 | | | | | | | | |
| | 设计产量 | | | | | | | | |
| 第四季度 | 全年 | | | | | | | | |
| | 旺季每月 | | | | | | | | |
| | 淡季每月 | | | | | | | | |
| | 设计产量 | | | | | | | | |

# 4.33 年度生产计划表（表 4－33）

**表 4－33　年度生产计划表**

生产线（生产设备）别：　　　　年正常工作小时：　　　　年最大工作小时：

| 品名 | 年度预产量 | 每小时预产量 | 周预产量 | 周生产小时（理想工作时间） | 周生产小时×@（预计工作时间） |
|---|---|---|---|---|---|
| | | | | | |
| | | | | | |
| | | | | | |
| 填写说明 | @为宽限率 | | | | |

# 4.34 月份生产计划表（表 4－34）

**表 4－34　月份生产计划表**

| 生产批号 | 产品名称 | 数量 | 金额 | 生产单位 | 生产日期 | | 预计销售日期 | 消耗工时 | 预计成本 | | | 附加值 | 备注 |
|---|---|---|---|---|---|---|---|---|---|---|---|---|---|
| | | | | | 起 | 止 | | | 原料 | 物料 | 工资 | | |
| | | | | | | | | | | | | | |
| | | | | | | | | | | | | | |
| | | | | | | | | | | | | | |

| | | | | | |
|---|---|---|---|---|---|
| 配合单位工时 | | 预计生产目标 | | 预计毛利 | |
| 设备组 | | 产　值 | | 附加值 | |
| 质检组 | | 总工时 | | 生产费用 | |
| 包装组 | | 每工时产值 | | 预计毛利 | |

审核：　　　　　　　　　　　　　　　　　　　　　生产计划员：

# 4.35 生产计划安排表（表4-35）

**表4-35 生产计划安排表**

| 生产车间 | 生产订单 | 生产数量 | 预计日程 | 人力配置 | 原料投入 | 物料投入 | 人工成本 | 生产费用 | 生产成本 | 毛利 | 净利 | 备注 |
|---|---|---|---|---|---|---|---|---|---|---|---|---|
| | | | | | | | | | | | | |
| | | | | | | | | | | | | |
| | | | | | | | | | | | | |

复核： 审核： 拟定：

# 4.36 周生产计划及实绩表（表4-36）

**表4-36 周生产计划及实绩表**

编号： 填写日期： 年 月 日

| 往来客户 | | | 星期一 | | | 星期二 | | | 星期三 | | | 星期四 | | | 星期五 | | |
|---|---|---|---|---|---|---|---|---|---|---|---|---|---|---|---|---|---|
| | | | 1 | 2 | 3 | | | | | | | | | | | | |
| 车间一 | 客户名称 | | | | | | | | | | | | | | | | |
| | 指定编号 | | | | | | | | | | | | | | | | |
| | 品名 | | | | | | | | | | | | | | | | |
| | 颜色 | | | | | | | | | | | | | | | | |
| | 数量 | 预定 | | | | | | | | | | | | | | | |
| | | 实绩 | | | | | | | | | | | | | | | |
| 车间二 | 客户名称 | | | | | | | | | | | | | | | | |
| | 指定编号 | | | | | | | | | | | | | | | | |
| | 品名 | | | | | | | | | | | | | | | | |
| | 颜色 | | | | | | | | | | | | | | | | |
| | 数量 | 预定 | | | | | | | | | | | | | | | |
| | | 实绩 | | | | | | | | | | | | | | | |

续表

| 往来客户 | | 星期一 | | | 星期二 | | | 星期三 | | | 星期四 | | | 星期五 | | |
|---|---|---|---|---|---|---|---|---|---|---|---|---|---|---|---|---|
| | | 1 | 2 | 3 | | | | | | | | | | | | |
| 出货 | 客户名称 | | | | | | | | | | | | | | | |
| | 指定编号 | | | | | | | | | | | | | | | |
| | 品　名 | | | | | | | | | | | | | | | |
| | 颜　色 | | | | | | | | | | | | | | | |
| | 数量 预定 | | | | | | | | | | | | | | | |
| | 数量 实绩 | | | | | | | | | | | | | | | |

# 4.37 生产进度表（表4-37）

**表4-37　生产进度表**

使用单位：　　　　　　　　　　　　　　　　　　　　第____副本

| 部门 | 生产项目 | 1 | 2 | 3 | 4 | 5 | 6 | 7 | 8 | 9 | 10 | 11 | 12 | 13 | 14 | 15 | 备注 |
|---|---|---|---|---|---|---|---|---|---|---|---|---|---|---|---|---|---|
| 生产线一 | | | | | | | | | | | | | | | | | |
| | | | | | | | | | | | | | | | | | |
| | | | | | | | | | | | | | | | | | |
| | 更改记录 | | | | | | | | | | | | | | | | |
| 生产线二 | | | | | | | | | | | | | | | | | |
| | | | | | | | | | | | | | | | | | |
| | | | | | | | | | | | | | | | | | |
| | 更改记录 | | | | | | | | | | | | | | | | |
| 生产线三 | | | | | | | | | | | | | | | | | |
| | | | | | | | | | | | | | | | | | |
| | | | | | | | | | | | | | | | | | |
| | 更改记录 | | | | | | | | | | | | | | | | |

核准：　　　　　　　　　　　　　　　　　　　　　　　拟订：

# 4.38 生产日报表（表4－38）

**表4－38 生产日报表**

单位： 填写日期： 年 月 日

<table>
<tr><th colspan="2" rowspan="2">编 号</th><th rowspan="2">产品名称</th><th rowspan="2">预定产量</th><th colspan="2">本日产量</th><th colspan="2">累计产量</th><th colspan="2">耗费工时</th><th colspan="2">半成品</th></tr>
<tr><th>预计</th><th>实际</th><th>预计</th><th>实际</th><th>本日</th><th>累计</th><th>本日</th><th>累计</th></tr>
<tr><td colspan="2"></td><td></td><td></td><td></td><td></td><td></td><td></td><td></td><td></td><td></td><td></td></tr>
<tr><td colspan="2"></td><td></td><td></td><td></td><td></td><td></td><td></td><td></td><td></td><td></td><td></td></tr>
<tr><td rowspan="7">人事记录</td><td>应到人数</td><td colspan="2"></td><td colspan="4" rowspan="4">停工记录</td><td colspan="4" rowspan="4">异常状况报告</td></tr>
<tr><td>请假人数</td><td colspan="2"></td></tr>
<tr><td>调出人数</td><td colspan="2"></td></tr>
<tr><td>调入人数</td><td colspan="2"></td></tr>
<tr><td>新进人数</td><td colspan="2"></td><td colspan="2">加班人数</td><td colspan="2"></td><td colspan="4" rowspan="3">新进离职人员</td></tr>
<tr><td>离职人数</td><td colspan="2"></td><td colspan="2">新加工时</td><td colspan="2"></td></tr>
<tr><td>实到人数</td><td colspan="2"></td><td colspan="2">应有工时</td><td colspan="2"></td></tr>
</table>

审核： 制表人：

# 4.39 产量分析表（表4－39）

**表4－39 产量分析表**

<table>
<tr><td>产品名称</td><td colspan="7"></td></tr>
<tr><td rowspan="2">预计销售量</td><td>每年最低</td><td>最高</td><td>旺季每月最低</td><td>每月最高</td><td>正常每月产量</td><td colspan="2">设计产量</td></tr>
<tr><td></td><td></td><td></td><td></td><td></td><td colspan="2"></td></tr>
<tr><td>考虑实效</td><td></td><td>作业效率</td><td></td><td>安排效率</td><td></td><td>总效率</td><td></td></tr>
<tr><td>每月工作日</td><td></td><td>每日产量</td><td></td><td>每小时产量</td><td></td><td>每件时间</td><td></td></tr>
<tr><td rowspan="3">主要设备产能分析</td><td>设备名称</td><td>产能说明</td><td>每件时间</td><td>每日生产时间</td><td>设备数量</td><td>平均每件时间</td><td>负荷率</td></tr>
<tr><td></td><td></td><td></td><td></td><td></td><td></td><td></td></tr>
<tr><td></td><td></td><td></td><td></td><td></td><td></td><td></td></tr>
</table>

审核： 制表人：

# 4.40 生产进度记录表（表4－40）

**表4－40　生产进度记录表**

制造单号：　　　　　　　　　　　　编号：　　填写日期：　　年　月　日

| 产品名称 | | 产量 | | 交货日期 | |
|---|---|---|---|---|---|

| 日期<br>部门 | | 生产数量 | | | | | | | | | | 完成日期 |
|---|---|---|---|---|---|---|---|---|---|---|---|---|
| | | | | | | | | | | | | |
| | 预定 | | | | | | | | | | | |
| | 实际 | | | | | | | | | | | |
| | 预定 | | | | | | | | | | | |
| | 实际 | | | | | | | | | | | |
| | 预定 | | | | | | | | | | | |
| | 实际 | | | | | | | | | | | |

# 4.41 生产进度进程表（表4－41）

**表4－41　生产进度进程表**

制造号码：　　　　　　　　　　　　填写日期：　　年　月　日

| 零件编号 | 零件名称 | 承制单位 | 请购单号 | 请购日期 | 预定交货日期 | 实际交货日期 | | | 加工日程 | | | | | | |
|---|---|---|---|---|---|---|---|---|---|---|---|---|---|---|---|
| | | | | | | 原定 | 修订 | 修订 | | | | | | | |
| | | | | | | | | | | | | | | | |
| | | | | | | | | | | | | | | | |
| | | | | | | | | | | | | | | | |

# 4.42 生产进程管理表（表4－42）

**表4－42 生产进程管理表**

制造单号： 填写日期： 年 月 日

| 产品名称 | | 生产数量 | | | | | | | | 出货日期 | | | | | | | |
|---|---|---|---|---|---|---|---|---|---|---|---|---|---|---|---|---|---|
| 单位名称 | 生产数量记录 | | | | | | | | | | | | | | | | |
| | 日 期 | | | | | | | | | | | | | | | | |
| | 预定产量 | | | | | | | | | | | | | | | | |
| | 实际产量 | | | | | | | | | | | | | | | | |
| | 累计产量 | | | | | | | | | | | | | | | | |
| | 日 期 | | | | | | | | | | | | | | | | |
| | 预定产量 | | | | | | | | | | | | | | | | |
| | 实际产量 | | | | | | | | | | | | | | | | |
| | 累计产量 | | | | | | | | | | | | | | | | |
| | 日 期 | | | | | | | | | | | | | | | | |
| | 预定产量 | | | | | | | | | | | | | | | | |
| | 实际产量 | | | | | | | | | | | | | | | | |
| | 累计产量 | | | | | | | | | | | | | | | | |

# 4.43 生产进度控制表（表4－43）

**表4－43 生产进度控制表**

编号： 预计日程：

| 产品名称 | | | 生产数量 | | 本计划负责工程师 | | | |
|---|---|---|---|---|---|---|---|---|
| 作业步骤 | | 负责部门 | 承包厂商 | 预计日程 | 进度审核及调整记录 | 开工日 | 完工日 | 验收 |
| 1 | | | | | | | | |
| 2 | | | | | | | | |
| 3 | | | | | | | | |

## 4.44 生产进度平衡表（表4－44）

**表4－44　生产进度平衡表**

编号：　　　　　　　　　　　　　　　　　　　　部门：

<table>
<tr><td>品名规格</td><td colspan="4"></td><td colspan="4">生产数量</td><td colspan="4"></td><td colspan="4">预定日程</td><td colspan="3"></td></tr>
<tr><td>日期</td><td colspan="2"></td><td colspan="2"></td><td colspan="2"></td><td colspan="2"></td><td colspan="2"></td><td colspan="2"></td><td colspan="2"></td><td colspan="2"></td><td colspan="2"></td><td></td></tr>
<tr><td>预计产量</td><td colspan="2"></td><td colspan="2"></td><td colspan="2"></td><td colspan="2"></td><td colspan="2"></td><td colspan="2"></td><td colspan="2"></td><td colspan="2"></td><td colspan="2"></td><td></td></tr>
<tr><td>实际产量</td><td colspan="2"></td><td colspan="2"></td><td colspan="2"></td><td colspan="2"></td><td colspan="2"></td><td colspan="2"></td><td colspan="2"></td><td colspan="2"></td><td colspan="2"></td><td></td></tr>
<tr><td>预计累计</td><td colspan="2"></td><td colspan="2"></td><td colspan="2"></td><td colspan="2"></td><td colspan="2"></td><td colspan="2"></td><td colspan="2"></td><td colspan="2"></td><td colspan="2"></td><td></td></tr>
<tr><td>实际累计</td><td colspan="2"></td><td colspan="2"></td><td colspan="2"></td><td colspan="2"></td><td colspan="2"></td><td colspan="2"></td><td colspan="2"></td><td colspan="2"></td><td colspan="2"></td><td></td></tr>
<tr><td>达成率</td><td colspan="2"></td><td colspan="2"></td><td colspan="2"></td><td colspan="2"></td><td colspan="2"></td><td colspan="2"></td><td colspan="2"></td><td colspan="2"></td><td colspan="2"></td><td></td></tr>
<tr><td rowspan="5">产量</td><td></td><td></td><td></td><td></td><td></td><td></td><td></td><td></td><td></td><td></td><td></td><td></td><td></td><td></td><td></td><td></td><td></td><td></td><td rowspan="2">累计产量</td></tr>
<tr><td></td><td></td><td></td><td></td><td></td><td></td><td></td><td></td><td></td><td></td><td></td><td></td><td></td><td></td><td></td><td></td><td></td><td></td></tr>
<tr><td></td><td></td><td></td><td></td><td></td><td></td><td></td><td></td><td></td><td></td><td></td><td></td><td></td><td></td><td></td><td></td><td></td><td></td><td></td></tr>
<tr><td></td><td></td><td></td><td></td><td></td><td></td><td></td><td></td><td></td><td></td><td></td><td></td><td></td><td></td><td></td><td></td><td></td><td></td><td>日期</td></tr>
<tr><td></td><td></td><td></td><td></td><td></td><td></td><td></td><td></td><td></td><td></td><td></td><td></td><td></td><td></td><td></td><td></td><td></td><td></td><td></td></tr>
</table>

审核：　　　　　　　　　　　　　　　　　　　　制表：

## 4.45 生产效益分析表（表4－45）

**表4－45　生产效益分析表**

| 月份 | 预计产量 | 实际产量 | 预计产值 | 实际产值 | 部门效率 | | | | | 差异原因分析 |
|---|---|---|---|---|---|---|---|---|---|---|
| 1月 | | | | | | | | | | |
| 2月 | | | | | | | | | | |
| 3月 | | | | | | | | | | |
| … | | | | | | | | | | |
| 12月 | | | | | | | | | | |
| 合计 | | | | | | | | | | |
| 说明 | | | | | | | | | | |

# 4.46 生产过程分析表（表4－46）

**表4－46 生产过程分析表**

| 作业编号 | 作业名称 | 使用设备 | 使用工具模具 | 同时工作人数 | 作业时间 | 工作负荷率 |
|---|---|---|---|---|---|---|
| | | | | | | |
| | | | | | | |
| | | | | | | |

# 4.47 生产故障分析表（表4－47）

**表4－47 生产故障分析表**

| 部门名称 | | 编号 | | 日期 | | |
|---|---|---|---|---|---|---|
| 订单号码 | | 产品名称 | | 完成日期 | 预计 | |
| | | | | | 原定 | |
| 故障原因 | □待料 □设备 □人力 □停电 □质量异常 □安全事故 □其他 | | | | | |
| 处理意见 | | | | | | |
| 主管意见 | | | | | | |
| 领导批示 | | | | | | |

## 4.48 生产进度安排检查表（表4-48）

**表4-48 生产进度安排检查表**

制造编号：

<table>
<tr><th rowspan="2">材料名称</th><th colspan="4">供应状况</th><th rowspan="2">备注</th><th rowspan="2" colspan="2">设备模具<br>生产状况</th><th rowspan="2">实际情况</th><th rowspan="2">完成日期</th><th rowspan="2">检查</th></tr>
<tr><th>充足</th><th>已购</th><th>预交期</th><th>交库</th></tr>
<tr><td>1</td><td></td><td></td><td></td><td></td><td></td><td colspan="2">1. 前一生产是否完成</td><td></td><td></td><td></td></tr>
<tr><td>2</td><td></td><td></td><td></td><td></td><td></td><td colspan="2">2. 本生产是否可开始</td><td></td><td></td><td></td></tr>
<tr><td>3</td><td></td><td></td><td></td><td></td><td></td><td colspan="2">3. 人力是否足够</td><td></td><td></td><td></td></tr>
<tr><td>4</td><td></td><td></td><td></td><td></td><td></td><td colspan="2">4. 有无设备调整问题</td><td></td><td></td><td></td></tr>
<tr><td>5</td><td></td><td></td><td></td><td></td><td></td><td colspan="2">5. 生产技术是否有问题</td><td></td><td></td><td></td></tr>
<tr><td>6</td><td></td><td></td><td></td><td></td><td></td><td rowspan="5">6.<br>模具<br>工具</td><td></td><td></td><td></td><td></td></tr>
<tr><td>7</td><td></td><td></td><td></td><td></td><td></td><td></td><td></td><td></td><td></td></tr>
<tr><td>8</td><td></td><td></td><td></td><td></td><td></td><td></td><td></td><td></td><td></td></tr>
<tr><td>9</td><td></td><td></td><td></td><td></td><td></td><td></td><td></td><td></td><td></td></tr>
<tr><td>10</td><td></td><td></td><td></td><td></td><td></td><td></td><td></td><td></td><td></td></tr>
<tr><td>11</td><td></td><td></td><td></td><td></td><td></td><td rowspan="5">7.<br>主要<br>设备<br>状况</td><td></td><td></td><td></td><td></td></tr>
<tr><td>12</td><td></td><td></td><td></td><td></td><td></td><td></td><td></td><td></td><td></td></tr>
<tr><td>13</td><td></td><td></td><td></td><td></td><td></td><td></td><td></td><td></td><td></td></tr>
<tr><td>14</td><td></td><td></td><td></td><td></td><td></td><td></td><td></td><td></td><td></td></tr>
<tr><td>15</td><td></td><td></td><td></td><td></td><td></td><td></td><td></td><td></td><td></td></tr>
</table>

# 4.49 生产进度安排跟踪表（表4－49）

**表4－49 生产进度安排跟踪表**

<table>
<tr><td colspan="3">产品名称/规格</td><td colspan="3"></td><td colspan="3">生产数量</td><td colspan="2"></td><td colspan="2">生产部门</td><td></td></tr>
<tr><td colspan="3">原定生产日期</td><td colspan="6"></td><td colspan="3">预计交货日期</td><td colspan="2"></td></tr>
<tr><td rowspan="9">物料供应状况</td><td>材料名称</td><td>单位</td><td>单位用量</td><td>需求量</td><td>已有库存</td><td>采购日期</td><td>预交日期</td><td>已交</td><td>备注</td><td rowspan="5">人力设备</td><td colspan="2">前一批号完成日期</td><td>情况</td></tr>
<tr><td></td><td></td><td></td><td></td><td></td><td></td><td></td><td></td><td></td><td colspan="2">设备调整时间</td><td></td></tr>
<tr><td></td><td></td><td></td><td></td><td></td><td></td><td></td><td></td><td></td><td colspan="2">人力是否充足</td><td></td></tr>
<tr><td></td><td></td><td></td><td></td><td></td><td></td><td></td><td></td><td></td><td colspan="2">预计生产日数</td><td></td></tr>
<tr><td></td><td></td><td></td><td></td><td></td><td></td><td></td><td></td><td></td><td colspan="2">每日生产</td><td></td></tr>
<tr><td></td><td></td><td></td><td></td><td></td><td></td><td></td><td></td><td></td><td rowspan="2">其他因素</td><td colspan="2" rowspan="2"></td><td rowspan="2"></td></tr>
<tr><td></td><td></td><td></td><td></td><td></td><td></td><td></td><td></td><td></td></tr>
<tr><td></td><td></td><td></td><td></td><td></td><td></td><td></td><td></td><td></td><td rowspan="2">模具量具</td><td>名称编号</td><td>完成日期</td><td>已有成品</td></tr>
<tr><td></td><td></td><td></td><td></td><td></td><td></td><td></td><td></td><td></td><td></td><td></td><td></td></tr>
<tr><td rowspan="4">安排进度</td><td colspan="13"></td></tr>
<tr><td></td><td></td><td></td><td></td><td></td><td></td><td></td><td></td><td></td><td></td><td></td><td></td><td></td></tr>
<tr><td></td><td></td><td></td><td></td><td></td><td></td><td></td><td></td><td></td><td></td><td></td><td></td><td></td></tr>
<tr><td></td><td></td><td></td><td></td><td></td><td></td><td></td><td></td><td></td><td></td><td></td><td></td><td></td></tr>
</table>

# 4.50 生产进度更改通知单（表4－50）

**表4－50 生产进度更改通知单**

填写日期： 年 月 日

| 制造编号 | 级 别 | 原定 | | | 变更 | | | 备 注 |
|---|---|---|---|---|---|---|---|---|
| | | 规格 | 数量 | 完成日期 | 规格 | 数量 | 完成日期 | |
| | | | | | | | | |
| | | | | | | | | |
| | | | | | | | | |
| 批 示 | | | | | | | | |

审核： 制表：

# 4.51 生产进度落后原因分析表（表4－51）

**表4－51 生产进度落后原因分析表**

| 日期（周、旬、月） | 预产批数 | 实产批数 | 落后批数 | 落后原因分析 | | | | | | | | |
|---|---|---|---|---|---|---|---|---|---|---|---|---|
| | | | | 效率低下 | 订单变更 | 人力不足 | 设备故障 | 假期延误 | 协调不当 | 供应不足 | 其他原因 | 改进建议 |
| | | | | | | | | | | | | |
| | | | | | | | | | | | | |
| | | | | | | | | | | | | |
| | | | | | | | | | | | | |

# 4.52 各生产班次产量记录表（表4-52）

**表4-52 各生产班次产量记录表**

年 月 日

| 班次 | 品 名 | 前班结存 | 前部门移交 | 本班生产 | 本班结存 | 移交人 | 点收人 |
|---|---|---|---|---|---|---|---|
| 早班 | | | | | | | |
| | | | | | | | |
| 中班 | | | | | | | |
| | | | | | | | |
| 夜班 | | | | | | | |
| | | | | | | | |
| | | | | | | | |

# 4.53 工时记录表（表4-53）

**表4-53 工时记录表**

| 工时 | | | | | | | | | | | | | | | 合计 |
|---|---|---|---|---|---|---|---|---|---|---|---|---|---|---|---|
| | | | | | | | | | | | | | | | |
| | | | | | | | | | | | | | | | |
| | | | | | | | | | | | | | | | |
| 合 计 | | | | | | | | | | | | | | | |
| 标 准 | | | | | | | | | | | | | | | |
| 效 率 | | | | | | | | | | | | | | | |

# 4.54 工作记录单（表4－54）

**表4－54 工作记录单**

| | | |
|---|---|---|
| 单位名称 | | |
| 工作人员 | | 年 月 日 |

| | | | | | |
|---|---|---|---|---|---|
| 工作进度 | 预定时间单位（时分） | | 出勤时数 | 加班时数 | 工时差异 |
| | 实际时间单位（时分） | | | | |

| 代号 | 机械设备编号 | 工作内容 | 故障停车时数 | | | 故障代号 | 故障原因代号 | 修理情况代号 | 工时 | 修理材料 | | | | 质量 | 签认人员 |
|---|---|---|---|---|---|---|---|---|---|---|---|---|---|---|---|
| | | | 起 | 讫 | 时数 | | | | | 名称 | 规格 | 数量 | 金额 | | |
| | | | | | | | | | | | | | | | |
| | | | | | | | | | | | | | | | |
| | | | | | | | | | | | | | | | |

| 故障代号 | | | | | | | | 故障原因代号 | | | | | | | | 修理情形代号 | | | | | | | |
|---|---|---|---|---|---|---|---|---|---|---|---|---|---|---|---|---|---|---|---|---|---|---|---|
| A | B | C | D | E | F | G | H | a | b | c | d | e | f | g | h | 1 | 2 | 3 | 4 | 5 | 6 | 7 | 8 |
| | | | | | | | | | | | | | | | | | | | | | | | |

# 4.55 工作效率及工时月报表（表4-55）

**表4-55 工作效率及工时月报表**

| 区分 | | | 当月 | 前月 | 前期 | 区分 | | | 当月 | 前月 | 前期 |
|---|---|---|---|---|---|---|---|---|---|---|---|
| 效率 | 科 | 科效率 | | | | 除外工时及间接工时 | 组扣除 | 等待 | | | |
| 效率 | 科 | 科运作率 | | | | 除外工时及间接工时 | 组扣除 | 机械整修 | | | |
| 效率 | 科 | 工作效率 | | | | 除外工时及间接工时 | 组扣除 | 会谈协商 | | | |
| 效率 | 组 | 组效率 | | | | 除外工时及间接工时 | 组扣除 | 调整损失 | | | |
| 效率 | 组 | 组运作率 | | | | 除外工时及间接工时 | 组扣除 | | | | |
| 效率 | 组 | 工作效率 | | | | 除外工时及间接工时 | 组扣除 | 其他 | | | |
| 效率 | 组 | 组效率 | | | | 除外工时及间接工时 | 组扣除 | 计 | | | |
| 效率 | 组 | 组运作率 | | | | 除外工时及间接工时 | 科扣除 | 会谈协商 | | | |
| 效率 | 组 | 工作效率 | | | | 除外工时及间接工时 | 科扣除 | 设计变更 | | | |
| 效率 | 组 | 组效率 | | | | 除外工时及间接工时 | 科扣除 | 安全 | | | |
| 效率 | 组 | 组运作率 | | | | 除外工时及间接工时 | 科扣除 | 机械故障 | | | |
| 效率 | 组 | 工作效率 | | | | 除外工时及间接工时 | 科扣除 | 试作 | | | |
| 效率 | 组 | 组效率 | | | | 除外工时及间接工时 | 科扣除 | 实验 | | | |
| 效率 | 组 | 组运作率 | | | | 除外工时及间接工时 | 科扣除 | | | | |
| 效率 | 组 | 工作效率 | | | | 除外工时及间接工时 | 科扣除 | 其他 | | | |
| 每人每日工作效率 | | | | | | 除外工时及间接工时 | 科扣除 | 计 | | | |
| 标准总产量工数 | 合计 | | | | | 除外工时合计 | | | | | |
| 标准总产量工数 | 组 | | | | | 间接工时 | | | | | |
| 标准总产量工数 | 组 | | | | | 投入工时 | | | | | |
| 标准总产量工数 | 组 | | | | | 投入除外工时比 | | | | | |
| 标准总产量工数 | 组 | | | | | 投入间接工时比 | | | | | |
| 标准总产量工数 | | | | | | 投入工数合文坛 | | | | | |

# 4.56 工作效率分析表（表4－56）

**表4－56 工作效率分析表**

| 作业名称 | 负责部门 | 实际工时记录 | | | | | | | | | | | | | | | | 标准 | 效率 | 工作期间 | |
|---|---|---|---|---|---|---|---|---|---|---|---|---|---|---|---|---|---|---|---|---|---|
| | | | | | | | | | | | | | | | | | | | | 起 | 止 |
| | | | | | | | | | | | | | | | | | | | | | |
| | | | | | | | | | | | | | | | | | | | | | |
| | | | | | | | | | | | | | | | | | | | | | |
| | | | | | | | | | | | | | | | | | | | | | |
| | | | | | | | | | | | | | | | | | | | | | |

# 4.57 工作改进报告（表4－57）

**表4－57 工作改进报告**

| 编号 | | 年　月　日 | |
|---|---|---|---|
| 产品名称 | | | |
| 作业名称 | | | |
| 分析期间 | | 分析人 | |
| 改进原因： | | | |
| 改进经过 | | | |
| 改进建议与方法 | 配合事项 | | |
| | 效益分析 | | |

批示：　　　　审核：　　　　报告：

# 4.58 考核作业人员记录表（表4－58）

表4－58 考核作业人员记录表

| 考核项目 | 日期： | | | | 日期： | | | | 日期： | | | | 日期： | | | | 日期： | | | | 日期： | | | | 日期： | | | |
|---|---|---|---|---|---|---|---|---|---|---|---|---|---|---|---|---|---|---|---|---|---|---|---|---|---|---|---|---|
| | 优 | 良 | 可 | 劣 | 优 | 良 | 可 | 劣 | 优 | 良 | 可 | 劣 | 优 | 良 | 可 | 劣 | 优 | 良 | 可 | 劣 | 优 | 良 | 可 | 劣 | 优 | 良 | 可 | 劣 |
| 1. 品质 | | | | | | | | | | | | | | | | | | | | | | | | | | | | |
| 2. 产量 | | | | | | | | | | | | | | | | | | | | | | | | | | | | |
| 3. 合作 | | | | | | | | | | | | | | | | | | | | | | | | | | | | |
| 4. 专心情形 | | | | | | | | | | | | | | | | | | | | | | | | | | | | |
| 5. 安全习惯 | | | | | | | | | | | | | | | | | | | | | | | | | | | | |
| 6. 清洁习惯 | | | | | | | | | | | | | | | | | | | | | | | | | | | | |
| 7. 可靠性 | | | | | | | | | | | | | | | | | | | | | | | | | | | | |
| 8. 技术水平 | | | | | | | | | | | | | | | | | | | | | | | | | | | | |
| 考核人员意见 | | | | | | | | | | | | | | | | | | | | | | | | | | | | |
| 建议接受何种训练 | | | | | | | | | | | | | | | | | | | | | | | | | | | | |
| 考核 人 | | | | | | | | | | | | | | | | | | | | | | | | | | | | |
| 上级主管 | | | | | | | | | | | | | | | | | | | | | | | | | | | | |

# 4.59 工作量汇总表（表4－59）

**表4－59　工作量汇总表**

| 产品名称 | | | 部门名称 | | | | | | | | | | |
|---|---|---|---|---|---|---|---|---|---|---|---|---|---|
| 项次 | 作业名称 | 同时作业人数 | 作业类别 | | 发生频率 | | 每次处理时间 | | 每日 | 安排 | 努力 | 偶然事件无法处理 | 备注 |
| | | | 固定 | 偶然 | 平均 | 最高 | 平均 | 标准 | 工作量 | 人力 | 程度 | 次数 | |
| | | | | | | | | | | | | | |
| | | | | | | | | | | | | | |
| | | | | | | | | | | | | | |
| | | | | | | | | | | | | | |
| | | | | | | | | | | | | | |

# 4.60 作业量分析表（表4－60）

**表4－60　作业量分析表**

| 作业名称 | | | | | 作业时间（时/次） | | | | | |
|---|---|---|---|---|---|---|---|---|---|---|
| 编号 | 作业单元名称 | 需同时处理人数 | 作业类别 | | 发生频率 | 发生方式说明 | 每次处理时间 | | 每日工作量 | 突发无法处理次数 |
| | | | 固定 | 实发 | | | 平均 | 最长 | | |
| | | | | | | | | | | |
| | | | | | | | | | | |
| | | | | | | | | | | |
| | | | | | | | | | | |
| | | | | | | | | | | |

审核：　　　　　　　　　　　　　　　　分析人：

# 4.61 标准作业时间订定表（表4-61）

**表4-61 标准作业时间订定表**

日期.　　　　　　　　　　　　　　　　页数：

| 工作部门 | | | | 产品或加工件名称 | | | |
|---|---|---|---|---|---|---|---|
| 作业单元说明 | 使用设备 | 工具样 | 观测值 | 评比 | 计算值 | 标准时间 | 日产量 |
| | | | | | | | |
| | | | | | | | |
| | | | | | | | |

审核：　　　　　　　　　　　　　　　　分析人：

# 4.62 生产产品状况记录表（表4-62）

**表4-62 生产产品状况记录表**

<table>
<tr><td>机种</td><td colspan="3"></td><td colspan="2" rowspan="2">品名</td><td colspan="3" rowspan="2"></td><td colspan="2" rowspan="2">工程次序</td><td colspan="3" rowspan="2"></td><td colspan="2" rowspan="2">工程内容</td><td colspan="3" rowspan="2"></td></tr>
<tr><td>件号</td><td colspan="3"></td></tr>
<tr><td rowspan="3">日期</td><td colspan="3">材料</td><td colspan="6">成品</td><td colspan="2">工作时间</td><td rowspan="3">工作者</td><td rowspan="3">备注</td><td colspan="5">不合格原因及不合格数</td></tr>
<tr><td rowspan="2">收到</td><td rowspan="2">加工</td><td rowspan="2">结存</td><td colspan="3">合格</td><td colspan="3">不合格</td><td rowspan="2">正班（小时）</td><td rowspan="2">加班（小时）</td><td colspan="3">材料不合格</td><td colspan="2">加工不合格</td></tr>
<tr><td>生产</td><td>交出</td><td>结存</td><td>生产</td><td>交出</td><td>结存</td><td>裂纹</td><td>缺料</td><td>气孔或砂孔</td><td>加工过度</td><td>位置偏差</td></tr>
<tr><td></td><td></td><td></td><td></td><td></td><td></td><td></td><td></td><td></td><td></td><td></td><td></td><td></td><td></td><td></td><td></td><td></td><td></td><td></td></tr>
<tr><td></td><td></td><td></td><td></td><td></td><td></td><td></td><td></td><td></td><td></td><td></td><td></td><td></td><td></td><td></td><td></td><td></td><td></td><td></td></tr>
<tr><td></td><td></td><td></td><td></td><td></td><td></td><td></td><td></td><td></td><td></td><td></td><td></td><td></td><td></td><td></td><td></td><td></td><td></td><td></td></tr>
<tr><td>合计</td><td></td><td></td><td></td><td></td><td></td><td></td><td></td><td></td><td></td><td></td><td></td><td></td><td></td><td></td><td></td><td></td><td></td><td></td></tr>
</table>

# 4.63 生产记录表（表4－63）

**表4－63 生产记录表**

部门：

| 项目 | 核对项目 | 管理范围 | 异常时间记录 | 说明 | 产品 | 出勤数 | 收成率 | A级率 | B级率 | 开机率 |
|---|---|---|---|---|---|---|---|---|---|---|
| | | | | 标准 | | | | | | |
| | | | | 实际 | | | | | | |
| | | | | 差异 | | | | | | |
| | | | | 上级主办事项 | | | | | | |
| | | | | 处理对策 | | | | | | |
| | | | | 主管批示 | | | | | | |

# 4.64 生产用料记录单（表4－64）

**表4－64 生产用料记录单**

年　月　日

| 材料类别<br>工作时间 | | | | | | | 生产状况记录 | | |
|---|---|---|---|---|---|---|---|---|---|
| | | | | | | | 完工 | 日数 | 备注 |
| | | | | | | | | | |
| | | | | | | | | | |
| 合　　计 | | | | | | | | | |
| 昨日存料 | | | | | | | | | |
| 今日领料 | | | | | | | | | |
| 本日存料 | | | | | | | | | |

审核：　　　　　　　　　　　　　　　　　　　　记录：

# 4.65 生产状况记录表（表4-65）

**表4-65 生产状况记录表**

部门： 日期：

| 项目 | 记录项目 | 管理范围 | 异常时间及记录 |
|---|---|---|---|
| | | | |
| | | | |
| | | | |
| | | | |
| | | | |
| | | | |
| | | | |
| | | | |
| | | | |
| | | | |
| | | | |
| | | | |
| | | | |
| | | | |
| | | | |
| | | | |
| | | | |
| | | | |
| | | | |

| 说明 | 产量 | 出勤人数 | 收成率 | A级率 | B级率 | 开机率 |
|---|---|---|---|---|---|---|
| 标准 | | | | | | |
| 实际 | | | | | | |
| 差异 | | | | | | |
| 上级交办事项 | | | | | | |
| 处理对策 | | | | | | |
| 主管批示 | | | | | | |

审核： 记录：

# 4.66 首批产品试制状况分析表（表4－66）

表4－66　首批产品试制状况分析表

产品名称
产品编号：　　　　　　　　　　　　　　　　　　　　　　制造编号：
试制开始日期：　　　　　　　　　　　　　　　　　　　　试制数量：
材料：

材料细节描述及品质：
生产部门意见：□良好　□　　　　　签章　　　　　日期
技术部门意见：□良好　□　　　　　签章　　　　　日期
品管部门意见：□良好　□　　　　　签章　　　　　日期

设备机具：
保养人员意见：□良好　□　　　　　签章　　　　　日期
技术人员意见：□良好　□　　　　　签章　　　　　日期

工作状况及品质
生　产　部　门　　品　质　部　门　　技　术　部门
说　明　良好　不正常　日期　良好　不正常　日期　良好　不正常
日期
1.
2.
3.
4.
5.
6.
7.
8.
9. 采取措施：

技术部门　　品管部门　　生产部门

# 4.67 首批产品试制状况记录表（表4－67）

**表4－67 首批产品试制状况记录表**

| 产品名称 | | | 产品编号 | | | 制造编号 | | |
|---|---|---|---|---|---|---|---|---|
| 试制开始日期 | | | | 试制数量 | | | | |
| 材料： | | | | | | | | |
| | 材料规范及质量 | | | 说明 | 工作状况及质量 | | | |
| | 良中 | 其他情形 | 盖章及日期 | | 良好 | 不正常 | 日期 | 采取措施 |
| 生产部门 | | | | | | | | |
| | | | | | | | | |
| 技术部门 | | | | | | | | |
| | | | | | | | | |
| 质量管理部门 | | | | | | | | |
| | | | | | | | | |
| | 设备机具状况 | | | | | | | |
| 保养人员 | | | | | 盖章及日期 | | | |
| 技术人员 | | | | | 盖章及日期 | | | |

# 4.68 用料记录单（表4－68）

**表4－68 用料记录单**

年 月 日

| 料别 | | | | 生产状况 | | |
|---|---|---|---|---|---|---|
| | | | | 完工 | 日数 | 备注 |
| | | | | | | |
| | | | | | | |
| 合计 | | | | | | |

续表

| 料别 | | | | 生产状况 | | |
|---|---|---|---|---|---|---|
| | | | | 完工 | 日数 | 备注 |
| 昨日存料 | | | | | | |
| 今日领料 | | | | | | |
| 本日存料 | | | | | | |

注：生产状况的日数表示该工作项目的天数。

## 4.69 员工学习效率考核分析卡（表4－69）

**表4－69　员工学习效率考核分析卡**

日期：

| 姓名 | | 工号 | | 组别 | | 班别 | | 工作名称 | |
|---|---|---|---|---|---|---|---|---|---|
| 工作说明 | | | | 到厂日期 | | 目标效率 | | | |

| | | | | | | | | | | | | | | | | | | | | | | | | |
|---|---|---|---|---|---|---|---|---|---|---|---|---|---|---|---|---|---|---|---|---|---|---|---|---|
| □日产<br>□金 额 | | | | | | | | | | | | | | | | | | | | | | | | |
| | | | | | | | | | | | | | | | | | | | | | | | | |
| | | | | | | | | | | | | | | | | | | | | | | | | |
| | | | | | | | | | | | | | | | | | | | | | | | | |
| | | | | | | | | | | | | | | | | | | | | | | | | |
| | | | | | | | | | | | | | | | | | | | | | | | | |
| 日期 | | | | | | | | | | | | | | | | | | | | | | | | |

# 4.70 补料单（表4－70）

**表4－70 补料单**

补料单位： 到料日期．年 月 日 编号：

| 项次 | 订单号 | 批号 | 料号 | 机种 | 品名 | 订单量 | 补料数 | 颜色 | 不良原因 | 发生单位 | 扣款 | |
|---|---|---|---|---|---|---|---|---|---|---|---|---|
| | | | | | | | | | | | 应扣 | 不扣 |
| | | | | | | | | | | | | |
| | | | | | | | | | | | | |
| | | | | | | | | | | | | |
| | | | | | | | | | | | | |
| | | | | | | | | | | | | |
| 备注 | 扣款明细叙述： | | | | | | | | | | | |
| | 应扣金额补料单一份送财务扣款 | | | | | | | | | | | |

主管经理： 生管员： 厂长 补料人：

# 4.71 超额领料单（表4－71）

**表4－71 超额领料单**

日期： 年 月 日 编号：

| 项次 | 批号 | 料号 | 订单号 | 品名规格 | 单位 | 计划数 | 超额数 | 差异原因 |
|---|---|---|---|---|---|---|---|---|
| | | | | | | | | |
| | | | | | | | | |
| | | | | | | | | |
| | | | | | | | | |
| | | | | | | | | |

生管经理： 生管员： 厂长： 领料员：

# 4.72 成品入库单（表 4－72）

**表 4－72　成品入库单**

日期：　　年　　月　　日　　　　　　　　　　编号：
车间：

| 项次 | 批号 | 订单号 | 料号 | 品名规格 | 轴承数 | 订单数量 | 入库状况 | | | 备注 |
|---|---|---|---|---|---|---|---|---|---|---|
| | | | | | | | 入库数 | 累计数 | 差异数 | |
| | | | | | | | | | | |
| | | | | | | | | | | |
| | | | | | | | | | | |

生管：　　　仓库：　　　品质：　　　车间主任：　　　制表：

# 4.73 月份生产进度管制表（表 4－73）

**表 4－73　月份生产进度管制表**

本月份预定工作日：　　天　　　　本月份实际工作日：　　天

| 编号 | 产品名称 | 数量 | 负责单位 | 交期 | | 1 | 2 | 3 | 4 | 5 | 6 | 7 | 8 | 9 | 10 | 11 | 12 | 13 | 14 | 15 | 16 | 17 | 18 | 19 | 20 | 21 | 22 | 23 | 24 | 25 | 26 | 27 | 28 | 29 | 30 | 31 |
|---|---|---|---|---|---|---|---|---|---|---|---|---|---|---|---|---|---|---|---|---|---|---|---|---|---|---|---|---|---|---|---|---|---|---|---|---|
| | | | | | 预计 | | | | | | | | | | | | | | | | | | | | | | | | | | | | | | | |
| | | | | | 实际 | | | | | | | | | | | | | | | | | | | | | | | | | | | | | | | |
| | | | | | 预计 | | | | | | | | | | | | | | | | | | | | | | | | | | | | | | | |
| | | | | | 实际 | | | | | | | | | | | | | | | | | | | | | | | | | | | | | | | |
| | | | | | 预计 | | | | | | | | | | | | | | | | | | | | | | | | | | | | | | | |
| | | | | | 实际 | | | | | | | | | | | | | | | | | | | | | | | | | | | | | | | |
| | | | | | 预计 | | | | | | | | | | | | | | | | | | | | | | | | | | | | | | | |
| | | | | | 实际 | | | | | | | | | | | | | | | | | | | | | | | | | | | | | | | |
| | | | | | 预计 | | | | | | | | | | | | | | | | | | | | | | | | | | | | | | | |
| | | | | | 实际 | | | | | | | | | | | | | | | | | | | | | | | | | | | | | | | |

核准：　　　　考核：　　　　制表：

# 4.74 订单安排记录表（一）（表4－74）

**表4－74 订单安排记录表（一）**

月 日至 月 日 编号：

| | 产品名称 | | 产品编号 | | 规格 | | | |
|---|---|---|---|---|---|---|---|---|
| | 订单编号 | 接单日期 | 规格式样色泽说明 | 数量 | 交货期 | 合并记录 | 制造令号 | 完工记录 |
| 1 | | | | | | | | |
| 2 | | | | | | | | |
| 3 | | | | | | | | |
| … | | | | | | | | |

# 4.75 订单安排记录表（二）（表4－75）

**表4－75 订单安排记录表（二）**

| | | 产品名称 | | | | 编号 | | | 规格 | | | |
|---|---|---|---|---|---|---|---|---|---|---|---|---|
| | 接单 | 订单编号 | 订制规格式样 | 数量 | 交货 | 业务员 | 客户 | 预定生 | 合并 | 合并后数 | 制造令号 | 备注 | 完工记号 |
| 1 | | | | | | | | | | | | | |
| 2 | | | | | | | | | | | | | |
| 3 | | | | | | | | | | | | | |
| … | | | | | | | | | | | | | |

# 4.76 订单合并汇总表（表4－76）

表4－76　订单合并汇总表

| 商品名称 | | | | | 产品名称 | | | | | | | | | |
|---|---|---|---|---|---|---|---|---|---|---|---|---|---|---|
| 交货日 | 订单号 | 说明 | 数量 | 合并 | 交货日 | 订单号 | 说明 | 数量 | 合并 | 交货日 | 订单号 | 说明 | 数量 | 合并 |
| | | | | | | | | | | | | | | |
| | | | | | | | | | | | | | | |
| | | | | | | | | | | | | | | |

# 4.77 技术发展绩效分析表（表4－77）

表4－77　技术发展绩效分析表

| 月份 | 产品设计 | | 产品改良 | | 设备改良 | | 制程改良 | | 技术训练 | | 费用支出 | | 说明 |
|---|---|---|---|---|---|---|---|---|---|---|---|---|---|
| | 专 | 非专 | 专 | 非专 | 专 | 非专 | 专 | 非专 | 专 | 非专 | 专 | 非专 | |
| 1月 | | | | | | | | | | | | | |
| 2月 | | | | | | | | | | | | | |
| 3月 | | | | | | | | | | | | | |
| … | | | | | | | | | | | | | |
| 12月 | | | | | | | | | | | | | |
| 合计 | | | | | | | | | | | | | |
| 本年度主要工作说明 | | | | | | | | | | | | | |

# 4.78 生产进度异常原因分析表（表4－78）

**表4－78 生产进度异常原因分析表**

| 月份 | 生产批数 | 改变批数 | 更改原因 | | | | | | | | 备注 |
|---|---|---|---|---|---|---|---|---|---|---|---|
| | | | 待料 | 订单更改 | 效率低 | 人员不足 | 设备故障 | 放假 | 安排不当 | 其他 | |
| 1月 | | | | | | | | | | | |
| 2月 | | | | | | | | | | | |
| 3月 | | | | | | | | | | | |
| … | | | | | | | | | | | |
| 12月 | | | | | | | | | | | |
| 合计 | | | | | | | | | | | |
| 说明 | | | | | | | | | | | |

# 4.79 生产效率分析表（表4－79）

**表4－79 生产效率分析表**

| 月份 | 预计产量 | 实际产量 | 预计产值 | 实际产值 | 部门效率 | | | | | 差异原因分析 |
|---|---|---|---|---|---|---|---|---|---|---|
| 1月 | | | | | | | | | | |
| 2月 | | | | | | | | | | |
| 3月 | | | | | | | | | | |
| … | | | | | | | | | | |
| 12月 | | | | | | | | | | |
| 合计 | | | | | | | | | | |

| | | | | | | | | | | | | | |
|---|---|---|---|---|---|---|---|---|---|---|---|---|---|
| 产量 | | | | 预计实际产值 | | | | | | | | | 说明 |
| | | | | | | | | | | | | | |
| | | | | | | | | | | | | | |
| | 1月 | 2月 | 3月 | 4月 | 5月 | 6月 | 7月 | 8月 | 9月 | 10月 | 11月 | 12月 | |

# 4.80 生产效率记录表（一）（表4-80）

**表4-80 生产效率记录表（一）**

单位别：　　　　　　　　　　　　　　　　　　　　　月份：

| 日期 | 工作人数 | 实际工时 | 平均工时效率 | 机器使用率 | 平均收成率 | 平均用料率 | 本日生产项目 |
|---|---|---|---|---|---|---|---|
| | | | | | | | |
| | | | | | | | |
| | | | | | | | |
| | | | | | | | |
| | | | | | | | |

# 4.81 生产效率记录表（二）（表4-81）

**表4-81 生产效率记录表（二）**

| 制造号码 | | | 生产数量 | | | | 产品名称 | | | | | | | |
|---|---|---|---|---|---|---|---|---|---|---|---|---|---|---|
| 日期 | | 目标产量 | | 预计工时 | | 实际产量 | | 实际工时 | | 每工时产量 | | 效率 | 达成率 | |
| 月 | 日 | 本日 | 累计 | 本日 | 累计 | 本日 | 累计 | 本日 | 累计 | 目标 | 实际 | | 目标 | 实际 |
| | | | | | | | | | | | | | | |
| | | | | | | | | | | | | | | |
| | | | | | | | | | | | | | | |
| | | | | | | | | | | | | | | |

# 4.82 机器生产效率统计表（表4－82）

**表4－82　机器生产效率统计表**

机别：　　　　　　　　　　　　　　　　　　　　　　　　　　月份：

| 制造号码 | 产品名称 | 工作期间 | | 机器效率 | | 人工效率 | | 良品率 | | 评　语 |
|---|---|---|---|---|---|---|---|---|---|---|
| | | 起 | 止 | 起 | 止 | 起 | 止 | 起 | 止 | |
| | | | | | | | | | | |
| | | | | | | | | | | |
| | | | | | | | | | | |
| | | | | | | | | | | |
| | | | | | | | | | | |

# 4.83 设备更新改造申请单（表4－83）

**表4－83　设备更新改造申请单**

部门：　　　　　　　　　　　　　　　　填写日期：　　年　月　日

| 设备编号 | | 设备名称 | | 设备型号 | |
|---|---|---|---|---|---|
| 更新改造理由与经济分析 | | | | | |
| 更新改造要求、型号 | | | | | |
| 资金来源及预算费用（元） | | | | | |
| 内部调拨 | 外部调拨 | 外购 | 自制 | 改造 | 其他 |
| | | | | | |
| 设备部门意见：<br><br>签名：<br>日期： | | 技术工艺部门意见：<br><br>签名：<br>日期： | | 总工程师办公室意见：<br><br>签名：<br>时间： | |

申请部门主管：　　　　　　　　　　　　　　　　　　　　申请人：

# 4.84 设备扩充计划表（表4－84）

**表4－84 设备扩充计划表**

部门：　　　　　　　　　　　　　　　　　填写日期：　　年　月　日

| 增加设备名称 | 规格型号 | 理　由 | 估计金额及支付月份 | 审核意见 |
|---|---|---|---|---|
| | | | | |
| | | | | |
| | | | | |

部门经理：　　　　　　　　复核：　　　　　　　　制表：

# 4.85 设备改良计划表（表4－85）

**表4－85 设备改良计划表**

部门：　　　　　　　　　　　　　　　　　填写日期：　　年　月　日

| 设备名称 | 规格型号 | 改良项目 | 改良理由 | 效果评估 | 估计金额及支付月份 | 审核意见 |
|---|---|---|---|---|---|---|
| | | | | | | |
| | | | | | | |
| | | | | | | |

部门经理：　　　　　　　　复核：　　　　　　　　制表：

# 4.86 设备整改通知单（表4-86）

**表4-86 设备整改通知单**

编号：　　　　　　　　　　　　　　　填写日期：　　年　月　日

________部门：

____年__月__日检查你部门的____________设备存在以下主要问题：____________________

限在______月____日前整改完毕，并将整改回执单返回设备管理部门，设备管理部门组织人员复查，如到期未整改者，按章罚款____元。

设备动力部

日　　期：____年__月__日

---

设备整改回执单

---

设备动力部：

接你部门整字第__号______整改通知单后，已在______年____日整改完毕，请检查验收。

部门主管：

日　　期：____年__月__日

# 4.87 设备报废申请表（表4-87）

**表4-87 设备报废申请表**

部门：　　　　　　　　　　　　　　　填写日期：　　年　月　日

| | | | | | | | |
|---|---|---|---|---|---|---|---|
| 设备名称 | | 规格型号 | | 厂编号 | | | |
| 原制造厂 | | 出厂日期 | | 已用年限 | | | |
| 数量（台） | | 单台原值 | | 单台净值 | | 估计残值 | |
| 详细报废原因 | | | | | | | |
| 小组鉴定 | | 设备管理部门意见 | | 财务部门意见 | | | |

# 4.88 设备修造明细表（表 4－88）

**表 4－88 设备修造明细表**

| | | | | |
|---|---|---|---|---|
| 设备名称及规格 | | | 申请部门 | |
| 数量 | | | 申请日期 | |
| 修造原因 | | | | |
| 决定厂家 | | | 交办日期 | |
| 预定交货日期 | | | 实际交货日期 | |
| 项目 | 材料 | 数量 | 总价 | 备注 |
| 材料 | | | | |
| 工资 | | | | |
| 合计 | | | | |
| 申请人 | | 经办人 | | 验收人 |
| 申请部门负责人 | | 财务部经理 | | 总经理 |

# 4.89 设备检查记录表（表4-89）

表4-89 设备检查记录表

编号： 填写日期： 年 月 日

| 设备编号 | | 设备名称 | | 检查级数 | |
|---|---|---|---|---|---|
| 设备型号 | | 设备规格 | | 检查频率 | |
| 制造厂名 | | 出厂日期 | | 出厂编号 | |
| 所属车间 | | 班 组 | | 操作者 | |

| 项 次 | 检查内容 | 存在问题 | |
|---|---|---|---|
| 1 | 机床精度，性能是否满足生产工艺要求（精密稀有机床主要精度性能达到出厂标准） | | |
| 2 | 各传动系统是否运转正常，变速是否齐全 | | |
| 3 | 各操作系统动作是否灵敏可靠 | | |
| 4 | 润滑系统装备是否齐全、管道是否完整、油路是否通畅、油标是否醒目 | | |
| 5 | 电器系统装配是否齐全、管道是否完整、性能是否灵敏运行 | | |
| 6 | 各滑动部位运转正常、各滑动部位及零件有无严重拉、碰伤 | | |
| 7 | 机床是否内外清洁、有无（黄袍、）油垢，锈蚀，油质是否符合要求 | | |
| 8 | 是否基本无漏油、漏水、漏气现象 | | |
| 9 | 随机主要附件是否基本齐全，零部件是否完整 | | |
| 10 | 完全、防护装配是否齐全可靠 | | |
| 检查组意见 | | 签名 | |

# 4.90 设备故障请修单（表4－90）

**表4－90 设备故障请修单**

请修单号： 填写日期： 年 月 日

| | | |
|---|---|---|
| 请修单位 | | |
| 故障时间 | | |
| 请修时间 | | |
| 希望实施工时 | | |
| 希望完工时间 | | |
| 经办人员 | | |
| 请修内容 | 机械名称及部位 | |
| | □电故障<br>□械件损坏<br>□皮带更新<br>□零件换新<br>□异常换新<br>□电气检查<br>□改装<br>□调整<br>□焊修<br>□试作 | 说明 |
| 请修类别及核准权限 | □改善 □拆除<br>□定期检修<br>□抢修 □迁移<br>□更换 □调整 | |
| | 厂长 | 部长 | 组长 |
| | | | |
| 签收人 | | |
| 签收时间 | | |
| 完工时间 | | |

| | | | | | |
|---|---|---|---|---|---|
| 派工 | | | | 预计施工工时 | |
| | 月 日 时 分 | | | 预定完工时间 | |
| 故障原因 | □材质不良 □设备老化<br>□磨损 □条件错误<br>□操作不当 □异物混入<br>□润滑不良 □腐蚀<br>□修理不清 | | | 说明 | |
| 施工情形 | □焊补 □整修<br>□更换 □调整<br>□装配 □迁移<br>□调整 □定期保养<br>□拆除 □试作 | | | 说明 | |
| 施工记录及成本完工考核 | 施工时间 | 人数 | 合计工时 | 工作人员员工号 | |
| | | | | | |
| | | | | | |
| | | | | | |
| | 工时总计 | | 工时单价 | | 工时成本 | |
| | 材料成本 | | 总成本 | | |
| | 耗用材料名称规格及数量 | | | | |
| | 委托单位验收 | 工作品质 | | 派工 | 科长 |
| | 月 日 时 分 | 优 | 良 | 不良 | | |

厂长： 设备部长： 组长： 验收人员：

# 4.91 设备维修记录卡（表4-91）

**表4-91 设备维修记录卡**

编号： 填写日期： 年 月 日

| | | | | | | | |
|---|---|---|---|---|---|---|---|
| 请修单编号 | | | | | | | |
| 故障日期 | | | | | | | |
| 维护类别 | 定 期 | | | | | | |
| | 计 划 | | | | | | |
| | 突 发 | | | | | | |
| 故障 | 部 位 | | | | | | |
| | 原 因 | | | | | | |
| | 故障及维护情形 | | | | | | |
| 维护人员 | 工 时 | | | | | | |
| | 姓 名 | | | | | | |
| 修护材料 | 名 称 | | | | | | |
| | 厂牌及规格 | | | | | | |
| | 数 量 | | | | | | |
| 保护成本 | | | | | | | |
| 停工工时 | | | | | | | |
| 同一故障修护周期 | | | | | | | |
| 标准修护周期 | | | | | | | |

## 4.92 设备保养计划表（表4－92）

表4－92 设备保养计划表

<table>
<tr><td>设备名称</td><td colspan="2">编号</td><td colspan="2">放置地点</td><td>单位</td><td>取得时间</td><td>耐用年限</td><td>已使用年限</td><td>备注</td></tr>
<tr><td></td><td colspan="2"></td><td colspan="2"></td><td></td><td></td><td></td><td></td><td></td></tr>
<tr><td colspan="6">二级保养</td><td colspan="5">三级保养</td></tr>
<tr><td>保养时间</td><td>保养项目</td><td colspan="2">实施单位</td><td>资金估算</td><td>责任单位</td><td>保养时间</td><td>保养项目</td><td>实施单位</td><td>资金估算</td><td>责任单位</td></tr>
<tr><td></td><td></td><td colspan="2"></td><td></td><td></td><td></td><td></td><td></td><td></td><td></td></tr>
<tr><td></td><td></td><td colspan="2"></td><td></td><td></td><td></td><td></td><td></td><td></td><td></td></tr>
<tr><td></td><td></td><td colspan="2"></td><td></td><td></td><td></td><td></td><td></td><td></td><td></td></tr>
</table>

## 4.93 设备保养工作安排表（表4－93）

表4－93 设备保养工作安排表

| 维护员 | | 维护员 | | 维护员 | | 维护员 | |
|---|---|---|---|---|---|---|---|
| 机器名称 | 编号 | 机器名称 | 编号 | 机器名称 | 编号 | 机器名称 | 编号 |
| | | | | | | | |
| | | | | | | | |
| | | | | | | | |

# 4.94 设备保养工作记录表（表4－94）

**表4－94 设备保养工作记录表**

| 设备名称 | 编号 | 所属部门 | 保养等级 | 保养内容 | 更换部件 | 保养人 | 备注 |
| --- | --- | --- | --- | --- | --- | --- | --- |
| | | | | | | | |
| | | | | | | | |

# 4.95 设备维护状况月报表（表4－95）

**表4－95 设备维护状况月报表**

| 设备名称 | 设备编号 | 使用年限 | 故障原因 | | | | | | | | | | 停机时数 | 修理次数 | 维护费用 | | | 备注 |
| --- | --- | --- | --- | --- | --- | --- | --- | --- | --- | --- | --- | --- | --- | --- | --- | --- | --- | --- |
| | | | 设计不良 | 使用不当 | 保养不当 | 电器故障 | 老化 | 材料不良 | 杂物混入 | 其他 | 预防保养 | 合计 | | | 人工 | 材料 | 小计 | |
| | | | | | | | | | | | | | | | | | | |
| | | | | | | | | | | | | | | | | | | |

# 4.96 设备维护工时记录表（表4－96）

**表4－96 设备维护工时记录表**

| 工作人员 | 工作日期 | 维护工时 | 设备名称 | | | | | | | | | | 合计 |
| --- | --- | --- | --- | --- | --- | --- | --- | --- | --- | --- | --- | --- | --- |
| | | 预 定 | | | | | | | | | | | |
| | | 实 际 | | | | | | | | | | | |
| | | 预 定 | | | | | | | | | | | |
| | | 实 际 | | | | | | | | | | | |

# 4.97 设备登记卡（表4－97）

表4－97　设备登记卡

（正面）

总账科目：　　　　　　　　　　　　　　　　　　　　本卡编号：
明细账科目：　　　　　　　　　　　　　　　　　　　财产编号：

| 设备状况 | | 取得及使用情况 | | 备注（质押及保险情况） |
|---|---|---|---|---|
| 编　号 | | 取得时间 | | |
| 类　别 | | 厂牌编号 | | |
| 英文名称 | | 原　值 | | |
| 中文名称 | | 使用年限 | | |
| 规格与型号 | | 修　理 | | |
| 技术特征 | | 改　造 | | |
| 附 属 物 | | 转　让 | | |
| 使用单位 | | 报　废 | | |
| 存 放 地 | | | | |

转移情况

| 时间 | 使用部门 | 用途 | 保管员 | 时间 | 使用部门 | 用　途 | 保管员 |
|---|---|---|---|---|---|---|---|
| | | | | | | | |
| | | | | | | | |
| | | | | | | | |

（背面）

| | 时间 | 原因 | 维修单位 | 详细记录 |
|---|---|---|---|---|
| 维修记录 | | | | |
| | | | | |
| | | | | |
| | | | | |

# 4.98 设备编号标准表（表4－98）

**表4－98　设备编号标准表**

| 类别 | 类号 | 设备序号 | | | | | | | | |
|---|---|---|---|---|---|---|---|---|---|---|
| | | 序别 | | | | | | | | |
| | | 序号 | 01 | 02 | 03 | 04 | 05 | 06 | 07 | 08 | … |
| | | | | | | | | | | |
| | | | | | | | | | | |

# 4.99 设备实物明细表（表4－99）

**表4－99　设备实物明细表**

明细科目：　　　　　　　　　　　　设备编号：　　　　　　　　　　　　页数：

| 年 | | 摘要 | 单位 | 借方 | 贷方 | 结存 | 使用及保管部门 |
|---|---|---|---|---|---|---|---|
| 月 | 日 | | | | | | |
| | | | | | | | |
| | | | | | | | |

# 4.100 动力设备计算表（表4－100）

**表4－100　动力设备计算表**

| 类别 | 设备名称 | 规格 | 台数 | 额定功率 | 生产用量 | 管线长度 | | 年供应量 | | | |
|---|---|---|---|---|---|---|---|---|---|---|---|
| | | | | | | 起迄 | 长度 | 1 | 2 | 3 | 4 |
| | | | | | | | | | | | |
| | | | | | | | | | | | |
| 合计 | | | | | | | | | | | |

# 4.101 各类设备统计表（表4－101）

表4－101 各类设备统计表

| 设备名称 | 规格 | 单价 | 使用年数 | 第一期 | | | 第二期 | | | 第三期 | | | 第四期 | | |
|---|---|---|---|---|---|---|---|---|---|---|---|---|---|---|---|
| | | | | 数量 | 总价 | 折旧 | 数量 | 总价 | 折旧 | 数量 | 总价 | 折旧 | 数量 | 总价 | 折旧 |
| | | | | | | | | | | | | | | | |
| | | | | | | | | | | | | | | | |

# 4.102 设备零部件登记表（表4－102）

表4－102 设备零部件登记表

| 编号 | 名称 | 数量 | 单价 | 金额 | 制造商 | 验收日期 | 记录 |
|---|---|---|---|---|---|---|---|
| | | | | | | | |
| | | | | | | | |

# 4.103 设备日常管理标准表（表4－103）

表4－103 设备日常管理标准表

| 项目<br>设备 | 日常检点 | 定期检点 | 日常保养 | 一级保养 | 凭证操作 | 操作细节描述 | 故障率（%） | 故障分析 | 账物卡编号 |
|---|---|---|---|---|---|---|---|---|---|
| A | | | | | | | | | |
| B | | | | | | | | | |
| C | | | | | | | | | |
| D | | | | | | | | | |
| E | | | | | | | | | |

# 4.104 设备管理成果评分表（表4－104）

**表4－104 设备管理成果评分表**

| 序号 | 项目 | 评分标准 | 评价标准 |
|---|---|---|---|
| 1 | 发生故障时对其他设备的影响程度 | | |
| 2 | 发生故障时有无代用设备 | | |
| 3 | 开动形态 | | |
| 4 | 加工对象的工艺阶段 | | |
| 5 | 加工对象的质量要求 | | |
| 6 | 故障修理的难易程度 | | |
| 7 | 发生故障时对人和环境的影响 | | |
| 8 | 设备原值 | | |

# 4.105 动力设备计算表（表4－105）

**表4－105 动力设备计算表**

| 类别 | 需要设备或过程 | 规格 | 用量 | 输送损耗 | 供应量 | 管线长度 | | 供应量 | | | |
|---|---|---|---|---|---|---|---|---|---|---|---|
| | | | | | | 起讫 | 长度 | 1 | 2 | 3 | 4 |
| | | | | | | | | | | | |
| | | | | | | | | | | | |
| | | | | | | | | | | | |
| | | | | | | | | | | | |
| | | | | | | | | | | | |

# 4.106 设备利用率分析（表4－106）

**表4－106 设备利用率分析**

期间　　月　　日至　　月　　日　　　　　　　　　　　　□资料分析

□抽查

| 机器编号 | 机器名称 | 应有工时 | 应用工时 | | 故障时间 | | 停工时间 | | 其他时间 | | 加班时间 | | 备注 |
|---|---|---|---|---|---|---|---|---|---|---|---|---|---|
| | | | 工时 | % | 工时 | % | 工时 | % | 工时 | % | 工时 | % | |
| | | | | | | | | | | | | | |
| | | | | | | | | | | | | | |
| | | | | | | | | | | | | | |
| | | | | | | | | | | | | | |
| 合计 | | | | | | | | | | | | | |

审核：　　　　　　　　　　　　　　　　　　　　　　　　分析员：

# 4.107 月份各部门生产效率分析表（表4－107）

**表4－107 月份各部门生产效率分析表**

| 批号 | 产品名称 | 数量 | 生产日期 | | 裁剪 | | 印刷 | | 制－A | | 制－B | | 制二组 | | 品检 | | 包装 | | 合计 | | 效率 | 备注 |
|---|---|---|---|---|---|---|---|---|---|---|---|---|---|---|---|---|---|---|---|---|---|---|
| | | | 起 | 止 | 实际 | 标准 | 实际 | 标准 | 实际 | 标准 | 实际 | 标准 | 实际 | 标准 | 大际 | 标准 | 实际 | 标准 | 实际 | 标准 | | |
| | | | | | | | | | | | | | | | | | | | | | | |
| | | | | | | | | | | | | | | | | | | | | | | |
| | | | | | | | | | | | | | | | | | | | | | | |
| | | | | | | | | | | | | | | | | | | | | | | |
| 合计 | | | | | | | | | | | | | | | | | | | | | | |

审核：　　　　　　　　　　　　　　　　　　　　　　　　填表：

# 4.108 时间研究记录单（表4－108）

**表4－108 时间研究记录单**

| 编号 | | 日期 | | |
|---|---|---|---|---|
| 图号 | 现场统计 | | | |
| 产品/材料/人员 | 类别 | 现行 | 建议 | 节省 |
| | 操作 ○<br>运送 → | | | |
| 类别 | 等待 D<br>检验 □<br>储存 △ | | | |
| 方法 ｜ ｜ 现行 ｜ ｜ 建议 ｜ | 距离（米） | | | |
| 地点 | 时间（分/人） | | | |
| 操作人员 编号 | 成本（人工材料） | | | |
| 绘图 | 总计 | | | |

| 说明 | 数量 | 距离 | 时间 | 符号 | | | | | 备注 |
|---|---|---|---|---|---|---|---|---|---|
| | | | | ○ | → | D | □ | △ | |
| | | | | | | | | | |
| | | | | | | | | | |
| | | | | | | | | | |
| | | | | | | | | | |
| | | | | | | | | | |

注：图号是指工作台设计图的编号； 审核

# 4.109 作业标准时间测定表（表4－109）

**表4－109 作业标准时间测定表**

分析日期：

| | | | | | | | | | |
|---|---|---|---|---|---|---|---|---|---|
| 作业编号 | | | | | | | | | |
| 作业名称 | | | | | | | | | |
| 设备工具名称 | | | | | | | | | |
| 说　明 | 测量数量 | 时间 | 平均 | 测量次数 | 时间 | 平均 | 测量次数 | 时间 | 平均 |
| | | | | | | | | | |
| | | | | | | | | | |
| | | | | | | | | | |
| 合　计 | | | | | | | | | |
| 评　比 | | | | | | | | | |
| 标　准 | | | | | | | | | |
| 实际时间 | | | | | | | | | |

审核：　　　　　　　　　　　　　　　　　　　　　分析人：

# 4.110 工程分析表（表4－110）

**表4－110 工程分析表**

| 作业编号 | 作业说明 | 使用设备 | 使用工具 | 估计作业时间 | 估计日产量 | 备　注 |
|---|---|---|---|---|---|---|
| | | | | | | |
| | | | | | | |
| | | | | | | |
| | | | | | | |

# 4.111 制造过程分析明细表（表4－111）

**表4－111 制造过程分析明细表**

| 产品名称 | | | | 编号 | | | |
|---|---|---|---|---|---|---|---|
| 负责部门 | | 部门代号 | | 机器名称 | | 机器编号 | |
| 件　名 | | 件　号 | | 订定日期 | | 修改日期 | |

| 工作说明 | 使用工具名称 | 工作次数 | 耗用时间 | 工具编号 | 备　注 |
|---|---|---|---|---|---|
| | | | | | |
| | | | | | |
| | | | | | |
| | | | | | |
| | | | | | |

拟定：　　　　　　　　　　　　　　　　　　　　　　审核：

# 4.112 经济生产量分析表（表4－112）

**表4－112 经济生产量分析表**

| 产品名称 | 前三月销量（台） | 去年同期销量（台） | 估计每月销量（台/月） | 估计每日生产量（台/日） | 换线损失产量（台） | 经济产量（台） | 生产日数（天） | 备　注 |
|---|---|---|---|---|---|---|---|---|
| | | | | | | | | |
| | | | | | | | | |
| | | | | | | | | |
| | | | | | | | | |
| | | | | | | | | |

# 4.113 机器利用率调查分析表（表4－113）

**表4－113　机器利用率调查分析表**

| 编号 | 机器名称<br>机器编号 | 观测次数 | 工作 | | 故障 | | 等候 | | 未开机 | | 其他 | | 合计 | | 非工作比率 | 备注 |
|---|---|---|---|---|---|---|---|---|---|---|---|---|---|---|---|---|
| | | | 次数 | % | 次数 | % | 次数 | % | 次数 | % | 次数 | % | 次数 | % | | |
| | | | | | | | | | | | | | | | | |
| | | | | | | | | | | | | | | | | |
| | | | | | | | | | | | | | | | | |

审核：　　　　　　　　　　　　　　　　　　　　　　　　研究员：

# 4.114 重要作业时间分析（表4－114）

**表4－114　重要作业时间分析**

页次：

<table>
<tr><td colspan="3">产品名称</td><td colspan="4"></td><td colspan="2">工作说明</td><td colspan="9"></td></tr>
<tr><td colspan="3">部门名称</td><td colspan="4"></td><td colspan="2">机器名称</td><td colspan="4"></td><td colspan="2">作业人员</td><td colspan="3"></td></tr>
<tr><td rowspan="3">分析记录</td><td>月</td><td>日</td><td>开始时间</td><td>结束时间</td><td>工作时间</td><td>开始时间</td><td>结束时间</td><td>工作时间</td><td>开始时间</td><td>结束时间</td><td>工作时间</td><td>开始时间</td><td>结束时间</td><td>工作时间</td><td>开始时间</td><td>结束时间</td><td>工作时间</td></tr>
<tr><td></td><td></td><td></td><td></td><td></td><td></td><td></td><td></td><td></td><td></td><td></td><td></td><td></td><td></td><td></td><td></td><td></td></tr>
<tr><td></td><td></td><td></td><td></td><td></td><td></td><td></td><td></td><td></td><td></td><td></td><td></td><td></td><td></td><td></td><td></td><td></td></tr>
</table>

<table>
<tr><td rowspan="8">统计资料</td><td>说明</td><td></td><td>时间范围</td><td>次数</td><td rowspan="8">次数</td><td></td><td></td><td></td><td></td><td></td><td></td><td></td><td></td><td rowspan="8">工作时间</td></tr>
<tr><td>记录次数</td><td></td><td>—</td><td></td><td></td><td></td><td></td><td></td><td></td><td></td><td></td><td></td></tr>
<tr><td>工作总时间</td><td></td><td>—</td><td></td><td></td><td></td><td></td><td></td><td></td><td></td><td></td><td></td></tr>
<tr><td>平均工作时间</td><td></td><td>—</td><td></td><td></td><td></td><td></td><td></td><td></td><td></td><td></td><td></td></tr>
<tr><td>最慢时间</td><td></td><td>—</td><td></td><td></td><td></td><td></td><td></td><td></td><td></td><td></td><td></td></tr>
<tr><td>最快时间</td><td></td><td>—</td><td></td><td></td><td></td><td></td><td></td><td></td><td></td><td></td><td></td></tr>
<tr><td>最快最慢差异</td><td></td><td>—</td><td></td><td></td><td></td><td></td><td></td><td></td><td></td><td></td><td></td></tr>
<tr><td>绘图间隔</td><td></td><td>—</td><td></td><td></td><td></td><td></td><td></td><td></td><td></td><td></td><td></td></tr>
</table>

# 4.115 工作指令申请单（表4－115）

**表4－115 工作指令申请单**

工令号码： 申请工令单位：发单日期： 年 月 日

| | | | | | |
|---|---|---|---|---|---|
| 工作说明 | | | | | |
| 图 号 | | | 制造数量 | | |
| 需要日期 | | | 优先顺序 | | |
| 进度 | 生产单位 | | | | |
| | 计划完成日期 | | | | |
| | 实际完成日期 | | | | |
| | 单位主管签字确认 | | | | |
| 说明 | | | | | |
| 备注 | | | | | |
| 厂长 | | 核对 | | 填写人 | |

# 4.116 生产任务通知单（表4－116）

**表4－116 生产任务通知单**

产品名称： 填写日期： 年 月 日

| | | | | | | | | |
|---|---|---|---|---|---|---|---|---|
| 生产说明 | | | | | | | | |
| 零件类别1 | | | 零件类别2 | | | 零件类别3 | | |
| 零件名称 | 规 格 | 用 量 | 零件名称 | 规 格 | 用 量 | 零件名称 | 规 格 | 用 量 |
| | | | | | | | | |
| | | | | | | | | |
| | | | | | | | | |
| 备注 | | | | 完成日期 | | | | |
| | | | | 生产数量 | | | | |
| 厂长意见 | | | | 生产部经理意见 | | | | |

# 4.117 车间生产通知单（表4－117）

**表4－117　车间生产通知单**

编号：　　　　　　　　　　　　　　　　　　　　　　发单日期：　　年　月　日

| | | | | | |
|---|---|---|---|---|---|
| 订单号码 | | 订货客户 | | 通知日期 | |
| 产品名称 | | 交接方式 | | 开工日期 | |
| 规格号码 | | 交货期限 | | 完工日期 | |
| 订购数量 | | 特别规定事项 | | | |

| | 完成量＼日程<br>生产部门 | 月 | | | | | | | 月 | | | | | | | 月 |
|---|---|---|---|---|---|---|---|---|---|---|---|---|---|---|---|---|
| 计划进度 | | 0 | 5 | 10 | 15 | 20 | 25 | 30 | 0 | 5 | 10 | 15 | 20 | 25 | 30 | …… |
| | 成型组 | | | | | | | | | | | | | | | …… |
| | 装配组 | | | | | | | | | | | | | | | …… |
| | 包装组 | | | | | | | | | | | | | | | …… |

| | | 单位 | 项目 | 说明 | 估计成本 | | | 实际成本 | | | 成本差额 | | |
|---|---|---|---|---|---|---|---|---|---|---|---|---|---|
| | | | | | 数量 | 单价 | 金额 | 数量 | 单价 | 金额 | 数量 | 单价 | 金额 |
| 成本记录 | 原料 | 成型组 | | | | | | | | | | | |
| | | 装配组 | | | | | | | | | | | |
| | | 包装组 | | | | | | | | | | | |
| | | 合　计 | | | | | | | | | | | |
| | 人工 | 成型组 | | | | | | | | | | | |
| | | 装配组 | | | | | | | | | | | |
| | | 包装组 | | | | | | | | | | | |
| | | 合　计 | | | | | | | | | | | |

| | | | | | | | |
|---|---|---|---|---|---|---|---|
| 生产摊费 | 直接摊费 | | 模具 | | 运费 | | 成本差额分析 |
| | 间接成本 | | 摊费 | | 合计 | | |
| 成本总计 | 原料 | | | | | | |
| | 人工 | | | | | | |
| | 生产摊费 | | | | | | |
| | 成本总额 | | | | | | |
| | 单位成本 | | | | | | |

厂长：　　　　　　　　　　　　主管：　　　　　　　　　　　　拟定：

# 4.118 现场作业记录单（表4－118）

**表4－118 现场作业记录单**

编号： 填写日期： 年 月 日

| 通知部门 | □生产一科 | | □生产二科 | | | □生产三科 | | |
|---|---|---|---|---|---|---|---|---|
| 工作期间 | | 生产产品 | 制造单号 | 工作负荷 | 实有工时 | 预计加班 | 预计借调 | 厂长批示 |
| 起 | 止 | | | | | | | |
| | | | | | | | | |
| | | | | | | | | |
| | | | | | | | | |

通知接收人： 接收日期： 年 月 日

# 4.119 工作负荷分析表（表4－119）

**表4－119 工作负荷分析表**

编号：

日期： 年 月 日～ 年 月 日

| 部门 / 工作日程 | | | | | | | | | | |
|---|---|---|---|---|---|---|---|---|---|---|
| | | 工时 | 差额 | 加班 | 工时 | 差额 | 加班 | 工时 | 差额 | 加班 |
| | 工作负荷 | | | | | | | | | |
| | 实有工时 | | | | | | | | | |
| | 工作负荷 | | | | | | | | | |
| | 实有工时 | | | | | | | | | |
| | 工作负荷 | | | | | | | | | |
| | 实有工时 | | | | | | | | | |
| 合　计 | | | | | | | | | | |

审批： 复核： 统计员：

# 4.120 生产事前检核表（表4－120）

表4－120　生产事前检核表

| 生产批号 | | 产品名称 | | 数量 | | 页　次 |
|---|---|---|---|---|---|---|
| 检核项目 | | 数量 | 工作负责人 | 预计完成日 | 检核记录 | 完成记录 |
| 材料供应采购期较长 | | | | | | |
| | | | | | | |
| | | | | | | |
| 设备配合模具 | | | | | | |
| | | | | | | |
| | | | | | | |
| 工具技术问题 | | | | | | |
| | | | | | | |
| | | | | | | |

# 4.121 制造异常反应表（表4－121）

表4－121　制造异常反应表

| 部门 | | 编号 | | 日期 | | | | | | | |
|---|---|---|---|---|---|---|---|---|---|---|---|
| 订单号码 | | 产品名称 | | | | | 完成日期 | | 预定 | | |
| | | | | | | | | | 实际 | | |
| 异常 | 停电 | 机械故障 | 待原料 | 等物料 | 人力不足 | 质量异常 | | | | | |
| 原因 | | | | | | | | | | | |
| 拟定处理对策 | | | | | | | | | | | |
| 批示 | | | | | | | 生产管理室意见 | | | | |

# 4.122 停工报告单（表4－122）

**表4－122 停工报告单**

| | | | |
|---|---|---|---|
| 编号 | | | |
| 部 门 | | 停工时间 | |
| 停工范围 | | 原生产产品 | |
| 原 因 | | | |
| 影 响 | | | |
| 批示 | | 采取措施 | |

注：本表由生产部门发出经现场主管填妥后，呈厂长批示后，存生产室现场主管生产室

# 4.123 制造命令单（表4－123）

**表4－123 制造命令单**

| | | | |
|---|---|---|---|
| 制造单位 | | | |
| 制造号码 | | 开工日期 | |
| 产品名称 | | 产品编号 | |
| 产品规格 | | 数 量 | |
| 使用材料 | | | |
| 制造方法 | | | |
| 完成日期 | | 厂长 | 生产管理科 |
| 移交单位 | | | |

# 4.124 制造通知单（表4－124）

**表4－124　制造通知单**

日期

| | | | | | | |
|---|---|---|---|---|---|---|
| 品名 | | | 编号 | | | |
| 制造说明 | | | | | | |
| 零件名称 | 规格 | 用量 | 零件名称 | 规格 | 用量 | 备注 |
| | | | | | | |
| | | | | | | |
| | | | | | | |
| 完成日期 | | | | | | |
| 数量 | | | | | | |
| | | | 厂长意见 | | | |
| | | | | | | |

总经理：　　　　厂长：　　　　业务经理：　　　　制表：

# 4.125 生产记录表（表4－125）

**表4－125　生产记录表**

部门：

| 项目 | 核对项目 | 管理范围 | 异常时间记录 | 说明 | 产品 | 出勤数 | 收成率 | A级率 | B级率 | 开机率 |
|---|---|---|---|---|---|---|---|---|---|---|
| | | | | 标准 | | | | | | |
| | | | | 实际 | | | | | | |
| | | | | 差异 | | | | | | |
| | | | | 上级主办事项 | | | | | | |
| | | | | | | | | | | |
| | | | | 处理对策 | | | | | | |
| | | | | | | | | | | |
| | | | | 主管批示 | | | | | | |
| | | | | | | | | | | |

审核：　　　　填表

# 4.126 用料记录单（表4－126）

**表4－126 用料记录单**

年 月 日

| 料别工作 | | | | 生产状况 | | |
|---|---|---|---|---|---|---|
| 项目 | | | | 完工 | 日数 | 备注 |
| | | | | | | |
| 合计 | | | | | | |
| 昨日存料 | | | | | | |
| 今日领料 | | | | | | |
| 本日存料 | | | | | | |

注：生产状况的日数表示该工作项目的天数。

# 4.127 产量分析表（表4－127）

**表4－127 产量分析表**

| 产品名称 | | | | | | | | |
|---|---|---|---|---|---|---|---|---|
| 预计 | 每年最低 | 最高 | 旺季每月最低 | 每月最高 | 正常每月产量 | | 设计产量 | |
| 销售量 | | | | | | | | |
| 考虑实效 | | 作业效率 | | 安排效率 | | 总效率 | | |
| 每月<br>工作日 | | 每日产量 | | 每时产量 | | | 每件<br>时间 | |
| 主要设备 | 设备名称 | 产能说明 | 每件时间 | 每日生产<br>时间 | 设备<br>数量 | 平均每件<br>时间 | | 负<br>荷<br>率 |
| 产能 | | | | | | | | |
| 分析 | | | | | | | | |
| | | | | | | | | |
| | | | | | | | | |

# 4.128 各单位出入材料搬运分析表（表4－128）

**表4－128　各单位出入材料搬运分析表**

年　　月　　日　　　　页　　次

<table>
<tr><td colspan="2">产品名称</td><td colspan="4"></td><td>设计产量</td><td colspan="6"></td></tr>
<tr><td colspan="6">运　入</td><td rowspan="3">部门单位名称</td><td colspan="6">运　出</td></tr>
<tr><td rowspan="2">部门</td><td rowspan="2">物品名称</td><td>每月</td><td rowspan="2">单位</td><td colspan="2">每日运量</td><td rowspan="2">部门</td><td rowspan="2">物品名称</td><td>每月</td><td rowspan="2">单位</td><td colspan="2">每日运量</td></tr>
<tr><td>运量</td><td>正常</td><td>最高</td><td>运量</td><td>正常</td><td>最高</td></tr>
<tr><td></td><td></td><td></td><td></td><td></td><td></td><td></td><td></td><td></td><td></td><td></td><td></td><td></td></tr>
<tr><td></td><td></td><td></td><td></td><td></td><td></td><td></td><td></td><td></td><td></td><td></td><td></td><td></td></tr>
<tr><td></td><td></td><td></td><td></td><td></td><td></td><td></td><td></td><td></td><td></td><td></td><td></td><td></td></tr>
</table>

# 4.129 各制造过程产量分析表（表4－129）

**表4－129　各制造过程产量分析表**

<table>
<tr><td colspan="2">产品名称</td><td colspan="3"></td><td colspan="2">每月设计产量</td><td colspan="2"></td></tr>
<tr><td>制程编号</td><td>制程名称</td><td>出厂率</td><td>后续作业生产量</td><td>生产量</td><td>本制程效率</td><td>工作人数</td><td>每日生产时间</td><td>每件生产时间</td></tr>
<tr><td></td><td></td><td></td><td></td><td></td><td></td><td></td><td></td><td></td></tr>
<tr><td></td><td></td><td></td><td></td><td></td><td></td><td></td><td></td><td></td></tr>
</table>

# 4.130 工作站设计表（表4－130）

**表4－130　工作站设计表**

| | |
|---|---|
| 编号 | |
| 产品成制造名称 | |
| 详细说明 | |

续表

| 工作台布置图或照片（每格） | 使用设备或工具 | | | |
|---|---|---|---|---|
| | 项数 | 设备或工具 | 编号 | 数量 |
| | | | | |
| | | | | |

| 使用 | 材料说明 | 编号 | 数量 | 动力 | 说明 | 规格 | 插座数 |
|---|---|---|---|---|---|---|---|
| 直接 | | | | | 电力 | V | |
| 材料 | | | | | 电力 | V | |
| | | | | | 压缩气 | kg/cm | |
| | | | | 人力 | | | |
| | | | | | | | |

| | | | | | | | | |
|---|---|---|---|---|---|---|---|---|
| 定期 | 次数 | | | | | | 拟定 | 校对 |
| 审核 | 审核 | | | | | | | |
| | 日期 | | | | | | | |

## 4.131 零件自制外购对比分析表（表4-131）

**表4-131 零件自制外购对比分析表**

| 产品名称 | | | | | | | 日期 | | | | 页次 | | |
|---|---|---|---|---|---|---|---|---|---|---|---|---|---|
| 零件编号 | 零件名称 | 每月平均产量 | 估计投资额 | 估计每件成本 | 外购成本 | 每月节省成本 | 每月收益比率 | 其他考虑 | | | | | 结论 |
| | | | | | | | | 机密性 | 技术性 | 政策性 | 汉展性 | 其他 | |
| | | | | | | | | | | | | | |
| | | | | | | | | | | | | | |
| | | | | | | | | | | | | | |
| | | | | | | | | | | | | | |

初拟：　　　修订：　　　批示：　　　审核：　　　分析人

# 4.132 生产线材料供应分析表（表4－132）

**表4－132　生产线材料供应分析表**

生效日期

| | | | | | | | | |
|---|---|---|---|---|---|---|---|---|
| 线名 | | | | | | | | |
| 产品名称规格 | | | | | 每日产量 | | 站数 | |
| | 改善分析 | | 生产线设计 | | | | 分析者努 | |
| 左侧供应状况 | | | | 输送带 | 右侧供应状况 | | | |
| | | | | | | | | |
| | | | | | | | | |
| | | | | | | | | |
| | | | | | | | | |

审核：

注：根据此表是属于设计新的生产线还是对原生产线进行改善分析，分别在“改善分析”与“生产线设”前空格内画“√”

# 4.133 生产线作业分析表（表4－133）

**表4－133　生产线作业分析表**

| 线名： | | | 页次 | | | |
|---|---|---|---|---|---|---|
| 站名 | 作业名称及编号 | 使用工具或设备 | 作业时间（秒） | 时间合计（秒） | 闲置时间（秒） | 备注 |
| | | | | | | |
| | | | | | | |
| | | | | | | |
| | | | | | | |
| | | | | | | |

拟定：　　　　审核：

# 4.134 物料搬运分析表（表4－134）

**表4－134 物料搬运分析表**

物料性质分析： 工厂： 日期：

| 类别 | | | 搬运项目 | 包装方式 | 容器尺寸 | | | 单位重量 | 形状 | 其他说明及搬运注意事项 | 搬运等级 | 搬运等级 |
|---|---|---|---|---|---|---|---|---|---|---|---|---|
| 物料 | 半成品 | 成品 | | | 长 | 宽 | 高 | | | | | |
| | | | | | | | | | | | | |
| | | | | | | | | | | | | |

分析员：

注：1. 搬运项目是指所搬运物料的名称。

2. 搬运等级填“紧急搬运”或“普通搬运”。

# 4.135 作业站布置设计表（表4－135）

**表4－135 作业站布置设计表**

日期： 页次：

<table>
<tr><td colspan="6">编号</td></tr>
<tr><td>部门</td><td colspan="2"></td><td>作业说明</td><td colspan="2"></td></tr>
<tr><td rowspan="3">作业说明</td><td>个案工作</td><td>使用工具样板</td><td>个案工作</td><td>使用工具样板</td><td>时间</td></tr>
<tr><td></td><td></td><td></td><td></td><td></td></tr>
<tr><td></td><td></td><td></td><td></td><td></td></tr>
</table>

<table>
<tr><td colspan="8">作业站布置设计</td><td colspan="8">比例：</td></tr>
<tr><td></td><td></td><td></td><td></td><td></td><td></td><td></td><td></td><td></td><td></td><td></td><td></td><td></td><td></td><td></td><td></td></tr>
<tr><td></td><td></td><td></td><td></td><td></td><td></td><td></td><td></td><td></td><td></td><td></td><td></td><td></td><td></td><td></td><td></td></tr>
</table>

审核： 分析人：

# 4.136 进度更改记录表（表4－136）

**表4－136　进度更改记录表**

月份

| 日期 | 订单号码 | 更改通知号码 | 更改范围 | | | | | 更改原因 | 更改说明 | 影响生产 |
|---|---|---|---|---|---|---|---|---|---|---|
| | | | 数量 | 延长 | 制法 | 取消 | 进度 | | | |
| | | | | | | | | | | |
| | | | | | | | | | | |
| | | | | | | | | | | |
| | | | | | | | | | | |
| | | | | | | | | | | |

# 4.137 停工原因记录表（表4－137）

**表4－137　停工原因记录表**

（月份）

| 部　门 | 停工起止时间 | 停工范围 | 影　响 | 原因说明 |
|---|---|---|---|---|
| | | | | |
| | | | | |
| | | | | |
| | | | | |
| | | | | |

## 4.138 生产异常状况报告（表4－138）

**表4－138 生产异常状况报告**

中请日期

| 部门 | | | 日期 |
|---|---|---|---|
| 制造单号 | | 产品名称 | |
| 生产数量 | | 客户名称 | |
| 原订进度 | | | |
| 拖延与异常原因 | | | |
| 针对性采取对策 | | | |
| 预定完成日 | | | |
| 备注 | | | |

经理　　　　主任　　　　组长

## 4.139 产品详细制造过程（表4－139）

**表4－139 产品详细制造过程**

<table>
<tr><td>产品名称</td><td></td><td>规格</td><td></td><td>设计产量</td><td>每月</td><td colspan="2">每日</td></tr>
<tr><td colspan="6" rowspan="3"></td><td colspan="2"></td></tr>
<tr><td>分析</td><td></td></tr>
<tr><td>校对</td><td></td></tr>
</table>

# 4.140 生产效率日报表（表4－140）

**表4－140 生产效率日报表**

月　　日

| 编号 | 生产项目 | | | | | | | | | | | | | | | | | | 备注 |
|---|---|---|---|---|---|---|---|---|---|---|---|---|---|---|---|---|---|---|---|
| | | 实际工时 | 产量 | 标准工时 | 实际工时 | 产量 | 标准工时 | 实际工时 | 产量 | 实际工时 | 产量 | 实际工时 | 标准工时 | 实际工时 | 产量 | 标准工时 | 实际工时 | 标准工时 | |
| | | | | | | | | | | | | | | | | | | | |
| | | | | | | | | | | | | | | | | | | | |
| | | | | | | | | | | | | | | | | | | | |
| 合计 | | | | | | | | | | | | | | | | | | | |
| | | | | | | | | | | | | | | | | | | | |
| 备注 | | | | | | | | | | | | | | | | | | | |

# 4.141 月份完工产品效率汇总表（表4－141）

**表4－141 月份完工产品效率汇总表**

| 制造号码 | 产品名称 | 数量 | 生产日期 | | 产值 | 毛利 | 毛利率 | 人工效率 | 材料超用率 | 产品良品率 | 备注 |
|---|---|---|---|---|---|---|---|---|---|---|---|
| | | | 起 | 止 | | | | | | | |
| | | | | | | | | | | | |
| | | | | | | | | | | | |
| | | | | | | | | | | | |
| | | | | | | | | | | | |
| 合计 | | | | | | | | | | | |

# 4.142 生产部零件材料管理表（表4－142）

**表4－142 生产部零件材料管理表**

部门组件名称　　　　　　　　　　　　　　　　　　　　页次

| 项次 | 零件编号 | 名称 | 单位用量 | 原库存量 | 请购 | | 验收 | | | | 领退记录 | | | | | | | | 合计 | 备注 | 成本核算 |
|---|---|---|---|---|---|---|---|---|---|---|---|---|---|---|---|---|---|---|---|---|---|
| | | | | | 日期 | 数量 | 日期 | 数量 | 单价 | 品质 | 日期 | 数量 | 日期 | 数量 | 日期 | 数量 | 日期 | 数量 | | | |
| 1 | | | | | | | | | | | | | | | | | | | | | |
| 2 | | | | | | | | | | | | | | | | | | | | | |
| 3 | | | | | | | | | | | | | | | | | | | | | |
| … | | | | | | | | | | | | | | | | | | | | | |

# 4.143 突发性工作量分析表（一）（表4－143）

**表4－143 突发性工作量分析表（一）**

□工作抽查

□工作记录　　　　　　　　　　　　　　　　　　　　页次

| 工作说明 | | 机器 | 部门名称 |
|---|---|---|---|
| 分析项目 | | | |
| 分析期间 | 月　日时至　月　时 | 分析人员 | |

| 抽查记录 | | | | | 抽查次数 | 发生次数 | 比率 | 时间 | 抽查次数 | 发生次数 | 比率 | 时间 | 抽查次数 | 发生次数 | 比率 | 时间 | 抽查次数 | 发生次数 | 比率 |
|---|---|---|---|---|---|---|---|---|---|---|---|---|---|---|---|---|---|---|---|
| | | | | | | | | | | | | | | | | | | | |
| | | | | | | | | | | | | | | | | | | | |

| 分析 | 抽查次数合计 | | 最高比率 | |
|---|---|---|---|---|
| | | 发生次数合计 | | 最低比率 |
| | | 平均比率 | | 数据个数 |

审核：　　　　　　　　　　　　　　　　　　　　分析员

# 4.144 突发性工作量分析表（二）（表4－144）

**表4－144　突发性工作量分析表（二）**

分析　□工作抽查
方式　□工作记录　　　　　　　　　　分析时间：　　　至

| 工作说明 | | | |
|---|---|---|---|
| 分析项目 | | 部门名称 | |
| 分析期间 | | 工作人员 | |

| 抽查记录 | | | | | 发生次数 | 比率 | 时间 | 抽查次数 | 发生次数 | 比率 | 时间 | 抽查次数 | 发生次数 | 比率 | 时间 | 抽查次数 | 发生次数 | 比率 |
|---|---|---|---|---|---|---|---|---|---|---|---|---|---|---|---|---|---|---|
| | | | | | | | | | | | | | | | | | | |
| | | | | | | | | | | | | | | | | | | |

# 4.145 生产安全计划表（表4－145）

**表4－145　生产安全计划表**

部门：　　　　　　　　　　　　　　计划月份：　　　年　月

| 日期 | 安全项目 | 直接责任人 | 负责人 | 检查人 | 检查要点 |
|---|---|---|---|---|---|
| | | | | | |
| | | | | | |
| | | | | | |

# 4.146 生产安全自检表（表4-146）

**表4-146 生产安全自检表**

| 检查项目 | | 结果 | 改善对策 | 复查 |
|---|---|---|---|---|
| 机械设备 | 1. 各防护罩有无未用损坏情况 | | | |
| | 2. 机械运转有无震动、杂声，零件有无松脱现象 | | | |
| | 3. 机械润滑系统是否运转良好、有无漏油 | | | |
| | 4. 压力容器保养是否良好 | | | |
| 电气设备 | 1. 各电器设备有无接地装置 | | | |
| | 2. 电气开关护盖及保险丝是否符合规定 | | | |
| | 3. 电气装置是否存在短路或过热起火的隐患 | | | |
| | 4. 厂内外临时配用电是否符合规定 | | | |
| 升降、起重设备 | 1. 传动部分的润滑是否适当，操作是否灵活 | | | |
| | 2. 安全装置是否保养良好 | | | |
| 攀高设备 | 结构是否牢靠 | | | |
| 人体防护用具 | 1. 工作人员是否及时佩戴适当之防护用具 | | | |
| | 2. 防护用具是否维护良好 | | | |
| 消防设备 | 1. 灭火器材是否按配置地点吊挂 | | | |
| | 2. 消防器材设备是否保养良好 | | | |
| 环境状况 | 1. 通道楼梯及地区有无障碍物 | | | |
| | 2. 油污废物是否置于密盖之废料桶内 | | | |
| | 3. 衣物用具是否悬挂或存于指定处所 | | | |
| | 4. 物料存放是否稳妥有序 | | | |
| | 5. 通风照明是否情况良好 | | | |
| | 6. 厂房门窗屋顶有无缺损 | | | |
| | 7. 木板平台地面或阶梯是否整洁无障碍 | | | |

续表

<table>
<tr><th colspan="4">检查项目</th><th>结果</th><th>改善对策</th><th>复查</th></tr>
<tr><td rowspan="3">急救设施</td><td colspan="3">1. 急救箱是否堪用、药品是否充足</td><td></td><td></td><td></td></tr>
<tr><td colspan="3">2. 急救器材是否良好</td><td></td><td></td><td></td></tr>
<tr><td colspan="3">3. 快速淋洗器是否保养良好</td><td></td><td></td><td></td></tr>
<tr><td rowspan="6">人员动作</td><td colspan="3">1. 有无嬉戏、喧哗、狂奔、吸烟等事情</td><td></td><td></td><td></td></tr>
<tr><td colspan="3">2. 有无使用不安全的工具</td><td></td><td></td><td></td></tr>
<tr><td colspan="3">3. 有无随地乱置工具、材料、废物等</td><td></td><td></td><td></td></tr>
<tr><td colspan="3">4. 各种工具的用法是否妥当</td><td></td><td></td><td></td></tr>
<tr><td colspan="3">5. 工作方法是否正确</td><td></td><td></td><td></td></tr>
<tr><td colspan="3">6. 是否有负病上班者</td><td></td><td></td><td></td></tr>
<tr><td rowspan="3">劳动安全卫生管理部门意见</td><td rowspan="3"></td><td rowspan="3">经办部门意见</td><td>厂　长</td><td colspan="3"></td></tr>
<tr><td>科　长</td><td colspan="3"></td></tr>
<tr><td>检查人员</td><td colspan="3"></td></tr>
</table>

## 4.147 生产安全日报表（表 4－147）

**表 4－147　生产安全日报表**

编号：　　　　　　　　　　　　　　　　填写日期：　　年　月　日

| 生产安全 | | | 事故 | | | | | 事故频率 | 对策指示事项 |
|---|---|---|---|---|---|---|---|---|---|
| 人员 | 时间 | 累计时间 | 工作场所 | 姓名 | 内容 | 原因 | 损失额 | | |
| | | | | | | | | | |
| | | | | | | | | | |
| | | | | | | | | | |

经理：　　　　　　　　　　主管：　　　　　　　　　　制表：

# 4.148 生产安全周报表（表4－148）

**表4－148 生产安全周报表**

报告部门：　　　　　　　　　　　　　　填写日期：　　年　月　日

| 日期 | 有无事故 | 事故记录 | 事故处理情况 | 意见和建议 |
|---|---|---|---|---|
| 星期一 | | | | |
| 星期二 | | | | |
| 星期三 | | | | |
| 星期四 | | | | |
| 星期五 | | | | |
| 星期六 | | | | |
| 星期日 | | | | |

# 4.149 安全区域划分表（表4－149）

**表4－149 安全区域划分表**

| 区域<br>责任部门 | 部门作业区域 | 1号通道 | 2号通道 | 3号通道 | 4号通道 | 5号通道 | 6号通道 | 7号通道 | 8号通道 |
|---|---|---|---|---|---|---|---|---|---|
| | | | | | | | | | |
| | | | | | | | | | |
| | | | | | | | | | |

# 4.150 安全改善通知书（表4－150）

表4－150 安全改善通知书

编号： 检查人： 检查日期： 年 月 日

| 不安全对象 | 不安全原因 | 改善建议 | 改善期限 | 改善要求 | 备注 |
|---|---|---|---|---|---|
| | | | | | |
| | | | | | |
| | | | | | |
| 安全检查部门主管签名 | | | 不安全对象所属部门主管签名 | | |

# 4.151 用电安全检查表（表4－151）

表4－151 用电安全检查表

编号： 报告日期： 年 月 日

| 检查日期 | 检查项目 | 检查结果 | | 异常原因 | 改进措施 | 备注 |
|---|---|---|---|---|---|---|
| | | 正常 | 异常 | | | |
| | | | | | | |
| | | | | | | |
| | | | | | | |

# 4.152 安全事故报告书（表4－152）

表4－152 安全事故报告书

| | | | |
|---|---|---|---|
| 事故内容 | | | |
| 发生单位 | | 发生地点 | |
| 见 证 人 | | 事故责任人 | |

续表

| 发生日期 | ____年__ 月__ 日 | 发生时间 | 上午____ 时____ 分<br>下午____ 时____ 分 |
|---|---|---|---|
| 事故原因 | | | |
| 事故状况 | | | |
| 处理方式 | | 负责人 | |
| 根本对策 | | 负责人 | |
| 追踪检查 | | 负责人 | |

审核： 制表：

## 4.153 安全检查报告书（如表4－153所示）

**表4－153 安全检查报告书**

编号： 填写日期： 年 月 日

| 检查日期 | 检查地点 | 被检组别 | 现场负责人 | 检查经过及结果 | 建立改善事项 |
|---|---|---|---|---|---|
| | | | | | |
| | | | | | |
| | | | | | |
| 备注 | | | | | |

主管签名： 检查人：

## 4.154 员工缺勤处理单（表4－154）

**表4－154 员工缺勤处理单**

| 姓名 | | 记录日期 | | 所属车间 | |
|---|---|---|---|---|---|
| 缺勤时间 | | 缺勤原因 | | 缺勤后果 | |
| 班组意见 | | | | | |
| 车间意见 | | | | | |
| 缺勤人签字 | | | | | |
| 备注 | | | | | |

## 4.155 绩效反馈面谈表（表4－155）

**表4－155　绩效反馈面谈表**

<table>
<tr><td>姓名</td><td colspan="2"></td><td colspan="2">职位</td><td></td></tr>
<tr><td>部门</td><td colspan="2"></td><td colspan="2">考核者</td><td></td></tr>
<tr><td>面谈时间</td><td colspan="2">__年__月__日</td><td colspan="2">面谈地点</td><td></td></tr>
<tr><td>考核结果</td><td colspan="5"></td></tr>
<tr><td>面谈主要内容</td><td colspan="5"></td></tr>
<tr><td colspan="6">绩效改进计划</td></tr>
<tr><td>改进要项</td><td colspan="2">改进目标</td><td colspan="2">直接上级帮助员工改进绩效须做的事</td><td>员工为改进绩效须做的事</td></tr>
<tr><td></td><td colspan="2"></td><td colspan="2"></td><td></td></tr>
<tr><td>考核者</td><td></td><td>被考核者</td><td></td><td>日期</td><td></td></tr>
</table>

## 4.156 生产奖金核定表（表4－156）

**表4－156　生产奖金核定表**

| 生产编号 | 生产数量 | 成本控制 | | 质量控制 | | 工作效率 | | 奖金合计 | 备注 |
|---|---|---|---|---|---|---|---|---|---|
| | | 原料节省率 | 原料节约奖金 | 质量合格率 | 质量奖金 | 工作效率 | 效率奖金 | | |
| | | | | | | | | | |
| | | | | | | | | | |
| | | | | | | | | | |

被考核人签名：　　　　　　　　　　　　　　审定人：

# 4.157 外协加工合同书（表4－157）

**表4－157　外协加工合同书**

| |
|---|
| ____________股份有限公司（以下简称甲方）<br>____________（以下简称乙方）<br>第一条：乙方加工事项，以甲方所交付的外包加工单为凭。<br>第二条：乙方须按照外包加工单所列的各项规定，如加工说明、数量、交货日期等确实履行，准时交货。<br>第三条：乙方所交的加工品应保证为合格品，并不得有短缺或不合规格及瑕疵等情况，且经甲方验收后，始认为合格。<br>第四条：材料由________方负责。<br>第五条：若材料由甲方负责供应时，废料率为________。<br>第六条：验收时的检验方法是采用：□ MIL－STD－105D，正常检验，二级检验水准。一次抽样计划，ALQ为________或□ MIL－STD－414D正常检验，四级检验水准。一边规格界限，形式________，ALQ为________。<br>第七条：乙方必须确实遵守外包加工单所规定的交货期，或甲方外协管理员电话或书面通知调整的交货期，若有延误的情况以及因规格不合，质量不良，致验收不合格而遭退货时，乙方应依下列办法计算违约金付予甲方，但因天灾或人力不可抗拒的事故，经甲方认为属实者，则不在此限。<br>（一）过期5日内，每逾1天，按未交部分总价，处________违约金。<br>（二）继续逾期5天以上至10天以内者，每逾一天按未交部分总价，处________违约金。<br>（三）继续逾期10天以上至20天以内者，每逾一天按未交部分总价处________违约金。<br>（四）继续逾期20天以上，依违约论，不论未交部分数量，违约金以价款的一倍计算。<br>第八条：通过验收的货品在甲方再加工时，若发现有不良品时（明显为甲方再加工后的磨损品除外），则甲方可向乙方要求赔偿或退回乙方重新加工。<br>第九条：乙方送交加工品，因不良导致甲方生产线停工，其工时损失要由乙方负责，如果甲方发生非常严重不良后果，则甲方有权取消外包加工单。<br>第十条：按期交足订货而合格率为100%，给予总价________奖励金。按期交足订货而合格率为95%，给予总价________奖励金。<br>第十一条：试用厂商的试用期间为三个月，每月接受甲方外包质量管理检查一次，试用期满，视其考核评分到达70分以上者，才能正式成为甲方的加工厂商。 |

第十二条：加工厂商每月接受甲方外包质量管理检查一次，每月考核 1. 质量，2. 交货期，3. 价格这三项，每年总考核一次，划分等级。

第十三条：付款条件：乙方交来的货品经甲方验收合格后，甲方________

第十四条：乙方应找（乙方资本额二倍）殷实铺保连带保证乙方履行本约。

甲　　方：____________________（签章）

地　　址：____________________

电　　话：____________________

乙　　方：____________________（签章）

乙方连带保证人：____________________